俞 敏◎著

天堂有多远

文匯出版社

一济风帆

可以踏碎波浪驶向远海

一柱拐杖

可以牵动双脚走出深山

一个梦想

可以舞动翅膀翱翔蓝天

谨以此书献给热爱生活追逐梦想的人们

——作者

序 言

每个人都有机会成为天使，每个人都有自己的天堂。

天堂是人类理想的极致之地，天使是人类理想的完美之身。天堂有多远？没有丈量就没有答案，这现实与理想间的距离谁能丈量？自然是梦想，有梦想的人才能把两者间的距离丈量。

梦想，让人走得更远；寻梦之旅，让人离天堂更近。鸟儿折断了翅膀，它失去的是天空；人类丢失了思想，他失去的是自由。人的躯壳只能行走腾挪，人的思想却拥有翅膀，它会像鸟儿一样翱翔。

梦想是轻快的，它没有了现实的沉重。《天堂有多远》的场景超乎常人的想象，穷极人们想象的事物却在离现实，只有一步之遥的地方展现，给你的感觉是哑然失笑，是触手可及。一切是那么不经意，一切是那么贴切自然，你在这本书里会发现暗合你的梦境，也有你梦的延展；书里的人物，有的像你邻居家大学刚毕业的男孩，有的像你身边的张三、李四，有的像你几年不见的同学。

俞敏是一个喜欢梦想的人，也是一个追逐梦想的人。《天堂有多远》这个书名，就给人以憧憬和幻想。

如果一个人喜欢描述未来，他可能是一个涉世未深的少年，正在经历着激情燃烧的岁月；如果一个人喜欢议论当下，他可能是一个如日中天的成人，正在数着蹉跎的日月；如果一个人开始喜欢回忆，他可能已近夕阳无限好的黄昏。

写作大概也如此。喜欢写未来的，多为少年，这里的年龄不单是生理年龄，也包括心理年龄，老顽童当属这个范畴；喜欢写当下的，心里一片阳光；喜欢写故往的，已历尽沧桑。

世间有太多的事情能引发人们的想象，陶渊明描写的桃花源是否真有其事？

楼兰古国的人们现在魂归何处？谁能解开玛雅人的谜团？也许《天堂有多远》会给你答案。

如果，你已经没有了梦想，从打开了的书页里，可以悄然寻觅到，你曾经迷失的梦境。

如果，你还有梦想，走进这里，有一把钥匙，可以帮助你随时醒来。

一滴墨水，滴落在宣纸上，像雾一样地散开，墨晕的形状和路径无法预知，其结果却全然在情理之中。

一束鲜花，香气弥漫开来，闻香识妖冶，花的色、形，早已遁于温馨之所至，目光之所及。

故事由上海及西藏，娓娓道来，如雪域高原的草甸，如平静湖面的涟漪，如静谧山间的小溪，平铺直叙，廖有跌宕。

这里有个梦，离天堂很近，离现实不远，而要实现它，需要付出一生或许更多。

这是一本陪着你做梦的书，尽管梦境有时会有些离谱。

这是一本为还有梦想的人们写的书；这是一本值得回味的书，浪漫而富有想象。

可以这么说，生活的阅历、超凡的想象、知识的积累和文字的功力，缺少这其中的任何一样，都不会有你手里的《天堂有多远》。

喜欢，你就关注他，关注《天堂有多远》。

是为序。

曹汉东

2011.6.16 于香樟园

第一章　情系格桑花

1. 行者无疆

唐汉做梦也想不到，父亲会做出这样一个决定。

他结束了钟山大学四年的学业，恋恋不舍地告别了校园，回到了上海的家中。

钟山大学是一所具有百年历史的名校，它坐落在南京紫金山麓、玄武湖畔，依山傍水，绿树成荫。校园里的樱花闻名遐迩，每逢阳春三月，从图书馆到行政楼，宛如一片香雪海。

唐汉学的是汽车工程专业，这个选择跟他住在汽车城有关。汽车城在上海的西部，位于吴淞江畔，那里有一个汽车博物馆，常年展出形形色色的老爷车。不远处的"上"赛道，每年四月都会响起 F1 赛车的轰鸣声。这里的汽车文化，让唐汉耳濡目染、如痴如醉，谈起汽车，他如数家珍。

唐汉匆忙回家，是想跟父亲商量考研究生的事情。

"唐汉，你能告诉我，你读书的目的是什么吗?"父亲笑着问唐汉，亲切和蔼，全然没有居高临下的长辈姿态。父子情深如兄弟。

父亲是八十年代初读的大学，毕业十年后，曾向母校的老师表达了，想再进学校读书的心愿，老师当时提出的，就是这个问题。不过，老师没等昔日的学生开口，就自己回答了这个问题："读书的目的是为了挣钱，现在，你都当老板了，钱也挣了一大把，还读什么书?"老师的话直白，符合时代的思维，父亲却觉得五味杂陈。

"你说，读书是为了什么?"唐汉索性将问题还给了父亲，这里没有为难的成分，有的是单纯和真诚。

"哦，既然你没想明白，我看，你读研究生的意义不大。"父亲并没有正面回答唐汉的反问。

"那你的意思是……"

"我还是看你的意思，"父亲一向很民主，"如果是我，宁可花三年的时间到社会上去闯荡、历练，也不愿圈在校园里不明不白地读三年书，古人云：'读万卷书，行万里路'嘛。"

"这个……我还需要考虑一下。"唐汉不由自主地挠了挠自己的后脑勺，对于父亲的建议，他很重视，唐汉正处在人生的转折点上，确实需要好好考虑，从长计议。

"考虑一下是应该的，不急着做决定。"父亲理解地说，人生的道路很长，而关键的地方只有几步。

唐汉开始盘算下一步要走的道路：考研究生、就业、创业……

白天，父亲有一间工厂需要打理，母亲也有自己的工作，唐汉觉得有些寂寞，好在父亲养的一条藏獒，成了他当然的朋友。80后、90后们承受着生育政策带来的孤独和宠爱。

父亲养的这只藏獒，狮子头的样子，毛发乌黑，八个月了，体量很大，有80斤，名字叫"黑虎"。传说，藏獒的一生会记住它主人的七个朋友。

唐汉从大学回到家里，养成了习惯，每天带着"黑虎"到小区的环湖路上跑步，早两圈，晚两圈。跑到第五天时，唐汉向父亲摊牌了："老爸，我决定了，不考研究生了。"

"然后呢?"

“还没想好。”

“那，你接着想。”

父母还是老样子，早出晚归。唐汉也是照旧，早两圈，晚两圈。日子，在平淡中过着。

一天，父亲比往常回来得都要早，他在楼下就大声地喊上了：“唐汉，快下来，看我送你什么礼物了。”

唐汉从阳台上探出头去：嘿，一辆崭新的陆地巡洋舰停在楼下。唐汉屁颠屁颠地跑下楼，气喘吁吁的他，啧啧称赞：“好车，好车！”

这辆大名鼎鼎的越野车，出现在云贵川山区的盘山公路上，是稀松平常的事情，而在这繁华的大都市，就显得扎眼。车的颜色是墨绿色，庞大的躯体像一头大水牛，80 升的主油箱，加上 50 升的副油箱，130 升的储油量，能确保其行程逾越 800 公里。

唐汉喜欢这辆车，喜欢它的颜色，尤其喜欢带有雄性意味的陆地巡洋舰的名头，真是知子莫如父。

唐汉围着这庞然大物转了两圈，悄然收敛住内心的狂喜，故作失望地说：“老爸，我还以为是劳斯莱斯呢。”他怕玩笑开过了头，赶紧补了一个二皮脸的表情。

“臭小子，想什么呢，”父亲用力将唐汉的头往下按了按，“劳斯莱斯？我看你是想让你老爸老死累死？有本事自己买！”

唐汉喜不自禁地嘿嘿傻笑了两声，拥有一辆陆地巡洋舰是他儿时的渴望，没想到这个愿望实现得如此之快。

其实父亲给唐汉的惊喜远不止这些。

“小子，既然还没想好，也就别急着工作，给自己放个长假，轻松一下，游山玩水也英豪嘛。”父亲说。

父亲的决定让唐汉十分诧异。也许，工作真的不是生活的全部，做个背包客，闲云野鹤，纵情山水，从自然中领悟人生的真谛，也可以成为生活的一部分。唐汉并未马上响应，他要想清楚才行。

唐汉继续带着黑虎出去活动。出了家门，黑虎是一定要上链条的，唐汉可不希望伤及无辜的事情发生。藏獒的咬合力非常大，爆发力很强，就是缺乏耐力。它到了平原地区，对温度、海拔等环境需要重新适应，唐汉特别注意对黑虎耐力和服从性的训练。

有几次，唐汉将车开到40公里远的浦东森林公园，徒步四圈，每圈5公里。几天后，他又将徒步的活动范围扩大到了杭州的西湖，环行西湖一圈是8公里，再套一小圈为6公里。

半个月过去了，父亲没有过问一声。也就在第31天，准确地说，是2008年7月20日的早上八点，唐汉给父亲留下了一张纸条，上面写了七个字：黑虎、珠峰、罗布泊。

唐汉清楚地向父亲表达了远足的目的地。他带着黑虎，独自驾驶着陆地巡洋舰离开了上海，开始了令人神往的高原之行。

路上，唐汉通过后视镜察看黑虎，藏獒总给人以神秘、凶猛、忠诚的想象。

黑虎也有自己的传奇。

黑虎的母亲是唐汉叔叔的爱犬。叔叔的爱犬，是在西藏大草原上寻觅到的，几经周折，才将它从西藏运到上海。这只藏獒很倔强，到了上海后，连续三天不吃食不喝水，弄得叔叔不知所措。叔叔冥思苦想，终于想出了一个办法：他请人采用喷绘的方法，制作了一幅雪山草原的藏地风景画，置于獒舍四周，以安慰这只思念草原的藏獒。别说，这招还挺管用，过了两天，藏獒开始喝水了，第三天开始进食了。显然，它认可了叔叔这个新主人。

将一只生獒养成熟獒，一般需要三个月的时间，女性可以费时少些，犬类大多喜欢美色。大多数人知道，世上有酒色，却不知道，世上还有狗色。

后来这只母獒产仔了，父亲便抱了一只幼仔回来。父亲是从一个月大的小獒开始养起的。黑虎小时候很好玩，腿很粗壮，走起路来颇有些幼虎的腔调，显露着威猛。

陆地巡洋舰以120码的时速，将南京长江二桥抛在了后面。唐汉向母校的方向深情地看了一眼，满怀惆怅，车辆已进入南京到合肥的高速路。这条高速路很多时候，处于维修状态之中。国内采用混凝土结构的高速公路已经不多了，汽车跑在混凝土结构的高速路上，车底下传来有规律的“咯噔”声。

唐汉驾驶车辆疾速行驶，一路平淡无奇，他打开车载光碟，试图用音乐驱散旅途的寂寞。一首悠扬的歌曲随之在车厢里荡漾开来：

谁是阿妈手中珍爱的她
格桑花 格桑花 格桑花
雪再大她不害怕
这样善良的她
慢慢长大的她
慢慢长大的她
哦 慢慢长大的她

谁是我在马背上天天思念的她
格桑花 格桑花
我再也没见过她
眼睛好大
风带走了她
风带走了她
哦 这样纯洁的她
这样美丽的她
这样美丽的她
哦 西藏的风 西藏的花 西藏的花
……

这是一首名为《格桑花》的歌曲，描绘的是青藏高原上盛开的格桑花。

人有时很奇怪，会因为爱一个人，而爱上其所在的城市；会因为喜欢一首歌，而喜欢上与歌曲相关的人和事。

唐汉是先喜欢《格桑花》，再喜欢西藏的。有了《格桑花》，才有了他的这次西藏行。

唐汉没有看到过格桑花，格桑花却成为他梦牵魂绕的花；他没有去过西藏，西藏却成为他日思夜想的圣地。好像西藏的格桑花，500 年前就在那儿等着他。

黑虎没去过西藏，西藏却是它的家。

车出合肥，路过六安淠河边的一家木业工厂时，天空飘起了小雨。道路湿滑，唐汉很谨慎，将车速控制在时速100码。寂寞的旅途，乏味的沿途景色，都会激发起行车人与外界沟通的欲望。

唐汉注意到侧面有一辆陆地巡洋舰开了上来，他友好地鸣笛，对方也友善地挥手致意。

也许是因为车型相同的缘故，两个陌生人产生了共鸣，默契地相伴而行，尽管彼此并不知道对方行程的起点和终点。有了伴儿，唐汉也来了精神。

到豫皖交界的高速收费站时，这位意外出现的旅伴打开车窗问唐汉："朋友，到啥地方？"

"去西藏白相，"唐汉遇到老乡了，"侬呢？"

"去西安白相。"他用上海话告诉唐汉，是去旅游的，"西藏老远格。"

上海人在一起，不由自主地说起了"阿拉""侬"，乡音是拉近彼此距离的良方，上海话好像比其他方言有优越感，至少大部分上海人是这样认为的，就好像伦敦的英语，比其他地方纯正的道理一样。语言歧视不是中国的特产，在英美国家也比比皆是。

唐汉看清楚了，对方车上是一家人，夫妻二人和一个女儿。"夜里住啥地方？"他又问。

"安阳。"

"索性一记头开到西安，路上也好有个人讲闲话。"

"好格，我伲到前头格加油站，再讲。"

在加油站的服务区，唐汉和对方都下了车。对方车主四十多岁，陈姓，在上海松江经营着一间贸易公司。他的女儿，花样年华，今年刚考上大学，现在是暑假期间，一家人出来旅游。

"这家人家，蛮想得开格。"唐汉心想，上海的家庭大多平时很会做人家的。

"唐汉，侬一个人去西藏，不得了。阿拉有三个兄弟在西藏，大阿弟叫洛桑，在布达拉宫，侬有啥事体可以寻伊去，阿拉把伊格电话发给侬。"陈太太是个爽快人，听说唐汉去西藏，很热心。也许陈太太来上海好多年，现在根本看不出她是藏族人了。

“谢谢陈太太……陈先生，不如我伲一道去西藏吧。”唐汉提议道。

“下趟吧，”陈先生说，“阿拉一家门都喜欢白相，这辆陆地巡洋舰是刚买格，就是为了白相，以后侬有啥好白相的地方，喊我伲一声。”

“好格，落雨天，慢慢交开。”

他们分别给自己的车加好油，相继离开了服务区。傍晚，他们到达了高速路的西安出口，在那里，唐汉与陈先生一家人分了手。陈家的女儿有些恋恋不舍，她也许给这段萍水相逢以丰富的想象，总觉得还应该生出一些传奇来。有这种想法不足为怪，因为她正处在一个编织梦想的年龄。

当晚，唐汉宿营在西安的郊区，离飞机场不远的地方。

雨一直下到第二天，唐汉进入宁夏境内时，已是下午了，雨忽然停了。强烈的阳光从乌云的边际透射出来，高速路两边大片的向日葵，在风中发出只有太阳才听得懂的喝彩。

“读万卷书，行万里路。”是父亲的期望，也是古训。唐汉用行动体会着这句话的含义。

物以类聚，人以群分，痛苦的哲学家和快乐的猪瓜分了人类。痛苦的哲学家说：“我思考，我痛苦，我活着。”快乐的猪说：“我简单，我快乐，我活着。”两种不同的生活态度，衍生出两种不同的生活方式。

选择哪一种呢？唐汉默默地想着，选择做快乐的哲学家吧，如果可能的话。他既不想因为思考而痛苦，也不愿像猪那样由于无所追求而快乐。

唐汉的陆地巡洋舰，驶上兰州黄河大桥的时候，夜幕再次降临。兰州的夜晚，霓虹灯迷离而妖娆，汩汩流淌的黄河，波光粼粼。

美景并没有留住唐汉的脚步，车轮继续滚滚向前。

这里已是海拔1 900多米的高度了，唐汉将宿营地设在了莲花山坳中，附近就是塔尔寺，寺内摇曳的灯光，透出神秘的色彩。

塔尔寺是宗喀巴大师的降生地，是信徒向往的圣地。现存塔尔寺占地600多亩，殿堂25座，主要为大金瓦殿、大经堂、九间殿、小金瓦殿、花寺、大拉让、弥勒佛殿、释迦佛殿、依怙殿等。塔尔寺鼎盛时有僧侣3 600多人，可谓晨钟暮鼓，香烟袅袅。

唐汉酣睡了一夜，在晨光里告别了塔尔寺，踏上了去青海湖的路途。去青海湖要经过玉树境内的日月山。日月山是唐汉此行所翻越的第一座接近海拔5 000米的高山。高速公路在日月山前出现了分支，一条直接去青海湖方向，另一条绕行日月山后，在前面不远处与原来的高速公路会合。唐汉自然选择了绕经日月山的路，车辆盘山而上，不久便到达了山顶。日月山位于青海湖东侧，最高处海拔4 877米，它属于祁连山脉。唐时，日月山一度成为唐朝与吐蕃疆土的分界线，素有“西海屏风”、“草原门户”之称。

日月山，古时因为它的土石都是赤色，被称作赤岭，后因文成公主之故，改称日月山。

相传，当年文成公主远嫁吐蕃，行至赤岭，登高望远，东边是唐土，西边是蕃域，心中不免一片凄楚。她西望吐蕃，天高云低，草原苍茫；回首长安，繁华不见，顿感故土难离。记得临行前，皇后怕她远居蕃域，日久思乡，特赐予一柄能照到故乡和家人的“日月宝镜”。文成公主取出宝镜，长安的景色和亲人的面容便一一在宝镜中出现。面对此景，公主泪如泉涌，思乡的泪水汇集成河，由东向西，流入青海湖。当文成公主想到自己身负唐蕃联姻通好的重任时，断然摔碎了“日月宝镜”，斩断了对故乡亲人眷恋的情愫，义无反顾地踏上了西行之路。当地百姓为纪念文成公主，遂将赤岭改名为日月山。

唐汉登上日月山，日月亭分立左右。他极目远望，日月山的东面绿荫蔽日，田畴纵横，西面则是广袤的草原和成群的牛羊。日月山已成为东部农区和西部牧区的分界线。当年唐蕃在此茶马互市，大批青海的马牛进入内地，内地的茶叶、丝绢运往牧区。

日月亭内的壁画，再现了文成公主进藏的传说。

日亭的壁画，描述了藏王松赞干布派大臣禄东赞，赴长安请婚，以及请婚过程中，禄东赞大智大勇巧破难题的轶事。

在中国古代，官宦豪门考试择婿，多为惯例，即使这门大唐与异域的婚姻也不例外。

传说藏王松赞干布派禄东赞，前往长安求婚。当时去长安求婚的，共有七个国家的使者。起初，唐皇认为西藏偏远，不愿让公主远嫁，于是和大臣商议，想出几道难题来考考这七位使者，试图使藏王的使臣知难而退，从而顺理成章地拒绝这门婚事。

第一道难题是将 100 匹小马放在中间，100 匹母马拴在四周，请这七位使者分辨出每匹小马的生身之母。

六位使者想方设法地将小马牵到母马身边，结果小马不是踢就是跑，怎么也不敢靠近母马。六位使者输了第一局。

禄东赞生活在牧区，熟知马的性情，他给马喂好草料，并让它们吃饱。饱食的母马嘶鸣起来，招呼自己的小马前来吮奶。于是 100 匹小马纷纷来到自己的生母旁，禄东赞毫不费劲地解开了这道难题。

第二道难题是将一根线穿过一块中间有弯曲孔道的玉石。

六位使者花了半天时间，想尽办法都未穿成。

轮到禄东赞，他的办法倒也简单。他捉来一只小蚂蚁，先将细线粘在蚂蚁的脚上，然后在孔眼的另一端抹上些蜂蜜，蚂蚁闻到蜂蜜的香味，便沿着弯曲的孔道往里钻，将线成功地穿了过去，禄东赞又胜一局。

第三道难题是让使者，将两端同样粗细的一根木桩，区别出根、梢，并说出其中的道理。

那六位使者看了半天，也未能说出所以然来。

禄东赞，将木桩放在河里，木桩浮起的一端为树梢，沉入水中的另一端则为树根，一清二楚。

禄东赞的聪明才智赢得了唐皇的好感。

最后的一道难题是，在 500 个穿着打扮完全相同的姑娘中，辨认出文成公主。

这七位使者从未见过公主，要从美女如云的 500 人中认出文成公主来，谈何容易！那六位使者挑最漂亮的认，结果都错了。

禄东赞此次赴长安前，已做足了功课。他从一位接近文成公主的老妇人那里得知，公主从小爱用香水，这种香水常会引来蜜蜂在头上飞舞。禄东赞根据老妇人这一指点，很快从 500 个姑娘中认出了公主。

唐皇终于同意，将文成公主嫁给藏王。

禄东赞见了公主后说："公主，此番去西藏，请带上五谷种籽、锄犁和工匠，以帮助西藏种植更多更好的庄稼。"

文成公主进藏时，唐皇赐予 500 驮五谷种籽、1 000 驮锄犁，以及数百名出色的工匠，随她入藏。

月亭的壁画叙述了文成公主入藏时所带去的纺织、酿酒技术，音乐、舞蹈艺术，包括天文、地理知识，是如何促进西藏社会与文化发展的。

唐汉在日月山上凭吊古人，一时思绪万千，当年文成公主入藏的崎岖小路，如今已变成了连接汉藏的康庄大道。

2. 青海湖的花季

翻过日月山，不远处就是青海湖。

唐汉驾车行驶在高原上，笔直的柏油路从大片的黄花中穿过，左边的远处是起伏的山峦，右边的黄花深处是湛蓝的湖水，湖面升腾着白云，一直伸向天际。

青海湖是唐汉向往已久的湖泊。他记不得是什么时候知道青海湖的，也许初中地理老师是他的启蒙者。而真正被青海湖震撼的，是他在电视上看到的环青海湖自行车比赛。多年以前，唐汉就有一个愿望：到青海去，去看青海湖。

驶向青海湖畔，车辆就进入了黄花夹道的土路，一片醉人的湖蓝映入眼帘。湖水轻柔地抚摸着湖边金色的细沙，不时泛起洁白的浪花，空气里弥漫了油菜花香。唐汉将车停在沙滩上，笑看云卷云舒，聆听潮起潮落，任凭思绪驰骋。

湖边的柏油路上停满了汽车，三三两两的骑车人，环湖而行。停留下来的人们，走进金黄的油菜田，远眺水天一色的青海湖，犹如人在画中，画在眼中。

青海湖永远是青藏高原上的一颗明珠，而黄花漫野、万鸟齐飞则是青海湖的亮丽风景。

此时的唐汉有两种选择，夜宿车内，或搭建帐篷。如果不是雨天或风沙很大的日子，他大多会选择搭建帐篷。

唐汉将黑虎放下车，带着它环湖而行。动物有时也会晕车，所以在上车前应尽量少喂食，以免它晕车呕吐。在上海的时候，唐汉已有意识地对黑虎进行了适应性的训练，这会儿它的表现还不错。

青海湖是中国最大的内陆湖泊，也是最大的咸水湖。它由祁连山的大通山、日月山与青海南山之间的断层陷落所形成，长 105 公里，宽 63 公里，周长 360 公里，总面积 4 583 平方公里，最深处达 38 米，湖面海拔为3 196米。

在这样的海拔高度，唐汉还是能适应的，黑虎也有适应高海拔的基因，根本不用担心它。

黑虎年幼，胆子还小，见了水多少有些恐惧。其实，狗天生就会游泳，只要你把它丢到水里，它立马就会给你表演“狗刨式”。唐汉故意不时地将黑虎牵到湖水里，吓得它直往外跑；唐汉又将湖水泼到黑虎的身上，它使劲一抖，身上的水珠在阳光下，散成环状的七彩光晕。

青海湖引人入胜之处，除了它自身的博大、深邃之外，龙驹、黄花、候鸟和湟鱼，也为它增添了不少姿色。

湖中的龙驹岛，岛上岩石嶙峋，景色旖旎，以产龙驹而闻名。龙驹是马中精品，李白在《永王东巡歌》中曰：“战舰森森罗虎士，征帆一一引龙驹。”

由于唐汉已有自己的座驾，也就不对龙驹作过多遐想了。

鸟岛位于青海湖西部，在流入湖内的第一大河布哈河附近，春夏季节栖息着十万多只候鸟，万鸟展翅，蔚为壮观。可惜眼下已过了鸟儿翱翔的季节，天空洁净如洗。

不想龙驹奔腾，不见万鸟齐飞，湟鱼的美味似乎不应错过。唐汉选了个僻静处，开始垂钓。黑虎温顺地趴在地上，一动不动。

青海湖地处高原牧区，几十年前，湖边人迹稀少，后来虽然有藏民不断地迁徙而来，他们却一直把湖里的鱼，视作神物，满怀敬畏之心，根本不敢也不会去惊扰它们。那时的湖中湟鱼，长期在自然状态中自生自灭。每年的春夏之际，它们都要离湖溯河而上，到河的上游浅滩产卵生子，然后再返回湖中。当时湖中的湟鱼很多，季节一到，它们经常是蜂拥而上，涌满了河道，场面甚是壮观。

直到五十年代，内陆来的人们开始捕食湟鱼，湟鱼的厄运便开始了，现在湖里普通的鱼虾已很少见，更不要说湟鱼了。

很幸运，只等了半个多小时，唐汉钓到了一条三两左右的湟鱼。湟鱼个头偏小，通常一斤左右就算大的了。它无鳞，肤色黄褐，肉质细嫩，味道鲜美。

到中午时分，唐汉竟收获了两条湟鱼：一条清蒸，一条熬汤。

唐汉带了很多自加热饭包，只要有水，就能将食物加热，其原理就是利用生石灰与水反应后产生大量热能。

享用自己的劳动果实，是最心安理得的。

唐汉没忘了自己的爱犬，这次出来，他不但带了大袋包装的狗粮，而且准备了许多风干的牛肉。

黑虎茂密的鬃毛像非洲雄狮一样，它前胸宽阔，目光含蓄而深邃。喜马拉雅山脉的严酷环境赋予了藏獒以粗犷、剽悍、刚毅的本性，同时也赋予藏獒王者气质。黑虎的毛，长而厚重，耐寒冷，即使在冰雪中也能安然入睡。

黑虎对陌生人冷漠，且有强烈的敌意，可对主人却极为亲热和忠诚。它权势而不呆板，威严而不粗野，敏捷而不鲁莽。有了黑虎在身边，唐汉在野外宿营也多了分安全感。

黑虎吃食时是不喜欢被打扰的，护食、护领地、护主人是它的本能。黑虎那硕大的尾巴，在优雅地摆动，口里咀嚼着风干牛肉，显得很专注。唐汉喜欢黑虎这股从容的劲头。

离开青海湖不远，就是倒淌河。倒淌河发源于日月山西边的察汗草原，海拔约 3 300 米，全长 40 多公里。它自东向西，流入青海湖。

唐汉将车停在路边，近前注视这条充满神奇色彩的河流。倒淌河是青海湖水系中最小的一支，不仅河流蜿蜒曲折，而且河水清澈见底，看上去犹如一条明亮的绸缎飘落在草原上。唐汉深情地捧一掬河水，任由清冽的河水穿过指缝，涓涓地汇入河中。

唐汉是满怀着凭吊古人的心情，来到倒淌河边的。河水汩汩地流过，他分明听见一声轻微的叹息，一阵私语般的呢喃，一番委婉的低诉，其中似有万般柔情，要向世人表白。

涓涓流过的水声，使唐汉有种顿悟的感觉：这是一条女性的河，似乎暗含了文成公主妩媚的基因，以至于数千年来，长流常新，生生不息。

从青海湖边的黑马河镇去格尔木，唐汉走的是通往拉萨的 109 国道。这条国道要翻越海拔 3 817 米的橡皮山。在 109 国道上奔驰的大多是重型货车，路面很容易被损坏，进入橡皮山的那一段正在修路，又适逢雨天，道路泥泞，车辆颠簸，但一路上的美景，却让这近两小时的车程，没有丝毫的单调和乏味。

此时，车窗外是连绵起伏的山峦，路边是风吹草低见牛羊的草原，羊群和牛群悠闲地吃着草儿，大片的鲜绿赏心悦目。天空的云层压得很低，如同厚厚的棉絮笼罩着山峰。唐汉一路上行，感觉是在一片美丽舒缓的绿色中飞向天际。

车辆行驶到半山腰，山色越来越浓重。空旷的草原上，白色帐篷像绿野上的星星，羊群、牛群游走在绿草之中。白色的羊和黑色的牦牛各居一方，相安无事。牧民骑着马跟随它们，女人裹着鲜艳的头巾，左手握着缰绳，右手挥舞着鞭子，驰骋在草原上。

橡皮山下是一马平川的大草原，当唐汉看见第一棵树出现时，显得毫无思想准备。

“咦，怪事，怎么有树了呢?”唐汉啧啧称奇。

令他更为惊讶的事情紧接着就出现了：高原上的田野。那些农作物高低有致，人工林方方正正，大地转眼变成了不同色块的拼图，展示了人类争取更多生存空间的力量与雄心。

“应该有村落出现了。”唐汉估摸着。依据常理，有人群定居的地方，才有这样的景象。果不其然，远远地就看见一个村落静静地出现了；绿树掩映之中，低矮的房舍三三两两地散落其间，与周围的田野融为一体。

车辆继续沿着笔直的柏油公路快速行驶。尽管是双车道，但由于往来的车辆很少，一点都不影响车速。通常情况下，离人群越远，才离自然更近。

西沉的太阳发出刺眼的光芒，唐汉只好放下遮阳板，即使这样，远处还是有一片银光在闪耀。车辆已行驶到了柴达木盆地，那闪耀银光的地方应该就是茶卡盐湖了。

茶卡盐湖位于青海乌兰县茶卡镇南面，唐汉的GPS定位系统显示的地理坐标为东经99°02′—99°02′，北纬36°18′—36°45′。

茶卡盐湖在20万平方公里的柴达木盆地中。盐湖的形成大多是由于地壳运动所致。青藏高原很久以前是海洋的一部分，经过长期的地壳运动，这块地面隆起，变成了世界上最大的高原。留在低洼地带的海水形成了许多盐湖和盐池，茶卡盐湖就是其中的一个。湖内的盐几乎是采不尽的，因为雨水会将更多的盐从周围的山上带下来。茶卡盐湖已有 3 000 多年的开采史，盐砣似雪山般矗立，呈现着柴达木盆地盐湖的独特风光和博大富有。

唐汉过了茶卡镇，天色已暗下来，车上的 GPS 很准确，不需要担心会走错路。唐汉在途中的街边小店，吃了碗面条，晚上八点多到了格尔木。

3. 长 江 源

大凡走青藏路进藏的人都知道，格尔木才是起点。唐汉早晨起来，匆匆吃过早饭，就开始进西藏前的准备工作。他来到路旁的一家药店，店员很热情。

“今天进藏?”店员问。

“是的，”唐汉答道，接着问，“请你帮助参谋一下，看我需要准备些什么药品?”

“买个大瓶的氧气吧，红景天也比较有效，其他药品就因人而异了。看样子你是第一次去西藏吧?”

“是的。你觉得行程怎么安排比较合理?”

“一般先在沱沱河边的唐古拉山镇住一晚上，第二天翻越唐古拉山垭口。进藏后，注意休息，慢慢适应，就不会有事情，其实那里没有想象的那么可怕。”

“第一次去西藏嘛，心里没底，所以有点紧张。”

“都这样，我见得多了。”

“青藏线应该好走些吧?”

“川藏线路难走，但海拔低；青藏线路好走，但海拔高，各有优缺点。”

“原来是这样。今天要过昆仑山口，那可是一座超过 4 700 米的山口啊。”

“不错，你一个人旅行，又是初次进藏，可得特别小心。如果感觉高原反应比较厉害，建议你到了昆仑山口不要停车，快速通过就行了。”

“谢谢你的指点。”

“不客气，一路平安。”

尽管唐汉在日月山已经历了接近 5 000 米的海拔，但那里是瞬间的高海拔，从格尔木启程，唐汉面临的是持续的高海拔。

上午九点，唐汉开始从格尔木出发。出了格尔木市，公路就与昆仑山脉相伴。

昆仑山有无数神奇的传说，喜欢读武打小说的唐汉，从那里了解了昆仑山和昆仑派。昆仑派，也许是虚构的，而面前的昆仑山却是真实的。陆地巡洋舰在昆仑山脉里逶迤前行，像一支会拐弯的飞箭。

昆仑山素有“万山之祖”的称号，横空出世，伟人谓“莽昆仑”。昆仑山脉全长2 500公里，平均海拔5 800米，宽约150公里，总面积达50多万平方公里。

青藏线沿着昆仑河蜿蜒伸展，传说中的“瑶池”就是昆仑河的源头——黑海，那里海拔4 300米，湖水清澈，鸟禽成群，野生动物出没频繁。在昆仑河中穿过的野牛沟，还有珍贵的野牛沟岩画。

车辆离开格尔木约50公里，便来到了昆仑桥。昆仑桥素有一步天险之称，是青藏公路上的一大险关。昆仑桥全长仅四米多，是一座钢筋水泥桥。昆仑桥的壮观不在桥的本身，而在于桥下的悬崖绝壁和万丈深渊。

唐汉来到桥上，发源于昆仑山中的雪水和泉水汇聚而成的昆仑河，从海拔4 000多米的高山峡谷间飞泻而下，将河谷的千板岩，穿凿成了一条深40多米、宽约4米的石峡险谷。层层雪白的浪花在深邃险峻的幽谷中喷涌咆哮，发出炸雷般的轰鸣。从桥上俯身鸟瞰，令人望之目眩，闻之胆战。

雪峰如约出现在唐汉的面前，似在提示他已进入雪域高原了。近旁的黑虎兴奋地用其前爪，撕扯着车座，发出吼叫。直到过了昆仑桥，黑虎才安静下来。

再往前，唐汉来到了“西西可里”的北大门，在这里可以看到，海拔3 540米的昆仑泉了。

昆仑泉地处昆仑河北岸的青藏公路旁，是昆仑山中最大的不冻泉。泉水日夜不停地向外喷涌，翻起浪花，并发出清脆的响声。水温全年恒定在摄氏20度。泉池四周由花岗石砌成的多边形图案，中央的一股清泉，形成一个晶莹透明的蘑菇状，似一朵盛开的雪莲花；不时散落的花瓣，演变成飞溅的碎玉，落入池中，然后汇入滔滔的昆仑河。

唐汉趴在泉边，用嘴汲取着在地下潜流了二十多年的甘甜冷冽的泉水，享受着莽莽昆仑的恩赐。黑虎也“吧唧吧唧”地享用着圣水。

至今，在纳赤镇还流传着当年文成公主进藏时在此歇息的传说。相传文成公主远嫁吐蕃时，随身带了一尊巨大的释迦牟尼佛像。当公主一行来到昆仑山下的纳赤台时，由于山高路遥，人马劳顿，公主吩咐随从在此歇息。晚上做饭时，随从才发现附近没有水，大家只好靠干粮充饥。晚上，大家和衣而睡，待天亮后再作打算。

第二天早上，人们醒来时，突然发现昨晚放释迦牟尼佛像的山头被压成了一方平台，离平台不远的地方，有一眼晶莹的泉水喷涌出来，淙淙流淌。

公主百思不得其解，难道这是释迦牟尼佛像把山中的泉水压了出来？虔诚的公主为了表达对佛祖的敬意，将自己身上的一串珍珠抛到泉水里，泉水顿时变得更加清凉甘甜。由此，人们把纳赤台，称为“佛台”，把昆仑泉称之为“珍珠泉”。

离开昆仑圣泉，前面就是赫赫有名的昆仑兵站了，这里流传了许多可歌可泣的传奇故事，令全国民众感动。过昆仑兵站，再行驶 70 公里，海拔 4 767 米的昆仑山垭口赫然入目。这里是青藏公路上的一大关隘，在这里还可见昆仑山上的六月雪。

昆仑山口地势高耸，气候寒冷潮湿，空气稀薄，生态环境独特，自然景象壮观。这里群山连绵起伏，雪峰突兀林立，草原广袤。更为奇特的是，这里到处是嶙峋的冰丘、变幻的冰锥和终年不化的高原冻土层。

冰丘有高几米的，也有高十几米的。冰丘下面是永不枯竭的涓涓潜流，一旦揭开冰层，地下水喷涌而出，形成喷泉。

“噼啪”一声巨响传来，远处有一冰锥忽然爆裂。黑虎被惊了一下，不知所措地在后行李箱内左顾右盼地打着转，试图寻觅响声的来源。这里的冰锥，高一二米至七八米不等，它们不断生长，不断爆裂。唐汉知道这是冰锥的内应力在不断膨胀的缘故，当它们的内应力超过其强度的临界点时，就会产生爆裂，发出巨响。

虽然昆仑山口的大片高原冻土层终年不化，但冻土层的表面却生长着青青的牧草。在这生命力极强的草丛中，居然盛开着各种鲜艳夺目的野花，令人感叹生命的顽强和壮美。

昆仑山口矗立着用汉白玉制作的石碑。主碑高 4.767 米，是昆仑山口海拔高度的千分之一；用花岗岩石块砌成的 9.6 平方米的基座，象征它屹立在中国 960 万平方公里的坚实土地上。

离昆仑山口不远的东西两侧，海拔超过 6 000 米的玉虚峰和玉仙峰亭亭玉立，终年银装素裹，云雾缭绕，形成闻名遐迩的昆仑六月雪的奇观。玉虚峰位于昆仑山口的东面，是一座海拔 6 500 多米的雪山冰峰，峰顶高耸巍峨，山体常年冰封雪裹，山腰白云缭绕，看上去犹如一位冰清玉洁的女子。

唐汉觉着自己已适应高原的环境了，除了轻微的头晕外，没有其他反应。

车上的海拔显示，停留在 3 600 米的上限不动了，事实上这里的海拔是 4 767米。山口的一块平地上支着两顶帐篷，一群年轻人在拍照，有三辆越野车停在近旁。让唐汉佩服的还包括一支自行车队，骑车的男男女女逗留在昆仑山口，他们的年龄与自己相仿。人有好多种活法，智者选择，愚者被选择。

下午四点，唐汉驾驶着陆地巡洋舰，来到了沱沱河。

沱沱河，位于青海省西南部，是长江正源。它发源于唐古拉山脉主峰格拉丹冬西南侧姜根迪如雪山的冰川，冰川尾端海拔近 5 500 米。那里有庞大的雪山群，海拔在 6 000 米以上的雪峰共有 20 座，永久雪线高达 5 800 米，群峰上有 40 条现代冰川和许多冰斗。

沱沱河的最上源分为东西两支，东支，发端于格拉丹冬雪山群，西南侧的姜根迪如雪山下的冰川；西支，起源于尕恰迪如岗雪山的西侧，两河得到冰川融水的补给，形成长江的最初水源。东西两支汇合后称作纳欣曲，下行 24 公里与右岸的切美曲汇合后才是沱沱河。

沱沱河出唐古拉山区后，继续北流，截开祖尔肯乌拉山较低的山岗，流至囊极巴陇附近。眼前的沱沱河，已是深 3 米、宽约 50 米的大河了。沱沱河大桥是名副其实的万里长江第一桥，现有一条特大铁路桥紧挨着公路桥，两桥并肩跨江而去。要不是沱沱河大桥的标志，很容易让人忽略了桥下这条大名鼎鼎的沱沱河。

沱沱河边是唐古拉山镇。这个镇政府可谓国内地处海拔最高的政府，也是面积最大的乡镇，其辖区面积达 5.1 万平方公里，而目前常住人口仅有1 300 多人。镇上有一家叫长江源的宾馆，很多游人选择住在这里。宾馆不大，还算干净。正对着宾馆斜对面的河边，是兵营的仓库，仓库前有一处平整的河滩。

唐汉不打算住宾馆，决定露营在沱沱河滩的这块平地上。

“喂，你要在这里干什么？”见唐汉的举动有违常理，正在兵营前站岗的一个新兵蛋子，警觉地喊道。

“你是问我吗？哦，我想今晚上住这里。”唐汉笑容可掬。

“什么？住这里……不行，不行！”

“为什么？”

“不为什么，上级有规定。”

“解放军同志，你看我东西都卸下来了，看在军民一家的份上，就让我在这里住一晚上吧。”

“你要住，可以住到我们兵站里，从这里过去才一公里的路。”

“我要想住兵站的话，早就去住宾馆了。”

“你住哪儿我管不着，反正就是不能在这里露营！”

唐汉眼见和这个固执的大兵商量不通，也就懒得废话了，只好收拾行囊走人，便开始寻找新的宿营地。他来到河对面的一片开阔地，此处在公路桥与铁路桥之间，紧挨着河边和铁路桥的瞭望塔。

这是一处理想的宿营地。

唐汉独自搭着帐篷，风很大，加之在高原上稍一动弹，会觉得付出了平时双倍的气力。在他快要搭好帐篷的时候，从瞭望塔的方向走来一名大兵。当对方离唐汉还有十来米时，黑虎率先发出了警告。

唐汉心想，假如现在叫我搬走，那可就惨了。

未等对方开口，唐汉惶恐地问：“兵哥哥，怎么，这地方不给住？”

“没这话，可以住，你已经在控制线以外了。”大兵没敢靠近，兴许他知道藏獒有极强的领域感。

“以前这里有人野营过吗？”

“没有，一般都住在长江源。”大兵友好地说，“一般走青藏线进藏，大都会在沱沱河歇脚，休整一下再往前走，不会冒险在外宿营，在高海拔地区伤风感冒了，很麻烦。”

“原来是这样，你一个人值班？”

大兵点了点头，又抬头看了看天，自言自语道：“晚上可能有雨。”

唐汉的帐篷搭在一处地势较高的地方，即使下雨，也无大碍。他忽然觉得对方可能仅仅是想和他搭讪几句，有时与人说话也成为一种心理需求。

“这里安全吗？”唐汉也颇有兴致地与大兵聊上了。

“没问题，晚上有我在塔上值班，你放心好了。如果你发现有什么情况，就朝瞭望塔上打三下灯光，我会帮你的。”

“一般不会，如果遇到紧急情况，我也不客气，谢谢你的热心。”

“没有关系，我们是同龄人，互相关心是应该的，你这件冲锋衣是名牌的吧？”大兵问。

“是的，狼爪牌的，德国货。”

“是防水布料的？”

“你还挺识货的，可以防两个小时的中雨。”

“要不少钱吧？”

“不错，很贵。”

“那你歇着，我回去了。”

这位大兵大概有两个月没说这么多话了，因此很满足地告别唐汉，返回瞭望塔。黑虎平和地叫了两声，也算是对大兵的告别。

晚上并没有下雨，夜空繁星点点。这样的夜空，在上海是看不到的，上海的夜晚，星星难得一见，更不用说满天繁星了。

一个晚上，黑虎都很安静，只有偶尔驶过的列车，发出短暂的声响。

唐汉在沱沱河畔，度过了一个很享受的夜晚，有满天的星斗作证。

4. 圣湖奇遇

唐汉没看到第二天沱沱河的日出。不是阴天，是连日的疲劳，让唐汉睡过了日出的时间。

今天，唐汉要过唐古拉山垭口。

唐古拉山垭口的高度超过海拔5 000米，附近的雪山，纯净、洁白。这里是不畏高原严寒的植物安身的净土；这里是具有顽强生命力的动物栖息的乐园；这里是淡泊物质欲念的人们生存的天堂。

过了唐古拉山垭口，眼前就是朝思暮想的西藏，是格桑花生长的地方，也是离天堂最近的所在。

在唐古拉山垭口，黑虎显得很兴奋，唐汉只能紧紧拉住它，任由它在无人的地方纵情狂吼。唐汉知道黑虎在喊什么，它的根在这里。

“帅哥，能搭你的车吗？那辆工程车只能将我们带到这里了，再往前就只能靠脚板走了……”唐汉刚上车，准备离开唐古拉山垭口的时候，一位美女如仙女下凡般地出现在他的车前，身边还有一英俊男生相伴。

“哥们儿，我叫罗布，她叫米兰，是我的女朋友。我们大学毕业一年了，也没找到合适的工作，今年在罗布泊开了一家客栈，也算是自主创业吧。我们游完西藏，就回去开张。”米兰身边的英俊男生罗布，看上去人高马大，体魄强壮，话语间透出爽朗的性格。

“你们是罗布泊人？”唐汉问。

“是呀。”米兰答道。

“那好，请上车吧。”

“谢了。”

米兰刚打开车门，黑虎就从后行李箱里发出低吼，好像对主人轻率的决定，表示质疑。

唐汉笑了笑，冲黑虎说道：“黑虎，别叫，是搭车的朋友！”

既然主人都发话了，黑虎也不好再执拗，顺从地停止了吼叫。尽管这样，黑虎在没有分清敌我之前，还是保持足够的警惕，这是它的责任。

米兰坐到了副驾驶的位置上，这样可以离黑虎远些。她 24 岁，身高超过 1.7 米，瓜子脸上有一对惹人喜爱的酒窝，鼻梁高挑，躯体窈窕，长长的头发拢在颈项的后面，干净利落，一看便知是个心直口快的姑娘。

罗布没有了选择，只能坐在后排。

坊间有种传说，狗专门咬胆小的人。人恐惧的时候，会分泌出一种气味，这种气味会被嗅觉灵敏的狗识别；如果狗没有闻到这种气味，它反而会害怕。这符合你弱它就强，你强它就弱的道理。

“我叫唐汉，第一站去西藏，第二站是罗布泊，”汽车开始启动了，唐汉开始自我介绍，“这次巧遇你俩，去西藏多了个驴友，去罗布泊多了个向导，运气挺好。”

米兰、罗布从唐汉的话里，知道了唐汉为什么一听他们是罗布泊的，就爽快答应他们搭车的原因了。

“你就不怕我们是坏人?”米兰话语里充满了调侃的意味,罗布在后面一个劲地笑。人与人间不设防倒成了奇怪的事情了,世态炎凉啊。

唐汉耸了耸肩,认真地回复道:“至少目前,我还没有认可你们是好人。”

“那你的意思是说,我和罗布是坏人了?”

“我也没有确定你们是坏人。”

“既不是好人,又不是坏人,那你是什么意思?”

唐汉说:“这不难理解,因为世界并非简单的非此即彼,如同前进的方向也不仅局限于非左即右。”

米兰说:“按你的讲法,事物不仅可以一分为二,甚至可以一分为三了?”

唐汉说:“那是自然的,生活的态度可以 Yes 可以 No,还有种回答叫 Maybe。”

“看不出来,唐汉,有两把刷子!”米兰的语气里蕴含赞赏的意味,“罗布,我们遇上哲学家了。”

“呵呵,过奖了,我只知道不要封闭自己,如果封闭了眼睛,就只能看到自己想象的物体;封闭了心灵,只能游荡在被局限的空间;封闭了边界,只能舍弃原本属于你的更远……”

“说,接着说,把你花花肠子里的货色都倒出来。”米兰心里对唐汉有好感,口里不饶人。米兰是那种刀子嘴豆腐心的人。

“中国人聪明,攻城掠地,有勇有谋,而国土面积多寡大都源于当任皇帝的心胸;中国人中庸,从是非中找出无是无非,从曲直中悟出无曲无直。聪明是后天的诡异,中庸是先天的慧根。中庸是一种角度的转换,一种时空的位移。”

“你还来劲了,看来你脑子真不缺氧!”

“我不缺氧,不缺心眼。”唐汉与米兰叫上板了,忽然变得侃侃而谈了,连他自己也觉得奇怪,也许他也太需要交流了,一路上只有他和黑虎,可把他给憋坏了。唐汉是那种给点阳光,就灿烂的主儿。

“这我们都看出来了,我还看出来了,你缺女朋友,唐汉,别告诉我们,你失恋了。”米兰不肯罢休,非给唐汉点难看,才肯罢休。米兰是什么人,在读书的时候谈朋友,那不叫本事,像她这样一直把男朋友拴在身边的,绝不是善茬。

在去西藏路上的年轻独行侠，多数是有情感问题的。

“我倒想悲悲切切地失恋一回，可惜的是，我还没有轰轰烈烈地爱过一次，”唐汉一本正经地说，“但愿，在雪域高原能寻觅到，属于我的格桑花。”

其实，唐汉并不知道怎么回答这个问题才好。寻找格桑花，只是心理诱因。远赴西藏的人，一万个人，有一万个理由。

“哦，想不到唐汉同学，还是个处男，应该属于国家一级珍稀动物的范畴。”米兰是见缝儿就钻。在这个时代，唐汉这个年龄没谈恋爱，是不正常的，在八十年代，这个年龄不谈恋爱是正常的，只能说，是世道变化无常。

“唐汉，我相信，你会找到属于你的格桑花。”罗布就比米兰厚道，至少是在话语方面：“我想知道你下面的行程。”

“今天去纳木措，明天去珠峰。”

“你要去珠峰?”

“是的。”

“太好了，罗布，我们的运气真好，”米兰兴高采烈，“刚才我还担心，不要上了贼船呢。”

“美女，有你这么说话的吗?”

“我还就喜欢这么说话，你能怎么我?”好像500年前，唐汉与米兰就结了梁子。

“米兰，你知道纳木措有个善恶洞吗?”

“不知道。”米兰摇了摇头，神色有些紧张，吃不准唐汉，要什么把戏。

唐汉这次出来之前，已做足了功课。“前面的纳木措湖畔，有一个善恶洞，藏传佛教认为人无论做善事或恶事，上天一定是知道的。善恶洞，对有的人来说很大，不管多胖、多高，只要你行得正、走得直，便能从此洞中过去；可对有的人却很小，无论你再瘦、再矮，做了坏事或有邪念，就会生生地卡在洞口，无法穿行。米兰，别看你苗条，我真担心你过不去啊。”他语气平缓、软中带硬地说。

“你胡说八道什么呀!”米兰有些急了。

“当然，你可以不去穿越善恶洞的。”唐汉不怀好意地给米兰出主意。

“为什么?”米兰不知其中有诈。

“等你回去改过自新后，再去那里也不迟呀。”

"你真坏，"米兰用力在唐汉的手臂上拧了一下，"罗布，你可听到了，唐汉在捉弄我。"

"罗布，你可不能对你媳妇偏心眼，米兰的暴力行径，你可都看到了。"唐汉寻求与罗布结盟。

罗布对两人笑笑，不置可否。他知道，唐汉在吓唬米兰。谁的一生没有些斑斑点点，善恶洞确实存在的，不过是佛祖给世人敲的警钟而已。俗话说，人在做，天在看，三尺上面有神灵，积德行善总是件好事。有些事情不关乎信仰，只是道德底限而已。

转眼间，车子爬到了海拔 5 190 米的根拉山，纳木措湖尽收眼底：湖泊、草原、雪山、岛屿、羊群、白云……诸多美景刺激着人们的感官。"太美了！"眼前的景象引得米兰发出了动情的尖叫。

纳木措湖，意为"天湖"，位于西藏的中部，海拔 4 717 米，是世界上海拔最高的大型咸水湖泊。罗布泊干涸后，纳木措升格为中国第二大咸水湖。在它的南面，有终年积雪的念青唐古拉山，北侧和西侧有高原丘陵，湖滨广阔，草原环绕，水草丰美。湖区出产虫草、贝母、雪莲等名贵药材，流域内时有野牛、山羊出没，湖中多野禽，盛产细鳞鱼和无鳞鱼。

"牦牛，你们看那里有牦牛！"米兰指着远方的湖滨处叫道。

唐汉说："看到了，我把车开过去，让你看仔细些。"

车子近了，才看清楚，放牧牦牛的是个穿着藏族服装的小伙子，看上去，也就 20 来岁的样子。

"帅哥你好，能让我们骑一下你的牦牛吗？"米兰对藏族同胞施展起自己的魅力，脸上挂着讨好的笑容。

"可以。"帅哥想也没想就答应了，可能是因为米兰的魅力，也许是由于藏民的朴实。

唐汉心想，这个藏民淳朴得可以，他关心地问道："你叫什么名字？就你一人在放牧？"

"我叫阿旺。我有个大哥叫洛桑，在布达拉宫，二哥在珠穆朗玛那边……"

"你有个叫洛桑的哥哥，在布达拉宫？"唐汉惊讶地重复着阿旺的话语，满腹疑问。

“是啊，怎么啦?”

“没什么，我只是想问，你是不是还有个姐姐在上海?”

阿旺有些纳闷:“有啊，你是怎么知道的?”

唐汉笑笑，便将在路上与他姐姐、姐夫巧遇的事一五一十地告诉了他。阿旺激动地与唐汉紧紧拥抱，像遇见了久违的朋友。

纳木措的天，蓝得通透纯净，一尘不染，湖水晶莹剔透，在阳光下闪烁着细碎而神秘的波光。

唐汉三人骑着牦牛，漫步在湖光山色之中，一种心灵被洗涤的愉悦由然而生。

“唐汉，今天你们在哪里宿营? 这湖滨草原里，可常有野兽出没哟。”阿旺说。

“那我们就和你一起宿营。”唐汉想，在这山光湖色中出现的野兽，也该是美丽善良的兽类。

“好啊，天色不早了，我们返程搭帐篷去吧。”阿旺抬头看了下天色，建议道。

“好的，我们跟你走。”三人同意阿旺的提议。

唐汉是单人帐篷，罗布、米兰是双人帐篷。阿旺搭好帐篷后，开始挂风马旗。藏民迁徙，每次搭帐篷都要挂风马旗，风马旗是西藏高原上一道独特的风景。方形、角形、条形的小旗被固定在门首、绳索、族幢、树枝上，在大地与苍穹之间摇曳。风马旗与雪峰、草甸、庙宇一起，勾画出藏区鲜明的特征。

“藏民相信神灵，对自然充满了敬畏之心，我们处在一个人与自然共生的世界，风马旗则是藏民与自然沟通的最好方式，”阿旺告诉唐汉，“传说当年佛祖坐在菩提树下，手执经卷悟禅。忽然一阵大风刮来，佛祖手中的经书被吹到世间，许多苦难的大众，有幸得到经页，同时也得到了幸福。人们为了感谢佛祖的恩赐，便用彩布制成三角形，上面印上经文和佛祖的像，把它挂在风吹得到的地方，以求消灾，祈求平安……”

唐汉点了点头，想不到藏区有这么多习俗。

牦牛被赶进了石块垒起的简易围栏，帮助阿旺完成这项任务的助手，是他的藏獒，名字叫“雪豹”。这是一条成年獒，正值血气方刚的年龄。

阿旺在帐篷外生起了一堆篝火，火光映照着人们的脸庞，也映照着罗布和米兰的甜蜜爱情。

篝火变暗，月朗星稀，除了黑虎和雪豹相伴在牦牛圈外，大家分头回帐篷休息。

湖滨的晚风，吹得帐篷发出“哗啦”、“哗啦”的声音。疲劳的人们，无意风的呼号，各自巡游在自己的梦乡。

深夜时分，唐汉在睡梦中，被黑虎低沉的吼声惊醒。他从黑虎的吼声中，知道黑虎是在向他报警！唐汉迅速打开头灯，穿好外套冲出帐篷。他的身上带有野外防身的刀和登山杖。

眼前的景象让唐汉惊出了一身冷汗，三头狼正和两只藏獒对峙着。狼的眼睛在黑夜里，闪着绿光，阴森森的。

阿旺闻声出了帐篷，手里拿着子弹上了膛的猎枪。

“罗布、米兰，有情况，快起来！”唐汉边呼喊，边向阿旺聚拢过去。

“不要怕，现在我们占上风，狼群不敢轻易进攻。”阿旺有与野兽作战的经验。

雪豹严阵以待，黑虎则有些拘谨，它初次见识这样的阵势。

罗布一手持一把藏刀，一手拉着米兰，靠了过来。罗布和米兰比唐汉想象得从容，罗布泊的大漠上，也有狼群出没，对此他们并不陌生。

“罗布，现在不是冬季，狼群并不是志在必得，我们是击毙它们，还是吓走它们？”阿旺低声征求罗布的意见。

罗布说：“我听你的。”

“击毙它们，让我的黑虎也锻炼一下！”唐汉表示了自己的态度，他不想错过这次机会，他曾听过一只藏獒咬死七匹狼的故事，他想亲眼目睹獒狼大战的场景。

“好，你们听我的，”阿旺果断地吩咐说，“罗布、米兰，你们去开车，守在我们背后，防止狼群偷袭。”狼是集体行动的，阿旺怀疑还有狼群埋伏在附近。

唐汉将车钥匙交给罗布，同时把登山杖递给米兰，给她一件防身的家什。罗布和米兰转身向车辆走去。随着汽车发动的声音，车灯将牛圈附近，照得一片通明，灯光下，果然有狼群在后面准备偷袭，它们的目标是家畜。

“唐汉，我枪声一响，你就命令黑虎出击。”阿旺的猎枪瞄准了头狼，唐汉点了点头，表示明白了阿旺的意思。

随着一声枪响，头狼应声倒下；几乎同时，雪豹奔向一只个头稍大些的青颜色的狼。

“黑虎，上！”唐汉也及时下达了命令。

黑虎不敢怠慢，一跃而起，扑向了另一只与它个头差不多的灰狼。

身后再次传来枪响，又一只狼栽倒在阿旺的枪口下。此时的阿旺已飞身上了开动的越野车，枪和上半身露出了汽车的天窗，他们在追击逃窜的狼群。阿旺根本不担心唐汉这边的局势，他相信他的雪豹。

此时的雪豹，咬住了狼的脖颈，拼命撕扯，鲜红的血珠从被咬穿了的青狼的脖子上喷出。青狼还没来得及哼一声，就断了气。

雪豹，经验老道，一招制敌，干净利索。

黑虎这边却不简单，甚至是毫无胜算的把握。黑虎和灰狼看起来体量相近，但并不能相提并论：灰狼长期在旷野里飞奔觅食，练就了一身肌肉，而黑虎是幼獒，还有些奶胖；灰狼身经百战，具备丰富的野外生存经验，而黑虎却是初出茅庐，大姑娘上轿头一遭。

黑虎有一项是灰狼无法比拟的，那就是身上的勇往直前的基因。

黑虎连续两击落空：一次时机不准，另一次位置拿捏不准。即使这样，黑虎并未气馁，依然迈着虎步寻找时机。

雪豹甩了甩玷污它雪色毛发的血迹，在一边神定气闲地袖手旁观起来了。也许，它觉得唯一需要自己出手做的事情，就是防止灰狼逃跑。

灰狼预感到今晚这场战斗大势已去，或许伺机逃脱才是上策。雪豹像是看透了灰狼的心思，每当灰狼摆脱黑虎，想逃窜的时候，它就及时地封堵住了灰狼的去路。没了退路，灰狼的处境一下子变得凶险无比，它意识到自己为荣誉而战的时刻到来了。

黑虎又开始了攻击。这是一次声东击西的攻击，黑虎明明是奔灰狼的颈部而去，可就在划出一道美丽的弧线之后，它的牙齿却深深地刺进了灰狼的臀部。随着灰狼的一声惨叫，其臀部到后腿间被切开了一道口子。

黑虎一击得手，并不深入，而是见好就收，立马跳出圈外。

灰狼的眼里闪烁着复仇的光芒，它忍无可忍，决定向黑虎发起总攻。凶猛的灰狼倾其全力扑向黑虎，黑虎躲到一旁，避开了这凌厉的一击。灰狼岂肯罢休，靠后腿的力量将整个身子射向黑虎。

唐汉看在眼里急在心里，他知道，要是黑虎被击中，后果不堪设想。

黑虎看到飞扑过来的灰狼，极力躲闪，好像脚下一滑，在偏出灰狼攻击方向 30 度的地方，摔了个四脚朝天。

灰狼也着实厉害，硬是在空中将自己的攻击角度校正了 15 度，它硕大的身躯连同巨大的惯性，一起砸向黑虎，将躺在地上的黑虎撞出数米，紧接着，数股血柱溅向空中。

唐汉心里咯噔一下，顿时心如刀绞。

奇怪的是，站在旁边的雪豹，依然无动于衷，好像受伤的不是它的同类似的。它茫然地看着痛苦的唐汉，对唐汉的举动表现出不理解的神态。

忽然，趴在黑虎身上的狼头无力地垂了下来。黑虎两脚一用力，灰狼被掀翻在地，自己从容地站了起来，优雅地甩掉毛发上的血滴，那是灰狼的血。黑虎凭着诱敌深入的招数，取得了败中求胜的奇效。

“黑虎，好样的！”唐汉上前一把将黑虎的脖子搂在怀里，习惯性地用手拍拍黑虎的胸膛，这是对黑虎的最好奖赏。

黑虎讨好似的将自己的头朝唐汉的脸上蹭了蹭。

“好獒，未来的獒王！”凯旋归来的阿旺将这精彩的格斗看在眼里，情不自禁的给予黑虎极高的评价。雪豹看到主人夸奖黑虎，冷落了自己，发出了暗含妒意的吠叫。

罗布、米兰也向黑虎投去赞赏的目光。一场波澜不惊的战斗，在晨色里悄无声息地结束了。黑虎经历了第一次战斗洗礼。

篝火重新燃起，曙光初现。晨色中的纳木措，像静卧的金刚度母，烘托着五个兀立于万顷碧波之中的岛屿。

唐汉开始收拾帐篷，帐篷旁的一朵小黄花引起了他的好奇，他不由得蹲下身去仔细观看。阿旺见状，也凑了过来，当他看到唐汉身边的小黄花时，眼睛里立刻放射出宝石般的光芒，他一把将唐汉抱了起来：“祝贺你，唐汉，你找到幸福了！”

“什么？幸福?”唐汉一脸茫然。他无论如何也不会将自己的幸福与一朵普通的小黄花联系在一起。

“唐汉，你知道这是什么花?”

“野花呗，一朵挺漂亮的野花。”

“是野花不假，可它也是藏区著名的格桑花。”

“格桑花？它真的是格桑花?”唐汉显得异常兴奋。

“你看这朵黄花几个花瓣?”阿旺将唐汉放了下来。

“八个。”

“这就对了，藏族有一个美丽的传说：不管是谁，只要找到了八瓣格桑花，就找到了幸福。”

“是吗?”唐汉睁大了眼睛，他不敢相信这是真的:“真有这么神奇?”

“当然啦。不起眼的格桑花看上去弱不禁风，却有一副傲骨：狂风让它傲然挺立，骤雨使它娇艳欲滴，阳光催它所绚烂怒放。”说起格桑花，阿旺的眼里放射出自豪的目光。

“呵呵，看来我挺幸运的。”唐汉双眼闪烁着幸福的光芒。

格桑花是一种生长在高原上的花朵，学名叫金露梅，主要分布在西藏、青海、川北、滇西北的大草原上。格桑在藏语里是幸福的意思，格桑花也叫幸福花。很多藏族歌曲常把勤劳美丽的姑娘，比喻为格桑花。

“不过，格桑花是有毒的，草原上的牦牛等动物都不会吃它。也许就是这个原因，格桑花才幸运地在高原上生存了下来。但是，当格桑花大面积地出现的时候，也预示着草原末日快到了。”阿旺的话语里充满了伤感。

唐汉不解地问:“这是为什么呢?”

米兰和罗布也茫然地问道:“是呀，阿旺，你快告诉我们，怎么会这个样子呢?”

“也许是物极必反吧。”阿旺知道自己碰到急性子的人，连忙解释说，“唐汉，当你看到八瓣格桑花的时候，你已有一只脚迈进了天堂。”

“恭喜你，唐汉，你已经找到了你的格桑花。”米兰热情祝福唐汉。

“是呀，兄弟，幸福离你不远了。”罗布紧紧拥抱着唐汉。

“也许，我与雪域高原有缘?”唐汉默想着，他憧憬着，幸福正慢慢向他走来。

阳光下，那颗怒放的八瓣格桑花，是那样的平凡，是那样的不起眼，令人称奇的是，它却能给人们带来幸福。

5. 天 路

告别了阿旺，唐汉一行来到一处标有“观峰台”的地方，顾名思义，在这里可以观望珠穆朗玛峰。观峰台在一个山丘上，紧靠着大路，山丘南侧有一个藏族村落。

“唐汉，我们的运气真好，刚才还浓云密布，到了这里却云开雾散了。”米兰笑着说。

“这也许就是八瓣格桑花带来的好运吧。”唐汉回应道。

三个人站在观峰台上，举目远眺，只见雪山环抱之中，珠穆朗玛峰、洛子峰、马卡鲁峰等诸多山峰，在阳光下渐次呈现，蔚为壮观。巍峨的山脉，云雾交替，云蒸霞蔚；巨大的冰川，巍然耸立，洁白如玉……强烈的色彩对比，令人惊心动魄。罗布与米兰动情相拥，唐汉则不失时机地，用相机记录下了这壮丽的场景。

陆地巡洋舰离开观峰台，进入山谷。阳光慢慢远离了珠峰，那里云雾一片。

看到珠峰路的标志后，道路就变成了泥石路。这是一条了无新意的盘山路，路面像老式的木制搓衣板，车速只能保持在20公里的时速。沿途没有风景可言，汽车就像一把残缺的圆规在无休止地划着不规整的圆圈。

“没有高原反应，你的车开得晃来晃去，倒把人晃晕了。”米兰开始抱怨唐汉的车技。事实也是这样，开车子的人不觉得，坐车子的人觉得。有一种说法是，晕车的人开车就不觉得晕了。

唐汉反诘道：“挑鼻子挑眼的，要么，你来开？”

“你以为我不敢，就怕你不放心。”米兰并不在乎唐汉的赌气的话，女人一爽快，爷们也比不了。

“有什么好怕的，我放心。”唐汉不是口是心非的主儿，他也想见识一下米兰的车技：“说得好不如做得好，是骡子是马牵出来蹓蹓。”

唐汉果真将陆地巡洋舰停在了路边，从驾驶的位子上下来。米兰毫不含糊，坐到了驾驶座上，踩下油门。唐汉看米兰这阵式，心里有些服气了，有些男性化的女孩，喜欢起名字叫"亚男"，眼前这个"超女"，简直就是一个"超男"。车晃得依然厉害。实际上，在这样的搓衣板路上行驶，谁驾驶都免不了摇晃。

从进入珠峰路时，唐汉就开始数着弯道的数量。

"唐汉，爬到山顶有几道弯了？"当车辆爬到了山顶时，罗布问。

"42 道弯了，小于 180 度的不包括在内。"

"到珠峰脚下，会超过一百道弯吗？"

"八九不离十，估计差不多。"

"看，多壮美！"车辆下坡时，罗布一下子感觉到了盘山路的非同一般，而在爬坡时却全然不觉。

从高处观看盘山路，煞是壮观，一环连一环的，很有韵味，远处的山峰被云雾笼罩着。

不知什么时候，窗外下起了冰雹，打在车上发出"噼噼啪啪"的声音，米兰突然来了个急刹车，唐汉和罗布还没弄清是怎么回事，汽车已停在一辆自行车的旁边。

"美女，下冰雹了，我们带你一段吧？"米兰从骑车人的身姿，判断出骑车者是位年轻的女性，细腻是女人的天性。

对方闻声回过头来，脱去防风帽，露出妩媚的笑容，果然是一位美丽的姑娘。"谢谢你们的好意，没问题，我能行。"姑娘婉言谢绝了，她的汉语真不咋地，有浓重的"洋"味道。

唐汉有些不放心，打开车门向姑娘走去。他的目光与姑娘不经意间碰到了一起，忽然有一种似曾相识的感觉。

"真的没问题，我能骑到珠穆朗玛峰的脚下。"姑娘改说英文了，估计她的汉语是"二把刀"，还是说英语顺溜。

唐汉说："我相信你没问题，可现在是在下冰雹。"唐汉的英语也过了关，可以应付。

"这也就是一会儿的事情，我们珠穆朗玛峰的山脚下见吧。"姑娘说的也是实情，这里风云变幻莫测。

“这是我的电话，有困难联络我，我们会来接应你的。”唐汉将自己的电话号码抄在一张纸上，然后递给姑娘。

“你是警察?”姑娘吃惊地看着唐汉，满脸疑惑地接过了唐汉的手机号。

“不是。”唐汉摇摇头，不知姑娘为什么有此一问。

“有困难找警察。你不是警察，我为什么要打电话给你?”

看来这姑娘不是中国人，却又对中国的一些事情很了解，唐汉倒一时不知怎么解释好了。

“他的意思是，你打警察的电话打不通，就打他的电话。”米兰连忙替唐汉找台阶下。现在的大学生，英语都可以，只是中文水平下降了。

“原来是这样，那么，谢谢了。”姑娘说罢，跨上自行车。米兰也开始了行使，姑娘慢慢消失在高处。

唐汉感觉到一种莫名的惆怅。他想象中的她，是在月色下结着愁绪，徘徊在青春寂寥的雨巷，撑一把描绘艳丽图案的雨伞，伴着落寞、凄清、惆怅默然前行；当天上飘散着朦胧的细雨，空中吹拂着弥漫着香草味的微风，她玲珑剔透，婀娜多姿，傲然地从他身边飘过；他却背负凝重的经卷，默捻佛珠，像观赏风景一样，隔层云，隔层雾，目光追随她的举手投足……

在一个再普通不过的拐弯处，前面十米远的一座石桥上赫然写着三个红字：“珠峰桥”。一条小溪从高处奔泻而来，流经石桥再流向远处。过了绒布寺，离珠穆朗玛峰就不远了。

唐汉一行继续前行数公里，一条从山上流淌下来的河流横在了面前，河水半米深，河宽五六米，车到山前没有路了。河的那边是一个高50米，由碎石堆成的平台，紧紧依偎着一座高山，这个平台，有可能是山体滑坡时形成的。

“怎么办?”米兰停下车来。

“罗布，你看呢?”唐汉征求罗布的意见。

“爬上去再说。能在上面宿营就住在上面，不行再撤到这里宿营。”

“行，我们带着帐篷，见机行事。”唐汉同意罗布的意见。

汽车越过小河，停在了碎石坡的下面。三个人带着帐篷和食物，手持登山杖，开始了艰难的攀登。黑虎跟在后面。这种山坡很难攀爬，人容易随着碎石向下滑。这里的海拔已经很高了，还要付出体力爬山，确是件非常累人的事。

从下面看，爬上这段50米的陡坡，上面就是一个平台；其实那上面到底怎么样，谁也不知道。

直到下午两点多，三个人费了九牛二虎之力，终于登上了这段碎石坡。出现在眼前的是一个碎石堆成的平台，不远处还有一个象牙状的冰锥。平台上搭着一顶帐篷，帐篷外有三头牦牛。

听到外面有声音，帐篷的主人走了出来。这是个二十六七岁的青年人，体型偏瘦，脸膛是一片西藏红。

“你们能爬到这里真不容易，累了吧？快进帐篷休息一下，我叫扎西……”主人看起来很好客，脸上满是笑容。

“扎西……”唐汉很吃惊，“你叫扎西？”

“没错。”

“你有个弟弟叫阿旺？”

“是啊，我还有个哥哥叫洛桑，你怎么知道的？”

世界真小，在这里，三个人见到了阿旺的哥哥扎西。唐汉就将偶遇他姐姐、弟弟的事告诉了扎西。

“也真够巧的，我更应该好好招待你们了。”扎西得知三人的经历后，对唐汉他们更加热情。他在这里是专门接待到这里来登山的“登山队友”和世界的“驴友”。

扎西的帐篷很大，沿着帐篷四周布置了五张沙发床，床的上方，挂着有些泄气的氧气袋，帐篷中央是火炉。唐汉他们所带的装备，在夜间是很难抵御珠穆朗玛峰下的寒冷，夜宿扎西的大帐，无疑是最佳选择。

太阳停留在天空，天空一片海蓝色，游走的云朵，像迁徙的羊群，一会儿匆匆忙忙，一会儿慢慢悠悠。

唐汉下意识地看了看手机，好像在期待着谁的来电。佛说，人生有八苦：生、老、病、死、爱别离、怨长久、求不得、放不下。唐汉现在的苦楚，大概是“放不下”。

“唐汉，珠峰路总共有几个弯路？”米兰放好行李后问。

“珠峰路102公里，其中94公里的盘山路，101个180度以上的弯道。”

“还真超过了100个弯了，唐汉，你猜那个洋妹妹现在走了几个弯了？”前面一句话是铺垫，这句话才是米兰真正想问的。

唐汉索性装糊涂：“我脑子缺氧，估计不出来。”

“脑子缺氧倒算了，可别脑子进水，”米兰阴阳怪气地说，“痴汉想媳妇，苦啊。”

唐汉头晕，装着没听见，一头睡到沙发床上了。他相信，藏民关于八瓣格桑花的传说，不会是空穴来风，八瓣格桑花一定有它的魔力的。

扎西把炉子生起来了，帐篷里弥漫着牛粪燃烧产生的青烟。唐汉躺在床上闭目养神。他感到有些头晕，眼睛里乱冒金星，也许是上得太快了，几天就上到海拔5 400多米的高度，难免会不适应。

“今天你们好好休息，明早起来看珠峰日出。四月是西藏雾最少的季节，现在只能碰运气了。”扎西建议道。

唐汉闭着眼睛问：“扎西，你登上过珠峰吗？”

“上去过三次，我们藏人登到 7 000 米的海拔还可以，再上去也会觉得缺氧，要吸氧气了。”

“藏人有得高原病的吗？”

“很少，我们已经适应了。”

“听说经常登山会导致智力下降，有这回事吗？”

“这要看情况，如果有脑水肿，会造成脑损伤，记忆力肯定下降。”

“是不是多吸氧就没问题了？”

“只要慢慢适应，别到 7 000 米以上的海拔，一般是没有问题的。吸氧并非对每个人都有用，有的人对气压变化特别敏感，氧气进了鼻子却进不了肺泡里，无法与血液交换氧气，或者交换的比例较低。”扎西向炉子里加了块牛粪后说，“对这部分人，吸氧就没多大作用。”

“想不到还这么复杂。”

“其实没这么复杂，是被那些医生弄复杂的。”

帐篷里灯光昏暗，看不清扎西的表情。这里的电是靠太阳能电池供应的，现在云遮雾罩，电能供应自然差许多。

唐汉迷迷糊糊的，不知不觉就睡着了，他被米兰叫醒时，已是下午五点多了。炉火忽明忽暗地映照着扎西那张被紫外线照射得有些黑里透红的脸膛，火炉上的大锅里冒出的蒸汽，带着浓郁的羊肉香味。

“唐汉，做什么美梦了？”米兰有意逗他，“说实话，你的梦话可全被我们听到了。”

西藏的羊肉透着草药的香味，没人能说清楚，这是雪莲的味道还是冬虫夏草的味道。

唐汉揉了揉眼睛，故作认真地说：“我迷迷糊糊地记得，你和罗布在雪域高原举行婚礼，你俩站在珠穆朗玛峰上，我正要将礼物送给你们的时候，被你一叫给吓了一跳，手一抖，礼物掉到雪谷里了，那可是非常贵重的礼物，你看……”唐汉煞有其事地两手一摊，一脸无可奈何。

“唐汉，你就别装了，王顾左右而言他，少来这一套，需要我替你重复一遍吗？”米兰知道唐汉是在编瞎话应付她的。

唐汉嘿嘿笑了两声，不置可否。

“我可是要说了？”米兰的口气里充满了威胁的意味。

“随你的便。”唐汉一副死猪不怕开水烫的样子。

“我可真要说了！”米兰清了清嗓子，开始大声地演绎：

那一刻，我升起风马，不为祈福，只为守候你的到来。
那一日，我垒起玛尼堆，不为修德，只为投下心湖的石子。
那一月，我摇动所有的经筒，不为超度，只为触摸你的指尖。
那一年，磕长头在山路，不为觐见，只为贴着你的温暖。
那一世，转山不为轮回，只为途中与你相见。

那一天，我闭目在经殿的香雾中，蓦然听见你诵经中的真言。
那一月，我摇动所有的经筒，不为超度，只为触摸你的指尖。
那一年，我磕长头匍匐山路，不为觐见，只为贴着你的温暖。
那一世，转山转水转佛塔，不为修来世，只为途中与你相见。

那一夜，我听了一宿梵唱，不为参悟，只为寻找你一丝气息。
那一月，我转过所有的经筒，不为超度，只为触摸你的指纹。

那一年，我磕长头拥抱尘埃，不为朝佛，只为贴着你的温暖。

那一世，我翻越十万大山，不为修来世，只为路中能与你相遇。

那一瞬，我飞升成仙，不为长生，只为佑你平安喜乐。

只是，就在那一夜，我忘却了所有，抛却了信仰，舍弃了轮回，

只为，那曾在佛前哭泣的玫瑰，早日失去旧日的光泽……

唐汉扑哧一笑："这是活佛才能说出的情愫悟语，我可没到那种境界哟。"

扎西端上来的是一大盆羊肉，热情地请大家分享。啃着羊肉，喝着羊汤，看着帐篷外的雪山，让人感觉天堂触手可及。

"好香啊！"随着话音进来的是一位姑娘，罗布和米兰吃了一惊，这姑娘不是别人，竟是在珠峰路上碰到的那个骑自行车的姑娘。

唐汉眼睛都直了，连声说："姑娘，你怎么会找到这里来的？"

"我在山坡下看到你们的车，附近又不见你们的人影，我估计你们是上山了，我就爬上来了。"姑娘说，"对了，我的自行车还放在你们的车旁呢。"

唐汉忽然想起了什么似的说道："哎，姑娘，到现在，我还不知道你的名字呢。"

"我叫丁香。"丁香热情地伸手与唐汉相握，纤纤细手，柔若无骨。

"我叫唐汉，很高兴再次和你相遇，今晚上就住这吧。"唐汉用手指了指靠近帐篷门口的一张沙发床。

"好的，谢谢你唐汉。"丁香将双肩包放到床上。

"丁香，过来，我给你介绍一下，"米兰故意不给唐汉与丁香黏糊："我叫米兰。他叫罗布，是我的男朋友。这位是这里的主人，叫扎西。那位唐汉先生，是这顶帐篷的山寨版主人。"

听到米兰的话，帐篷里充满了笑声。

羊肉很带劲，唐汉的精神状态好多了。在高原上，很好的休息是必需的，必要的营养也是不可或缺的。米兰和罗布睡在靠里面的两张沙发床上，唐汉和丁香的沙发床靠近帐篷的门。唐汉看着丁香，不知道是选择与丁香的脚对脚好呢，还是头对头睡好，一脸腼腆。在平时，这根本不是问题，问题是唐汉的脑子里有了杂念，就举轻若重了，有句话说得好，恋爱中的男女主角智商最低，

这句话可信，只是不知唐汉，是否是剃头的挑子一头热。

丁香好像没有半点顾忌："睡吧，睡不着，躺着也可以聊天。"

"嗯。"唐汉仰天而卧，眼睛看着帐篷顶，耳朵高高竖起，与兔子的耳朵有一比。

丁香躺在沙发床上，双手托着下巴，看着唐汉融入黑暗的头发："唐汉，明天早上你们有什么安排？"

"早上五点起来，爬山看日出。"

"那好，你明早可要叫醒我，我跟你们一起去。"

"好的。哎，丁香，能告诉我，你的家在哪里吗？"

"在桃花盛开的地方。"

"桃花源？"

"你自己猜。"

"你不想告诉我就算了，我们明天回拉萨，你怎么安排？"

"我也要去拉萨的布达拉宫。"

"那可以跟我们一起走。"

"那再好不过了，谢谢。"

"晚安。"

"晚安。"

这是个不平常的夜晚，在海拔 5 400 米的珠穆朗玛峰山脚下，人们正努力恢复体力，同时彼此心灵的距离也越来越近。

这是一个有记忆的夜晚，雪花曾无数次来叩帐篷的软门，却全然没有回应，自作多情的雪花，并没有停止在帐外的倾听，不觉间将世界染得一片洁白。

6. 珠穆朗玛

一大早，扎西带着四个人去攀登平台前的那座山峰，在他们身后留下了深深的脚窝。他们先经过的是一段冰锥林立的路段。扎西走在前面，米兰、罗布、丁香依次而行，唐汉断后，黑虎紧紧跟随着主人，大家小心翼翼地艰难地向山巅攀爬。

“这段山坡特别滑，大家脚下小心了。”扎西在前面提醒大家，冰雪路很艰难。

扎西话语未落，丁香一脚踩空，身体失去重心，滑了下去。唐汉赶紧伸手去拉丁香，可由于惯性的作用，唐汉也被带着往下滑去。上面的人只能干瞪眼，帮不上忙。如果两人下滑加速，撞到冰锥而改变方向，后果不堪设想。

就在大家束手无策之时，只听黑虎一声吼叫，扑过去一口咬住唐汉的上衣，死死地拽住不肯松口，这才止住了唐汉和丁香的下滑。藏獒及时救了主人。

一场虚惊过后，大家在扎西的带领下，终于攀上了山巅。巍峨的珠穆朗玛峰近在咫尺，整个山体呈巨型金字塔状，巨大的冰川覆盖其上。珠穆朗玛峰在藏语里，意为“圣母”，是世界第一高峰，位于喜马拉雅山中段的中尼边界上。喜马拉雅山是全球最年轻的山脉之一，山龄约 2 000 万年左右。它由许多平行的山脉组成，东西全长 2 450 公里，南北宽 200 多公里。

在山峰上，寒冷的凌晨考验着好奇的人们，米兰与罗布相拥在一起，丁香与唐汉也牵手而立。

其实珠峰的日出并没有人们想象的那般壮丽。黄色紫色的彩霞弥漫在珠峰上空，一抹金色的伞状的阳光罩在珠峰上，这就是金顶。

唐汉想说一米阳光，但他发现丁香将头颅靠在了他的肩上；显然，她陶醉在珠峰的金色之中。这是非常难得的景象，珠穆朗玛峰气候多变，观看日出全凭运气。唐汉不想打破这样的平静，一任丁香情不自禁。

随着太阳的升起，这座第一高峰的顶端，飘浮起丝丝云彩。云沿着山顶飘向一边，仿佛一面迎风招展的旗帜。

“你们看，这就是珠穆朗玛峰著名的旗云。”扎西告诉大家。

米兰很感慨：“真是百闻不如一见，太不可思议了！”

“珠峰的壮丽，金顶和旗云是它的两大奇观。”扎西继续介绍。

远处的云彩，时而像波涛汹涌的海浪，时而又变成袅袅上升的炊烟；刚刚似万里奔腾的骏马，转眼又如轻轻飘动的纱幔。姿态万千的旗云，让唐汉很忘情，他不禁轻吻了下丁香的秀发，靠在唐汉肩头遐思的她并没有回避。蜻蜓点水，一切都那么自然。

登高望远，山峰在云海中时隐时现，耀眼夺目的冰雪世界尽收眼底，然而，这些美景，远远比不上那些飘浮在珠峰的云彩。形似旗帜的乳白色烟云，在圣母的身后，不断变幻着飘扬的身姿。

“珠峰有个美丽的传说，”扎西说，“相传很早以前，眷念人间山水美色的五位女神降临人间，分别掌管着人间的福禄寿、农田、财宝、畜牧和容颜……”

眼前的五座山峰，被扎西描绘成五位女神。

“五姐妹中，以三姐珠穆朗玛最为美丽。她不但容貌出众、心地善良，并且有着极强的个性，不愿让人接近。她心情不好的时候也会发怒，甚至会报复那些冒犯了她的人类……”

米兰相信这些女神会多变，却不愿意相信她们会发怒：“扎西，她心情不好时，会做出些什么事情呢？”

“云雾、风雪和雪崩。”

“这是够可怕的。”

“她居住的地方，靠着一个浩瀚无边的古海。海边有茂密的森林，树上结满了各种果子，许多禽兽在这里栖息。这是一个山清水秀、美丽富饶的地方。不知何年何月，突然来了山妖水怪，它们兴风作浪，霸占森林，践踏花草，捕杀鸟兽，顿时搅得鸟兽迁徙，花草枯萎，天地失色……”

“这些山妖水怪太可恶了！”米兰愤愤不平。

扎西点头道：“是啊，女神珠穆朗玛也很生气，她用无比高强的法力，把山妖水怪镇压在一座雪山底下，使山野恢复了宁静、祥和。她又带来了一群神牛和许多对鸳鸯，并亲手开凿了几处蓝色的冰湖。然后，她拖着疲倦的身躯，隐入云雾之中，化作高山，俯瞰着蔚蓝色的大海和绿茵茵的草原。这座山，就是珠穆朗玛峰……”

“那珠穆朗玛峰上的旗云是怎么回事？”米兰打破沙锅问到底。

扎西答道：“这些奇异美丽的云彩，就是那些丧生在山妖水怪魔掌下的万物的灵魂，它们感激珠穆朗玛的再造之恩，化作了云彩守护着这位伟大的女神。”

“美丽的旗云，有着如此动人的传说，太好了。”米兰显得很兴奋。

“我们生活在珠穆朗玛峰附近的藏民，通过看旗云，还可以判断风力和天气变化。”

“有这么神?”唐汉有点不信。

“旗云拖得很长,顶部很低,云随风而动,表示高空西风很大;如果旗云的方向,由峰顶东南侧往西北移动,表示高空的风向改为东南风,印度低压系统即将来临,天气可能转阴。”扎西像一位懂旗语的大师。

四人并没有在日出后仓促下山。罗布、米兰在山顶上东张西望,摄影留念;唐汉陪在丁香的身边,长时间远眺珠穆朗玛峰。他们对美景充满了贪婪。人的一生,并不会有很多时间离世界第一峰这么近。

“罗布,我看唐汉与丁香有戏。”米兰看着丁香牵着唐汉的手,对罗布耳语道。

“我也看出来了,一开始我还担心丁香是否会回应唐汉呢。”

“只是我们现在还不知丁香的来历,不知他们这段感情是否靠谱?”

“你说得有道理,丁香肯定不是中国人,她是哪个国家的?她为什么不告诉唐汉?”

“也许,我们是皇帝不急,太监急,感情的事,也只能顺其自然。”

“没错,不过我还是要提醒一下唐汉。”

唐汉并没有理会罗布与米兰的对话,他和丁香沉浸在珠峰的金色阳光里。

其实,人的一生,从哪里来,到哪里去,并不重要。

佛曰:一花一世界,一叶一如来。莽莽高原,春来花自青,秋至叶飘零,轮回往复。风是珠穆朗玛的语言,雨是她的泪水,雾雪是她的表情,她博大的胸怀里有最长、最温柔的记忆。日出日落是每天都发生的事情,只不过地点的改变,生出许多新意。

7. 格桑梅朵

唐汉下一个行程是拉萨。丁香完成了她的拉萨到珠峰的自行车之行,搭乘越野车回拉萨。

沿途,时常出现石块堆砌的石堆。

“唐汉,藏民堆砌这些石堆是什么意思?”丁香不知道藏民的这些行为的寓意。

唐汉说:“信佛的藏民,认为石头有生命、有灵性,他们在石头上,刻上佛像或经文，并将它们堆砌起来，人们称之为玛尼堆。”

每逢吉日良辰，藏民一边煨桑，一边往玛尼堆上添加石子，并虔诚地用额头去触碰它，口中默诵祈祷的词语。天长日久，一座座玛尼堆拔地而起，愈垒愈高。每颗石子都凝结着信徒们发自内心的愿望。

“藏民煨桑是什么意思？”

“藏民在良辰吉日，点燃桑烟，有祛邪敬神的意思。”

“我一路上经常听到六字真言，六字真言是哪六个字？”

“嗡嘛呢叭咪吽，这是一种修炼的咒语。”

丁香与唐汉像老朋友一样，你问我答，好像有说不完的话。米兰与罗布坐在后排的座位上，他们有自己的甜言蜜语。

车辆沿雅鲁藏布江驶往拉萨。

夏天的拉萨，云低得就像伸手可及的棉花糖。进入拉萨市内，简洁强烈的色彩，美得自然、简单；通透的蓝，是圣地天空的基色；无瑕的白，是点缀在天空上的哈达；神秘的红，固定的是红山上布达拉宫的外墙，游动的是僧侣身上飘动的衣裾；罗布林卡的碧绿，映衬着布达拉宫的金顶。

沿街随处可见的经筒和经轮，与风马旗一样，也是藏区的一道风景。经筒和经轮正确转向为右转。藏传佛教认为，念诵六字真言的遍数越多，对佛就越虔诚，可得脱轮回之苦。因此，藏民们除了念诵之外，还制作“嘛呢”经筒，把“六字大明咒”经卷装在筒内，用手摇转，每转动一次，就等于念诵经文一遍。如果经卷是 20 篇，转动一次，就等于念诵 20 遍。

“唐汉，你发觉没有，藏民有风崇拜。”坐在副驾驶座上的丁香突然感悟了什么。

唐汉的眼睛没离开前面的道路，嘴里问道：“何以见得？”

“藏民的风马旗是靠风传诵，手摇的转经筒和固定在寺庙架子上的经筒，也靠风动而传诵。”藏民对自然充满了敬畏，认为山有山神，水有水神，风有风神，是谓三尺之上有神灵。

“你的理解有些道理。”

四人来到布达拉宫后方才得知，那里每天只接待 2 300 位游客，需要提前订票，并限定时间。丁香看了眼唐汉，着急地问：“今天进不去了，唐汉，你说怎么办?”

“要不我们先去大昭寺和八廓街。”米兰提议道。

“车到山前必有路,船到桥头自然直,天无绝人之路,”唐汉忽然想起了出家在布达拉宫的洛桑,他一定有办法。唐汉拨通了洛桑的电话:“洛桑,我是唐汉,是你姐姐的朋友,我们有四个人,想现在参观布达拉宫,你可有办法?”

“唐汉,你好,我姐姐已来过电话,你们在大门口等我,我马上就过来,我会带你们参观的。”

“唐汉,你真神通广大。”丁香赞誉道。

唐汉笑着说:“不是我的神通,是我们有佛缘,心诚则灵嘛。”

“我看是八瓣格桑花灵验了。”米兰趁机打趣道。

“还真是这么回事。”唐汉不无得意地回应,这次高原之行顺风顺水,如有神助。

丁香不明就里地问:“什么是格桑花?”

“格桑花是幸福之花。谁见到八瓣的格桑花,谁就得到了幸福。未婚的男女看到了八瓣格桑花,就会收获幸福的爱情。”米兰绘声绘色地描述给丁香听。

“唐汉寻到了八瓣格桑花?”丁香希望唐汉能收获幸福。

“是的,他在纳木措湖畔寻到了八瓣格桑花。”米兰巧舌如簧。

丁香关切地问:“唐汉收获到爱情了?”

米兰笑了,诡异地说:“丁香,我问你一个问题,你有男朋友了吗?”

“没有。”

“我再问你一个问题,唐汉有女朋友了吗?”

“他说,没有。”

“这就对了。”

“为什么这就对了?”

“傻丫头,你想啊,一个未嫁,一个未娶,在八瓣格桑花的庇佑下,难道不会产生爱情?”

“你是说我和唐汉……”丁香这才恍然大悟,脸上瞬间泛起一片潮红。

米兰立即更正道:“本故事纯属虚构,请勿对号入座。”

“丁香,不要落入米兰的圈套。别看她表面清纯可人,她可是个有着千年修炼的老妖。”唐汉赶紧出面替丁香解围。

可丁香好像并不理会唐汉的话，仍沉浸在自己的世界里。尽管萍水相逢，丁香的确有些喜欢唐汉，喜欢这个无可挑剔的阳光男孩。只是理智的声音在她心里回荡：丁香，你与唐汉是不会有结果的。

布达拉宫屹立在拉萨的红山上，是一片规模宏大的宫堡式建筑群。建筑的着色是红与白，两种颜色充满了强烈的对比；天空蓝得深邃，云朵洁白柔曼，蓝白分明；色彩的对比充满了张力，让人不得不震撼于她的神圣。

布达拉宫是松赞干布为迎娶文成公主而兴建的，17 世纪又重建。布达拉宫是历代达赖喇嘛的冬宫居所，也是西藏政教合一的统治中心。整座宫殿具有鲜明的藏式风格，依山而建，气势雄伟。宫中收藏了无数珍宝和雕塑，堪称艺术的殿堂。

洛桑如约来到宫门外，他领着四人进入第一道门后，将唐汉等人带入了一个房间，这个房间是个密室。洛桑带着四人，在黑暗中，曲里拐弯地走了很久。当一扇门打开后，进入了宫殿，殿内一片光明，门后有个喇嘛正在阅读经书。

“唐汉，这是十三世喇嘛灵塔，平时一般不对外开放，”洛桑解释说，“十三世喇嘛灵塔是用玉最多的一座，黄金也用了 500 多公斤。”

唐汉一行纷纷向十三世喇嘛的灵塔鞠躬，表示敬意。洛桑为他们一一献上哈达，并带他们到每个殿内参观，贵宾室里有前国家主席江泽民的题词。

“我带你们去见一位高僧，他对佛教有很高的造诣。”洛桑说，“我从小就进入宫内，对布达拉宫和这里的僧人都很熟悉。”

对于唐汉等人，能在布达拉宫见到高僧，这是个难得的机会，众人自然很乐意。他们跟着洛桑来到一个房间，房内堆满了经书，三位高僧正聚精会神地翻阅经书。

“将巴大师，”洛桑轻声道，“这几位年轻人仰慕您的才学，特意前来拜访您。”

将巴大师戴着一副眼镜，年逾古稀的样子，他身材消瘦，精神矍铄。“年轻人，坐吧。”他说，镜片后闪烁着智慧的光芒。

“将巴大师，请您给这位姑娘起一个藏名吧。”唐汉开口说道。丁香忙点头称是。藏族人的姓，是他转世的佛的姓，兄弟姐妹不同姓，是正常的事情。

“这位姑娘天生丽质，就叫格桑梅朵吧。”将巴老人很从容地说道。藏族人习惯将美丽的姑娘称为格桑梅朵。

“谢谢将巴大师，我很喜欢这个名字，唐汉，你喜欢吧？”丁香很高兴，没等唐汉回答，又问，“大师，这位年轻人叫唐汉，他在纳木措湖边寻找到了八瓣的格桑花，这里有什么说法没有？”

“你，真的寻觅到了八瓣的格桑花？”将巴老人看着唐汉眼睛里闪烁着慈祥的光芒。

唐汉点点头：“是的，将巴大师，我的朋友罗布和米兰可以作证。”

“那你是怎样处理这朵八瓣格桑花的？”

“看完后，我就离开了。”

“那你为什么不将它带走？”

“我没有理由，它是属于藏区高原的。”

“你真这么想？”

“我也是这么做的。”

“孩子，请你坐到我的身边来。”将巴老人将身边的经书移开，给唐汉腾出了一个坐的地方。

唐汉坐了过去，忐忑不安，不知老人有何用意。

“你已经悟出了人生的真谛，明媚的阳光会照耀你一生，”将巴老人边说，边将唐汉的一只手放在自己的掌上，然后将丁香的手放在唐汉的手里，“孩子，记住，她就是你的八瓣格桑花，你在纳木措湖边看到的那朵八瓣格桑花是属于藏北高原的，你做得很对。”

“不，不可能……”丁香下意识地抽回自己的手，半是害羞半是疑惑地嘟哝道。丁香那急促的神态，跟刚才判若两人，想必另有隐情，只是现在，唐汉还无法得知。

老人郑重其事地说：“姑娘，听老纳的没错，缘结难解，一切随缘吧。”

洛桑也很吃惊，可他相信老人的法力和眼光：“丁香、唐汉，将巴大师的话很灵验的，祝福你们了。”

唐汉和丁香红着脸告别了将巴大师。走出布达拉宫后，罗布、米兰与唐汉、丁香约好了会面的地方，就分头活动了。

“格桑梅朵，我陪你去大昭寺怎么样？”唐汉说，丁香又有了一个新名字“格桑梅朵”。

“好啊，那可是朝圣的好地方。”丁香对拉萨也略知一二。

两人行走在去大昭寺的路上。从遥远的地方磕长头而来的信徒，在他们身边匍匐前行。这是虔诚信徒行走的方式。

大昭寺门前，聚集了众多的以五体投地方式膜拜的信徒。唐汉牵着丁香的手，来到大昭寺前面八廓街的东南角。这里有一幢二层的小楼，外墙土黄色，是一个尼泊尔风格的餐厅，名叫“玛吉阿米”。

“玛吉阿米是什么意思？”

“藏语的意思是纯洁少女，”唐汉告诉他的格桑梅朵，“这也是300年前六世达赖仓央嘉措情人的名字，他们经常在这里幽会。”

诱惑大多来自于遥远而美丽的传说，玛吉阿米的诱惑来自仓央嘉措的情诗。唐汉和丁香在二楼一个靠窗的位置坐下，从这里可以俯瞰八廓街的全景。

唐汉觉得自己处在一个简单的空间，他只想守望这段衍生于萍水相逢的情感。为了这份憧憬中的情愫，他多少次伫立于阳春的凉夜，侧目神秘的紫玉兰，倾听花骨朵绽放前的羞涩；他多少次隐身在暮春的夜色，吐纳一管悠扬缠绵的笛音，呼应花瓣落地后的叹息；他多少次徜徉在落英缤纷的丛林，轻轻滑过醉眼的花雨，碎成春水的层层涟漪。

唐汉给自己和丁香点了青稞酒，一口下肚，满口生香。他想在这里体验当年仓央嘉措与玛吉阿米幽会的香艳氛围，为自己的爱情寻找归宿。耳边，仓央嘉措的情歌伴着青稞酒流淌到唐汉的血液里，伤感的情歌从血液里透出往昔的悲伤。八廓街上华灯初炫，唐汉和丁香依然对坐，迟迟不愿离开玛吉阿米。

青稞酒、酥油茶和那300年前的情歌，发酵在玛吉阿米的空气里。丁香在抄写着仓央嘉措的诗句，泪水不断打湿信笺：

第一最好不相见，如此便可不相恋。
第二最好不相知，如此便可不相思。
第三最好不相伴，如此便可不相欠。

第四最好不相惜，如此便可不相忆。
第五最好不相爱，如此便可不相弃。
第六最好不相对，如此便可不相会。
第七最好不相误，如此便可不相负。
第八最好不相许，如此便可不相续。
第九最好不相依，如此便可不相偎。
第十最好不相遇，如此便可不相聚。
但曾相见不相知，相见何如不见时。
安得与君相诀绝，免叫生死作相思。

这首诗好像是仓央嘉措替丁香写给唐汉的，不然怎会如此恰如其分，如此别离伤感。

唐汉问丁香："格桑梅朵，离开拉萨，我就要去罗布泊了，不知你接下来怎么安排？"

"我就在这里和你分手了，我很高兴与你的邂逅，可惜我俩有缘无分，我会想念你的，唐汉。"丁香的眼眶里闪烁着泪花，她很珍惜与唐汉在雪域高原结下的缘分，只是，她好像有难言之隐。

"为什么？这到底是为什么？"唐汉用力摇动着丁香的双肩，大声地呼号着："丁香，你告诉我，这到底是为什么？将巴大师已经说过了，你就是我的格桑梅朵，难道你忘记了吗？"旁边桌上的客人眼睛一下子盯住了唐汉，为他的忘我的痴情话语感到诧异，唐汉无意理会旁边人的反应，在他的世界里，此刻只有他和丁香。

"你不会明白的，我们之间隔着一条无法逾越的银河。"丁香把头深埋在唐汉的怀里。

"牛郎织女，都能配成双，我俩为什么不行？"

"你不要问了，我不会告诉你理由的。"

一阵寂寞，好似整个世界停止了呼吸，唯有两人的心跳声，舞动在这可怕的沉寂中。

"我有一首诗送给你。"过了良久，"玛吉阿米"迎来了骤雨后的平静，唐汉动情地凝视着美丽的丁香，他的格桑梅朵。

“我会珍藏的。”丁香接过来，边读边泪如雨下：

你见，或者不见我
我就在那里
不悲不喜

你念，或者不念我
情就在那里
不来不去

你爱，或者不爱我
爱就在那里
不增不减

你跟，或者不跟我
手在你手里
不舍不弃

来我的怀里
或者，让我住进你的心里

默然　相爱
寂静　欢喜

唐汉将他的格桑梅朵揽在怀里，时间在这一刻骤然凝固，世间的纷扰，瞬间隐去。

“唐汉，我也有一件礼物要送给你。”过了许久，丁香从唐汉的怀里挣脱，从双肩背包里拿出了针线，在唐汉的冲锋衣的一角，蘸着泪水绣出一朵鲜艳的八瓣格桑花："唐汉，记住，我就是这朵盛开的格桑花，永远跟随在你身旁，你看到了它，就看到了我。"

唐汉点了点头，双眼开始变得模糊起来……

丁香，这个美丽神秘的姑娘，如同苦涩的咖啡，在慢慢品味中，自见清香。世界上的品味，就是苦与甜的过渡，很奇妙。当清香从苦涩中溢出的时候，美好的日子，就在身边流淌。心灵总是在最痛楚的时候复苏，爱情总是在最深沉的时候，落下帷幔。

第二章　穿越罗布泊

1. 楼兰客栈

陆地巡洋舰离开瓜洲，在库姆塔格沙漠里缓慢地行驶着。

唐汉和米兰、罗布，从拉萨出发，穿越瓜洲戈壁，驾车驶向罗布泊。

在大漠里，罗布和米兰如鱼得水，罗布自告奋勇地担当起驾车的重任。在沙漠里开车是需要技巧的，尽管陆地巡洋舰装备着卷扬机，陷车后可以自救，可那毕竟是一件很麻烦的事。

驾车在沙漠里长时间行驶，是一件乏味的事情，在沙漠里跋涉，特别考验人的方向感和耐性。罗布有很好的沙漠驾驶经验，他喜欢车辆在沙漠里摇摆冲浪的感觉。

唐汉告别了丁香——他的格桑梅朵，整个人变得懵懵懂懂。米兰的怜悯之心油然而生。

“唐汉，丁香告诉你，她是哪里的人了吗?”

“没有。”唐汉茫然地看着米兰，一副失魂落魄的样子。

“那，她有没有和你说分手的原因?”

“没有。”唐汉机械地回答，好像他已置身事外。

“我说唐汉，你和丁香，这叫怎么一档子事?”

唐汉好像没有听到米兰后面的话，昏昏沉沉地睡过去了。

傍晚时分，远方的一家客栈赫然入目。这家客栈是由上世纪六十年代废弃的营房改建而成的，墙壁是土坯垒就的，客栈大门的匾额上“楼兰客栈”四个大字，遒劲有力，门旁的对联则写得秀气飘逸：

来去天上神仙
聚散人间豪杰

车停进客栈的大院后，唐汉也醒了，饥肠辘辘的唐汉第一个下车，大步流星地走向餐厅。这一觉让他脱胎换骨，整个就像换了一个人似的。

“小伙子，辛苦了，”老板娘见有客人进来，扭动着发福的腰身，赶忙上前招呼道，“快来喝杯茶吧。”

这家客栈是典型的夫妻老婆店，女主人四十出头，中等个儿，圆脸庞，大眼睛，一头青丝，举手投足之间，透着成熟女人的神韵；男主人则显得五大三粗，一副西北人中常见的老实憨厚相。屋内的陈设虽然简陋，却很干净，七八张桌子摆放得有条不紊，随时静候着宾客的到来。

“老板娘，有什么吃的?”唐汉将老板娘递过来的一大碗凉茶，一口喝了个精光。

“泡馍、拉面，样样都有。”老板娘打量着唐汉，直觉告诉她，这是一个憨厚仗义的小伙子。

“那好，三碗拉面，外加三瓶啤酒。”

“哟，一个人点这么多，是不是几天没吃饭了?”

听老板娘这么一说，唐汉才发现罗布和米兰没跟进来。唐汉感觉有些奇怪，连忙跑出屋外，还是未见踪影。

“罗布——米兰——你们在哪——”唐汉情急之下，忍不住高声喊了起来。

“在这儿呢!”声音是从另一间屋里传出来的。这间是店主人的卧室，罗布和米兰已将他们的行李搬了进去。

唐汉责怪道："你们真是急性子，等吃了饭再考虑睡觉的事也不晚呀。"

米兰"扑哧"一声笑了："唐汉，这家客栈是我父母开的，我们到家了呀。"

"你怎么不早说呢，不见你们人影，急得我汗都出来了。"

"怎么，回过神来了？不想你的格桑梅朵了？"米兰觉得唐汉的转变也太快了，她内心里有些鄙视薄情的男人，就抓了把盐放到唐汉的伤口上。

"你开什么玩笑，别跟我提什么格桑梅朵了。"唐汉好像患了"失忆症"，一副告别过去的样子。唐汉的伤口真得好的这么快？外人无从知晓。

唐汉的话音未落，门外传来由远而近的汽车马达声。汽车熄火后，院子里响起一串踢踏的脚步声。

"不知道这几天是怎么了，生意一下子火起来了，"老板娘自言自语地走向屋外，转眼在院子里亮开了嗓门，"欢迎欢迎，诸位辛苦了，快到屋里洗把脸，喝口茶。"

走进客栈的是一行三人：两位男的，是一位年轻人和一位老者，他们体魄强健，颇有些军人风范；女的是位二十多岁的姑娘，俊美脱俗，身材高挑匀称，一双丹凤眼魅力四溢，摄人魂魄。三人进屋后，在靠近角落的桌子旁坐下，姑娘被让到了最里面的位置。两个男人的体征十分明显，年轻的是位中国人，高高的个儿，说话带有本地口音；长者是个日本人，中等个头，礼节性的动作有些夸张，热情自谦的言语，透出内心的孤傲与冷漠。

米兰帮父亲，搭着下手，罗布招呼唐汉在另一张桌子旁坐下，并沏上了一杯新茶。唐汉从后来的三个人的谨慎交谈中，得知姑娘名字叫香慧。高个的中国人不懂英语，只有与他交谈时，三个人用汉语，除此之外，日本人与香慧交流说的是英语。

老板娘对外国人进出罗布泊、入住"楼兰客栈"已习以为常，她殷勤地给三位不速之客上着酒菜。别看她如今一副生意人的样子，当年在北京读的可是名牌大学，据说是因为参加学生运动，被分配到了这边的兵团，后来她嫁给了这个老实巴交的当地人为妻。近几年，来罗布泊探险的人多了，夫妻俩便在这里开了这家远近有名的"楼兰客栈"。

香慧要去洗手间，老板娘示意屋外洗手间的位置："姑娘，院内有绿色环保的天然洗手间。”

香慧出了门，高个的年轻人下意识地站起来，若无其事地跟了出去。唐汉发现那位日本长者向高个年轻人递了个隐蔽的眼神，这种默契并非短时间能够形成。唐汉觉得蹊跷，愈加注意对方的举动。

香慧回屋，经过客栈的旅游纪念品柜台时，她的眼光忽然停留在一件“二龙戏珠”的纪念品上。这一潜在的商机被老板娘及时捕捉到了，她不失时机地凑过去问：“姑娘，你喜欢这个物件？”

“它造型独特，工艺精巧，我很想将它送给我的朋友。”香慧轻描淡写地答道。

老板娘连忙接茬道：“送人也很好呀。姑娘，如果你真喜欢它，我可以多给你一些折扣，谁叫你是我们客栈的客人呢。”

“我就是怕我的朋友不懂二龙戏珠的意思，可能送了也白送。”香慧说罢，有意无意地瞟了眼唐汉。

“不会的，姑娘，你看这二龙戏珠栩栩如生，多好啊。”

香慧没有被老板娘说服，她还是放弃了购买二龙戏珠的想法，也许从开始她就不想买二龙戏珠，只是借题发挥罢了，害得老板娘白费了那么多口舌。

也许是受了香慧眼波的暗示，唐汉的脑子好像一台高速运转的计算机，开始对香慧的话语和举止进行破译。待他觉得有些眉目后，他端起一碗啤酒，来到那三人的桌前，有意选择了站在香慧的身旁，友善地提议道：“两位同龄人，还有这位日本客人，我们能在茫茫沙漠相遇，也算有缘分，很难得。来，为我们在沙漠相识，干一杯！”

唐汉一饮而尽，桌上的两个男人也干了碗中的酒，香慧的脚轻碰了唐汉一下，是有意还是无意，唐汉不得而知，香慧喝了一口酒后，朝唐汉笑笑：“本人不胜酒力，只好意思一下。”

“姑娘的意思，我很理解，我不会让你为难的。”唐汉会意地说。

饭后，那三人向老板娘要了个套间，就离开了，当晚再没见到姑娘出来。唐汉住在他们的隔壁，黑虎被唐汉拴在客栈院内的一角，离他们停车的地方不远。这里的客房很简单，没有洗手间，没有电话，更没有网络。电视机靠客栈的卫星天线，模模糊糊地能收到一些节目。电依靠一台土制的风力发电机供应，共用沐浴房的热水是由太阳能热水器提供的。“楼兰客栈”俨然是一处生态家园。

罗布泊的夜晚来得迟，晚上八点还看得到被晚霞渲染得金红色的半边天际。唐汉放好行李，拎着相机出来了，他不想错过“大漠孤烟直”的美景。

“唐汉，是去拍照吧？我知道一个拍摄角度很好的地方。”唐汉一出门，正巧和未曾发过一言的店老板碰上了，对方看见唐汉手里拿着相机，热情地招呼道，“我带你去吧。”

“好啊，”唐汉感激地说，“不会影响了你做生意吧？”

“放心吧，这会儿难得有人来住店了。”

出了“楼兰客栈”，两人向南走去。南边是下风口，大约走出一公里多的样子，在一个沙丘旁，店老板止住了脚步。

晚霞绚丽，一轮明月不经意间出现在东边的天际。唐汉支好三角架，将单反相机换上长镜头，开始捕捉大漠落日圆的美景。店老板坐在离唐汉不远的沙丘上，静静地看着全身心投入的唐汉。

“唐汉，米兰她娘让我告诉你，二龙戏珠像三个字母，香慧姑娘遇到了什么难事。”过了许久，他喃喃地对唐汉说。

“叔叔，谢谢你和婶婶！”唐汉眼睛离开了镜头，看着店主，“像哪三个字母？”

“米兰她娘说，是两个S和一个圈。”

“婶婶还说了些什么？”

“她还说，你要帮香慧姑娘一把，晚上米兰和罗布会去找你的。”

“你和婶婶，都是好人啊。”

“以前大家都这么说，明天以后，人们可能就不那么说了。”

“为什么？”唐汉感到好奇。

店主有些为难，过了半晌才说：“你得答应我保守秘密，我才能告诉你。”

“我保证不会告诉别人。”

“嗯，米兰说你是个讲义气的人，我相信你。”

“那么，为什么明天人们就不说你是好人了呢？”

“因为……因为……”店老板还是觉得难以启口，“我今晚上要将那三个人的车子里的油抽光，米兰她娘说，白天他们停车时碰坏我们的墙，也应该让他们付出些代价。”

唐汉忍不住笑了，店老板真是个实心眼的榆木疙瘩，憨厚可爱。“只要你将抽出的油保存好，以后来的客人车子没油了，你送给他，你就又是好人了。”唐汉找了个理由安慰诚实的店主。

“你说的也对，”店老板想通了，“我又没得什么好处，只是将他们的油给了更需要的人，好比把一件东西从这个地方搬到另外一个地方，又没收劳务费，应该不算是做坏事。”

店主的内心得到了解脱，在返回客栈的路上，憨憨的笑容又浮现在他的脸上。

入夜，唐汉躺在床上，放电影般地将白天发生的事情过了一遍。看来香慧是个有慧根的女孩，二龙戏珠算得上形象的暗喻：两条龙形状像“S”，珠像“O”。她借用二龙戏珠将“SOS”的求救信号，巧妙地传了出来。

唐汉到现在，也不清楚香慧究竟是什么人，更不知晓那两个男人是什么来路。唐汉只知道，香慧受制于这两个男人。

正当唐汉想得入神的时候，屋外传来了敲门声，是罗布和米兰来看他了。

“大漠里条件有限，委屈你了。”罗布既是实话，也是客气。

“哪里，比睡帐篷好多了！”唐汉笑道。

米兰有些着急，开门见山地说明来意：“唐汉，我娘觉得香慧姑娘有麻烦，我和罗布过来，就是想找你商量这事。”

唐汉压低声音说：“是啊，我也感觉她怪怪的，好像被绑架了似的。”

“不管是真是假，我都要去趟派出所，请警察来查个究竟，比较稳妥。”罗布谈了自己的想法。

“那行，”唐汉说，“你开我的车去吧，这样可以节约时间。”

罗布说：“这样做，恐怕不妥，你车子要不在了，可能会引起他们的怀疑。我还是骑摩托车去吧。”

“你一个来回需要多少时间？”

“现在出发，大概明天早上七点左右就会回来。”

“罗布，我和你一起去。”米兰心疼罗布，路上有伴，也有个照应。

“好吧。”罗布点点头。他不知明天会发生什么，留米兰在客栈里也确实有点不放心。

“你们注意安全，这里的事，你们放心好了。”唐汉嘱咐道。米兰和罗布骑着摩托车，匆忙上路。

罗布泊的天，黑得晚，亮得早，凌晨五点多，东方就出现了晨曦，晨曦中的罗布泊显得扑朔迷离。唐汉醒来的第一件事，就是想知道那三个人还在不在客栈。他透过窗户，看见自己的车和那三个人的车都在院子里，心放下了一半。夜里有什么动静，黑虎会给他报信的。

唐汉出了房间，老板和老板娘正在忙活早饭。

“你想好对策了吗?”老板娘看到唐汉，一把将他拉进厨房，急切地问道。

唐汉将装有安眠药的纸包递给老板娘，小声地说：“婶婶，这是袋安眠药，我看那三个人睡眠不好，等会儿，你就让他们多休息点时间。”

“你放心，我会照顾好他们的。”老板娘会意地说。

唐汉吹着口哨，在客栈的大院外找了个平坦处，略微准备后，便从容地走了一路拳脚。他在西藏高原不敢进行剧烈运动，到了罗布泊，就毫无顾忌了。他将一路擒敌拳打得行云流水气贯长虹：直拳横踢、抱腿顶摔、勾摆连击、抱臂背摔、侧踹勾拳……待身体彻底活动开了，他才取出单反相机，装模作样地拍起日出来了。

罗布泊的风刮了一夜，这会儿有些力不从心了，如同一头凶猛的雄狮变成一只驯良的绵羊。大漠里弥漫着太阳未升起之前的寒意，四周一片寂静。

香慧三人也是五点钟起的床，只是他们没急于出门。两个男人从窗户不同的角度注视着室外的一切。六点钟，高个子先出了房间，稍后另外两人鱼贯而出。

高个子转悠至客栈的大门外，看到了不远处的唐汉，亲热地打着招呼。唐汉瞄了眼对方，一个大胆的想法霎时闪现在他的脑海里。他为自己的这个想法感到兴奋。

香慧和日本人走进客栈餐厅时，老板娘已将三杯牛奶、果汁及三碗面条摆在了昨晚他们就餐的桌子上；这会儿，她正忙着准备唐汉的早餐。

“早上好。”老板娘礼节性地招呼客人。

“早上好。”两人同时回应。

那个日本人有违常理地，挑了张空的桌子，招呼香慧坐下，同时拿出自备的早点。“老板娘，不麻烦你了，我们不习惯你这儿的早点，所以自备了，”日本人客气地给老板娘解释，当他发现高个年轻人没有出现时，喃喃自语道，“咦，他人呢？”

老板娘见状，急得不知说什么好，预先准备好的方案，泡了汤。

“他在门外的沙丘旁睡着了。”声音传来，人也跟了进来，是唐汉！

日本人有种不祥的预感，拉起香慧，夺门而出，直奔自己的汽车而去。他慌忙钻进驾驶室，拼命踩油门，车子就是发动不了。他哪里知道油箱里的油，已被店主昨晚抽光了。

唐汉手牵黑虎，站在日本人的车旁。黑虎已明白了主人的意图，冲日本人发出极具威慑力的吼叫，并不停地扑向前去，吓得对方像筛糠似的抖个不停。

香慧趁日本人不注意，从车里溜了下来。

远处驶来一辆鸣响警笛的警车，那是罗布和米兰连夜去报的警。日本人和那个高个子束手就擒，警察将他们带上了警车。

“你们辛苦了。”唐汉上前，对一夜未眠的罗布和米兰表示慰问。

“不辛苦，”罗布说，“等会儿我们要去米兰客栈，你怎么安排？”

唐汉笑道：“我肯定得去参加你们客栈的开张仪式，怎么，不欢迎？”

“怎么会呢，请都请不到哩。”米兰心里很高兴，她很希望唐汉能同行。

罗布、米兰、唐汉和香慧告别了楼兰客栈，前往米兰客栈。米兰的父母，一直送出了很远。

一轮红日出现在东方的地平线上，金色的阳光照耀着大地，四位年轻人，沐浴着霞光，踏上了征程。罗布和米兰在车的后排座位上，相依而眠，一夜的奔波将他们很快送入了梦乡。

“谢谢你，唐汉。”香慧坐在副驾驶座上，仍有些惊魂未定。

唐汉笑笑，说：“英雄救美是男人的天性。”

“直觉告诉我，你是个可以信赖的人。”

“你也很聪明：二龙戏珠，SOS！”

“我是急中生智，突发奇想。”

“那他们为什么要胁持你呢？”

“国际上有一个专门从事太空旅游业务的组织，他们两个是其中的成员。”

“我不明白，放着好端端的业务不做，跑到罗布泊盯上你干什么？”

“你知道联合国有一个星际联络机构吗？”香慧反问道。

“知道，叫联合国星际联络部，”唐汉说，“在奥地利的维也纳、德国的波恩和中国的北京，都有他们的办公室。不过我不清楚他们具体是做什么的，不会是在寻找外星人吧？”

“你还知道得挺多！是的，他们的职责就是寻找外星人。”

唐汉没想到，地球上真存在着寻找外星人的组织，他只是不明白，这个组织与香慧有何相干？

宇宙有 1 000 亿个银河系，每个银河系都包含上亿计的恒星，在这个庞大空间内，不可能只有地球能演化出生命，科学家已发现火星上曾存在过生命。美国航天总署的开普勒太空望远镜已在观测 10 万颗恒星的光度，探索各种不同行星系的构造，以确定有多少类似地球的行星存在，预计在一两年内可以获得结果。

地球人对于外星人，一种看法是外星人无所不能，另一种看法是外星人十恶不赦。实际都是人类对未知的夸大和恐惧。

“星联联络部的任务就是寻找外星人。这个组织早已秘密地存在了，现在越来越多的地球人相信外星人的存在，联合国就对外公开了星际联络部。”香慧娓娓道来，“我两年前从美国的大学毕业后，就受聘于星际联络部，开始寻找外星人，而罗布泊被认为，是人类与外星人进行对话的最重要场所。”

唐汉不敢相信自己的耳朵，坐在自己身旁的美女，竟是从事与外星人有关的神秘工作。他对这次出行颇为感慨，在珠峰途中，遇到了摄人魂魄的格桑梅朵，在罗布泊大漠，又奇遇寻找外星人的美女香慧，大千世界真是无奇不有。

“香慧，真看不出来，你年纪轻轻的就是联合国的官员了。”唐汉的调侃充满了善意。

“联合国官员不敢当，只能说是联合国工作人员。这两年，地球上的自然灾害频发，越来越多的人关注玛雅人关于 2012 年地球末日的预言，寻找外星人和适合人类生存星球的工作，变得越来越紧迫了。”香慧知道自己责任重大。

关于玛雅人的预言，唐汉略知一二。玛雅人认为地球的寿命是五个太阳纪，2012 年是第五个太阳纪的最后一年，在 2012 年 12 月 21 日冬至这一天，太阳落下后将永不升起，届时地球将笼罩在无尽的黑暗中。

“我明白了，你有好多外星人的资料，所以那个太空组织的人就盯上了你，对吧？”

“是的，2012 年对他们来说，是一个业务发展的绝好机会，世界上会有更多的人参加太空旅行或迁徙到其他星球，他们已着手建造大量的太空飞行器。他们急于想从星际联络部那里获取关于太空和外星人的情报。那个日本人和中国人在罗布泊秘密跟踪了我许久，前天，我的车抛锚荒野，才落入他们的黑手。他们计划两天之后，将我送往他们的总部，好在碰到了你，他们的阴谋才未能得逞。”

唐汉本以为这只是个英雄救美的游戏，没想到“楼兰客栈”事件演变成一个国际事件，并且有可能关系到人类未来的生存。唐汉越想越觉得不可思议，却又不能不信香慧的话。

车后扬起高高的沙尘，汽车空调里散发出泥土的气息。今天的目的地“米兰客栈”，离楼兰古国遗留下来的楼兰古城尚有数百公里。

“那你是怎么一个人跑到了罗布泊的呢？”香慧开始打探起唐汉的情况。

“我大学刚毕业，父亲让我在社会上多历练些日子，再开始工作，我就从上海去了西藏，再由西藏奔瓜洲和罗布泊。”

“你到瓜洲干什么？”

“离罗布泊不远的瓜洲戈壁是玄奘九死一生的地方，他前往西天取经，途经瓜洲，面对冷风飞石，茫茫戈壁，萌生退意。他在这百里戈壁徘徊数日，犹豫去留：进则凶险未卜，退则前功尽弃。这百里戈壁最终成就了一代高僧唐玄奘，唐玄奘也成就了中国佛教。”唐僧西行，历尽磨难，取回《般若波罗密多心经》等经文。

“看来，你到瓜洲戈壁，是为了磨练心智？”

唐汉默默地点头，眼前浮现出瓜洲戈壁的场景：沧海桑田，岁月如梭，在瓜洲境内，离古锁阳城旧址不远处的戈壁上，夕阳妖冶，尽显妩媚；绵延无尽的祁连山脉，静静地沐浴着夏日的余晖，它好像看淡了来世今生，已不情愿回忆昔日的金戈铁马，而更愿意消受当下的安宁。

香慧看着唐汉，桃花眼里散发出朦胧的迷人光芒，回想自己驰骋沙漠戈壁的艰难旅程，她从内心深处油然而生的是共鸣。

陆地巡洋舰在罗布泊的大漠里，载着罗布和米兰的梦境，徐徐前行。

2. 五 行 草

太阳快下山的时候，唐汉和香慧看到了远处的“米兰客栈”。罗布、米兰一觉醒来，也有了精神。

“米兰客栈”由三间土屋组成。大漠里建土屋是很有讲究的。那里日夜温差大，土屋墙壁的厚度要白天的热量晒不透，夜间散得出。墙壁太厚，白天的热量是进不来了，但到了晚上也散不出来；墙壁太薄，白天会被太阳晒透，屋内热，晚上又保存不了热量，屋内冷。

香慧举目望去，满眼是黄色的世界：夕阳是金黄色的，沙漠是黄色的，屋子是土黄色的。三种黄颜色融为一体，相互辉映，简单中透着辉煌。

“米兰客栈”的三间土屋，一间分隔为厨房、主人卧室和餐厅，两间屋被分隔成六个单元的客房。

罗布开启客栈的大门，米兰热情地向唐汉和香慧介绍道：“客栈六间客房平时足够了，来的人多时，可以在室外搭帐篷，客栈供应水、电和餐饮……”

国外有好多汽车旅馆，设施很简陋，也有专供房车停泊的场所，香慧对此很熟悉。

大家围着桌子坐下，米兰给每个人沏上一杯新茶，罗布在桌上添了些瓜子，玫瑰色的夕阳毫无顾忌地从门外铺展到屋内的地上，整个客栈弥漫了温馨的气息。

“米兰客栈，这个名字起得好，很有诗意。不过，你们一个叫米兰，一个叫罗布，店名叫罗兰差不多，叫米兰，我看是有点女权主义的味道。”唐汉跟米兰、罗布熟悉了，说话就直来直去了。

“关于米兰和罗布，有一个传说与罗布泊有关，”米兰红着脸说道，“而我和罗布的名字就与这个传说有关。”

“不会吧，我知道意大利有个米兰。你说罗布跟传说有关，我信，米兰怎会与中国的传说有关呢？”唐汉再次打了横炮，其实是他不了解罗布泊。

米兰笑了笑，不紧不慢地开始叙述：

相传两千年前，漠北地区有个聪明、善辩的小伙子，名叫罗布诺尔。他的父亲是草原上德高望重的首领。罗布诺尔20岁时，父亲为他定了亲，姑娘是一位酋长的女儿，叫台特玛。

罗布诺尔有自己的抱负，不愿早婚，也不愿无功而继承父亲的位子。他选择去西域龟兹学习歌舞，取道敦煌，辗转进入新疆。当他横穿塔克拉玛干沙漠东端时，突然迷失了方向，疲劳、干渴和饥饿的折磨，使他昏倒在荒漠里。

当罗布诺尔苏醒过来后，他发现自己已躺在一棵古老的桑树下，一位英俊的青年给他疗伤，一位妙龄少女在给他喂水。这两个年轻人，男的叫若羌，女的叫米兰，是风神母收养的一对同胞兄妹。兄妹俩忍受不了风神的虐待，又迷恋龟兹乐舞，便偷偷下凡；现已学成返程，途中遇到了不省人事的罗布诺尔。

兄妹俩为了给罗布诺尔治伤，每天走很远的路去取泉水。罗布诺尔非常感谢这对兄妹的救命之恩。三人朝夕相处，真诚的友谊一天比一天深厚，米兰不知什么时候，爱上了罗布诺尔，亲昵地喊他罗布。

风神母很快发现了他的一双儿女竟与世间俗人亲密相处，气得浑身发抖，令两人，速归天庭。若羌和米兰誓死不从，天真地请求阿尔金山神相助。他们哪里知道山神已受风神贿赂。山神明知风神善唱，却出难题要求他们母子对唱，规定胜者可提出任何要求。三次对唱，兄妹俩三次败下阵来。

罗布忍无可忍，挺身而出与风神较量。他口若悬河，唇枪舌剑，风神一看不是对手，便又施出新招，罗布不敌。无奈，罗布只好请他的教母雨神娘娘前来相助。

雨神娘娘被罗布舍己救人的英勇举动所感动，就在沙漠上造了一个大湖，湖畔升起三间房屋，送给罗布三人。

风神不肯罢休，刮起狂风。风暴把罗布三人抛到几百里之外。飞起的沙砾打瞎了罗布的双眼。米兰从空中跌落，摔断了双腿。若羌见状一急，从此不会说话。

风暴又把他们刮向三个方向，跌落在三个地方。

哥哥思念妹妹，米兰思念情人，罗布惦念着那对兄妹，他们的泪水汇到了一起，形成了一处湖泊。

米兰深知自己再也不能照顾罗布，便托梦给远方的台特玛姑娘。台特玛姑娘不远千里寻找罗布，却遇到了若羌。若羌背着台特玛终于找到了罗布，台特玛得知罗布与米兰相爱。在寻找罗布的漫长跋涉中，若羌也爱上了台特玛。此后两对有情人终成眷属，子孙繁衍，终于发展成今日的罗布庄。后人为纪念罗布、若羌和米兰，将他们泪水积成的湖泊叫"罗布泊"；如今的若羌、米兰村、台特玛湖，据说皆由此而来……

香慧被这凄美的爱情所感动，眼角不觉渗出了苦涩的泪水。唐汉听完罗布泊的传说后，也陷入了长久的沉思，他不知道他与丁香之间是否算爱情，他不知道到哪里去寻找丁香。

晚霞慢慢褪去，屋外的罗布泊湮没在黑暗中。客栈亮起了灯光，好客的主人端上佳肴，斟满美酒，正当大家举杯共饮之时，一阵嘈杂的脚步声由远而近，不一会，屋外响起了急促的敲门声。罗布急忙去开大门，眼前出现的景象，让在座的人大吃一惊。

只见三个披头散发的年轻人闯进屋来，他们披着破碎的衣片，脖子上横七竖八地挂着镰刀状的玉佩，面目狰狞。也许他们找到"米兰客栈"是用完了最后一点力气，一进门就瘫软在地上，脚底全部磨破，口吐泡沫。

好在罗布是学医学的，懂一些急救的知识。他取来诊疗箱，请唐汉帮忙将三个人抬到客房的床上，然后一个个地检查他们的症状。

忽听米兰一声大叫，罗布先是一愣，过了会儿，才明白她大叫的原因。原来，躺在床上的三个人是罗布庄的罗家三兄弟：罗一、罗二、罗三。米兰和罗布曾与他们是儿时的玩伴，有好长时间没见面了；后来听人说，哥仨变成了盗墓贼。

罗布先检查了罗三，发现他除了神志不清外，主要是疲劳过度导致的暂时休克。罗三的嘴里还含着一种早已消失的古代植物，其他两人的口腔里也有类似植物残渣。估计，他们因为某种原因，受到了巨大的惊吓。

"罗布，一、二、三会有危险吗？"米兰急切地问。

"不至于，我已给他们注射过镇静剂了，"罗布吁了口长气后说，"不过，由于惊吓过度，醒来后会如何，目前尚不好说。我只能尽力。”

米兰想不明白，他们三人怎么会弄成这个样子。应该说他们在大漠里碰上罗布，是幸运的了，不然很可能抛尸荒野。莫非这三个小子，贼心不改，又去盗墓了，在盗墓的过程，遇到了什么蹊跷之事，一时被吓傻了？

香慧的手里拿着从罗氏兄弟嘴里取出的植物，沉思良久，郑重其事地问罗布：“你敢肯定这种植物不是现在地球上的？”

“我至少敢肯定，如果地球上有，也绝迹了好几百年。”罗布说。

香慧仔细端详着这种奇特的植物，回忆起前不久在英国召开的，由美国航空航天局、欧洲航天局和联合国星际联络组织等机构参加的一次会议。在那次会议上，美国亚利桑那州大学的保罗教授说，证明外星生物的存在最好先从研究地球入手，而不是花大力气去探索无边无际的外太空。保罗还指出，人们应该放弃外星人正在给地球发送某一特定信号，以证实他们的确存在的传统思路，而应转向搜寻诸如沙漠、火山口、盐湖及南极洲干旱山谷等地球生物难以生存的地方。他最后说：“如果能够在这些地方找到奇怪的微生物，那就有可能证明它们来自外星球。”

“莫非这是外星球的植物？外星人真的在罗布泊一带活动……”香慧思忖着，竟有些莫名的兴奋，仿佛自己找到了外星人的蛛丝马迹。

夜色已深，劳累了一天的唐汉、香慧和米兰，分头歇息去了，只留下罗布在罗氏兄弟安睡的房间里守夜。

罗布泊的夜风强劲地卷起泥沙，打在客栈的泥墙和窗户上，伴随着变幻的风声，很瘆人。香慧在黑夜里注视着屋顶，久久不能入睡：今天看到的真是外星植物吗？

罗布也基本上一夜未眠。罗氏三兄弟，醒来后已能下地走动了，只是三人目光呆滞，面无表情，行动机械，完全不像能盗墓的贼。罗一、罗二口不能言，罗三虽好些，却也严重口吃。

米兰让罗氏兄弟吃了早餐，感觉他们的精神好了许多，便又气恼又怜悯地责备道：“你仨呀，干什么不好，非要去盗墓，现在弄得人不人鬼不鬼的，怨谁啊！”

“米兰，不要怪他们了，”罗布开了腔，“罗三，你说说，这到底是怎么回事？”

罗三有些着急，结结巴巴地讲述着。大家从他的含混不清的语句里，大致理清楚了事情的头绪。

原来，罗氏三兄弟在罗布泊大漠深处，发现了一处古墓。他们是盗墓的老手了，自然不会错过这样的良机。他们先在古墓的侧面开始挖洞，等到第四天时，忽然发现有个洞口通向地底下，正常情况，这就意味着大功告成。

他们燃起火把，依次进入洞穴。他们发现这个洞穴与一个地下宫殿相连，再仔细观察，奇怪的事情发生了：这里竟有许多飞艇和几个人在活动。

罗一见识广些，他觉得这里应该就是传说中的，生活在罗布泊地下的有穷国了。他还来不及细想，有穷国的人也同时发现了他们，并立刻将他们团团围住。对方说的净是哇里哇啦的话，罗氏三兄弟是一句都没听懂。他们只有一个念头，就是逃跑。

有穷国的人与罗氏三兄弟连说带比划，试图进行沟通，终究没有效果，便强迫他们每人吃下一种植物。植物清香，可吃下去五分钟后，他们就无法说话了，身体也没有了疼痛的感觉。罗三留了个心眼，只将植物含在嘴里，死活不肯咽下去，并趁对方不注意的时候悄悄吐掉。

有穷国的人见植物产生了效果，便释放了罗氏兄弟。他们逃出洞口，在大漠上漫无目的地奔跑，不知跑了多远，也不知跑了多久，三个人就像打了鸡血一样，只知道跑，直到神志稍微清醒些的罗三看到了前方的“米兰客栈”，才有了昨晚的那一幕。

在场的人一时无法判断罗三所说的是真是假，但从未见过的植物却真实地呈现在大家的眼前。

“有穷国是在东海之滨，怎么跑到这儿来了？”唐汉甚是纳闷。

“世界上有许多事情是我们解释不了的，这不奇怪，”香慧有不同见解，“如果认为世界上仅存在现有的文明，那是很幼稚的想法。古代文明、现代文明、外星文明和未知文明，其实都是真实存在的。”

米兰熟知有穷国的事情，也听到过罗布泊的传说。“有穷国的国主是后羿，后羿的妻子是嫦娥，”米兰将知道的有穷国的传说告诉给大家，“后羿射日，嫦娥奔月，这些经典的传说都与有穷国有关。中秋节也是因有穷国的故事而产生的。”

“什么,中秋节与有穷国有关?”唐汉感到诧异。

“是啊,你没有听说过?”米兰开始她的介绍,“嫦娥本是夏朝时有穷国主后羿的妻子,因有绝色之美而被夏王太康垂涎,夏王便向后羿提出愿以幽州之地换取嫦娥,后羿一时犯浑,竟然答应了。嫦娥怨恨后羿的薄情,偷吃了后羿从西王母那里要来的不死之药,只身飞往大荒之南的日月山,遂成为月神。后羿发现妻子远居月宫后,懊悔不已,于是每逢嫦娥奔月的八月十五日,便和自己的九个儿子、七个女儿望月摆供,祈求妻子回心转意,返回有穷国与自己和儿女团聚。”

民间祭月祈“圆”的传统习俗即由此积淀而成……

米兰刚讲完嫦娥的故事,就见罗布拿着从罗一身上取下来的镰刀状玉佩,边端详边嘀咕:“这玉佩很像双鱼玉佩。”

罗布泊的人都知道“双鱼玉佩”的传说,这是一个灵异主题的故事。这个故事说的是六十年代,有七个年轻人到罗布泊探宝,结果四人死亡,原因不明,余下的三人疯了,在大漠上像没头的苍蝇,乱跑一起,脚底磨破了也全然不知,身上披着从墓里捡到的破碎的衣片和镰刀状的玉佩。当地政府将玉佩交由科学家研究。科学家用玉佩照射一条鱼,结果会复制出一条鱼。科学家为了证实被复制出来的鱼与原来的鱼不是同一条,便在被照射的鱼的肚子划上一道深痕,结果另一条鱼身上,也出现了一道相同的划痕,两道划痕完全对称。科学家再将被照射的鱼注射药液致死,结果过了七小时,另外一条鱼也死了。这说明它们是同一条鱼,是镜像作用;图像传输到另外一个星球需要七小时,又产生平行宇宙的说法。

试验对象最初是鱼,人们便把这块玉佩称为“双鱼玉佩”。传说“双鱼玉佩”不止一块,从盗墓人中流入民间,罗布泊的荒野上出现了很多的复制者。

香慧说:“这个有关‘双鱼玉佩’的传说太夸张了。沙漠有时会出现沙市蜃楼,跟海市蜃楼原理一样,复制者的传说可能是因沙市蜃楼而误传。”

“我看也是这么回事,”唐汉附和着说,“而且这个传说太过恐怖。”

米兰接过玉佩一看,玉佩的形状很像镰刀状:“罗布,不管是不是双鱼玉佩,有机会就交给文物部门,让他们去鉴定好了。”

罗布点头,表示同意。

香慧仍对有穷国的故事表示怀疑，对“双鱼玉佩”的传说更觉得难以置信。她只想证实罗氏兄弟带出来的植物是否是外星人的植物。

“罗三，你还记得发现有穷国的地方吗?”香慧友好地问罗三，“你能不能带我们去?”

“我不敢再去了，”罗三把头摇得像拨浪鼓似的，说话结巴得厉害，“你们先找到楼兰古城，有穷国就在楼兰古城去小河墓地的路上。”

香慧非常需要罗三这个向导，否则刚发现的线索不就断了吗？她对罗三的拒绝心有不甘，转而向米兰投去了求援的目光。

“罗三，你就帮她带一下路吧，我和罗布也一起去。到了那里后，你可以马上回来，不会要你再到有穷国的宫殿里去的。”米兰很想助香慧一臂之力。

罗三犹豫了少顷，还是不愿冒这个险，也许这次真的将他吓怕了:“我真的不敢再去了。”

“那好，你哥仨在这里给我们看店，有客人过来，就招呼一下，我和罗布带他们去。”米兰看上去有些生气。

米兰详细询问了有穷国的方位后，一行四人，按照罗三指点的方向，踏上了去有穷国的征程，没人知道他们会遭遇什么。

3. 太 阳 墓

罗布、米兰带领着唐汉和香慧去的第一站，是楼兰古城。

古楼兰位于罗布泊西岸，曾是古丝绸之路上最繁华的贸易重镇，那里充满了神秘的异域风情。穿越罗布泊，是一件危险的事情，路途的艰难超出了想象。一望无际的茫茫戈壁、满眼历史苍凉的楼兰古城、遍布罗布泊的雅丹地貌、拥有顽强生命力的胡杨林及质朴纯真的风土人情，无一不使人们对那里魂牵梦萦。

茫茫戈壁大多被黑色的碎石覆盖，一片片龟裂的盐碱地不时显现，偶尔有矮矮的远山起伏伴行，时隐时现的麻黄草、红柳和芦苇等植物为荒漠平添了些许灵动的气息。

经过两个多小时的驱车穿越，他们到达了罗布泊北岸的龙城雅丹。雅丹是一种典型的风蚀地貌，由咸水湖泊沉积的相对疏松的泥沙，被风力刻蚀而成的。雅丹地貌较多地分布在干涸不久的干旱区咸水湖，沉积物的盐分是泥沙的胶粘剂。

龙城的雅丹，为罗布泊的三大雅丹地貌群之一，这里的土台，都呈东北—西南走向，多为长条状，远看像游龙，这也是“龙城”之名的由来。黑石遍布的戈壁上，一条条被风切割出的雅丹，有的像排列整齐即将出航的舰队，有的像乡间村野随意堆成的稻草垛，有的像千姿百态的小动物。惟妙惟肖的雅丹地貌演绎出一座古城的凄凉，令人瞠目结舌。

在落日的余晖中，四个人在“魔鬼城”选好扎营地点后，就开始忙碌起来：生篝火、烤羊肉、搭帐篷……

忽高忽低的篝火与残阳一起，撕扯着罗布泊迟来的黑暗，风声尖厉的吼叫声，震撼了每个人的心灵。

“米兰，你在西藏曾告诉我说，罗布泊一年一场风，可我们到了罗布泊的几天里，却老是刮风，这是怎么回事呢？”唐汉大声地问米兰。

“我说的没错啊，”米兰在风里大声地喊道，“俗话说，罗布泊是一年一场风，从春刮到冬，小风吹得沙砾吼，大风赶着石头走嘛。”

“嘿，罗布泊的人可真行，这风变成连续剧了。”唐汉开始服气了，他不是服气米兰，而是服气罗布泊的风。

“连续剧还带插播广告的，罗布泊的风比连续剧厉害，连广告都不带插播的。”香慧谈起了她在荒漠的体会。

从罗布泊深处刮来的风，像是挟带着无穷无尽的力量，它越过无遮无拦的旷野，将站在戈壁滩上的唐汉他们推来搡去，一刻都不得停歇。耳边凄厉的呼啸声与狂风摩擦土台碰撞出的声音，仿佛人在哭泣，鬼在嚎叫。

四个人围坐在一起，把酒当歌。眼前的热闹与喧嚣稍稍冲淡了环境的悲怆寂寥，魔鬼的呼号伴着四个人，在罗布泊度过了一个恐怖之夜。

罗布泊的早晨如期而至，东方露出晨曦。朦胧之中，魔鬼城更似一座宏伟浩瀚的城池。一会儿，朝阳从云层里射出万丈金光，土黄色的石头渐次披上了金色的衣装。蘑菇状的雅丹，因为头重脚轻而倒在路边；千层饼似的雅丹，留有一道道厉风雕琢的痕迹；还有回眸一笑的孔雀，巧夺天工的宝莲灯，神形具备的佝偻老者……任凭风刀修蚀它们的模样，无怨无悔地守望在干涸的罗布泊上。

唐汉伫立在雅丹群的最高点上，检阅着变幻无穷、多姿多彩的雅丹地貌，心胸豁然开朗。风静止了，人的思绪却飘动起来。唐汉忘却了身边的险恶环境，忘却了大漠的丝丝寒意，油然而生的是一种把酒临风、壮怀激烈的豪情。

经过三个多小时的车程颠簸，四个人终于顺利到达了楼兰古城。他们看到的古城满目疮痍：残损的佛塔，歪斜的民居，依稀可辨的城墙和随处可见的残垣断壁。四周一片沉寂，所有关于时间和空间的记忆不复存在，似乎回到了洪荒时代。

俯瞰楼兰古城，东北角有一座具有汉代建筑特色的烽燧。古城的西南角是著名的"三间房"，它历经劫难与时光的冲刷，依然屹立不倒，当之无愧地成为了楼兰古城的标志性建筑。楼兰古城占地面积 12 万平方米，接近正方形，边长约 330 米，整个遗址散布在罗布泊西岸的雅丹地貌群中。古城的中央有三栋已经倾倒了的、只剩下土坯垒砌墙壁的楼房，它们坐北朝南，与南城门遥遥相对。

香慧来到一处民居的门口，枯朽的木桩在这里伫立了几个世纪，阅尽了千年的孤独和风霜。香慧在这片悲壮的"废墟"之上，仿佛看见千百年前，这里车水马龙、人畜兴旺的景象。

楼兰乃西域三十六国之一，与敦煌比邻，公元前后与汉朝关系密切。《汉书·西域传》载："鄯善国，本名楼兰，王治扜泥城，去阳关千六百里，去长安六千一百里。户千五百七十，口四万四千一百。"法显谓："其地崎岖薄瘠。俗人衣服粗与汉地同，但以毯褐为异。其国王奉法。可有四千余僧，悉小乘学。"玄奘三藏在其旅行末尾作了极其简单的记述："从此东北行千余里，至纳缚波故国，即楼兰地也。"

然而到了 1 600 年前，楼兰古国突然消失，只留下几处古城遗迹。公元 400 年，高僧法显，西行取经，途经此地，他在《佛国记》中说，此地已是"上无飞鸟，下无走兽，遍及望目，唯以死人枯骨为标识耳"。

楼兰——这座丝绸之路上的重镇在辉煌了近 500 年后，突然没有了人烟，在历史舞台上毫无征兆地销声匿迹了。

唐汉好奇地问米兰:“楼兰作为丝绸之路的要冲,很早就进入商业文明,人们对楼兰古国关注的热情,是否来自于对人类早期的商业文明的关注?”

“你说的仅是其中的一个方面,”米兰说,“楼兰国人属印欧人种,包含了欧洲人和亚洲人,其语言是印欧语系中的吐火罗语,繁杂的人种所创造的高度发达的文明引起了关注,楼兰国后来的突然消失之谜则更令人关注。”

晚七点左右,他们离开了楼兰古城,来到孔雀河边安营扎寨。

唐汉对野外宿营有丰富的经验,他把车停好,招呼大家选一块平坦的地方,找了些鸡蛋大的石头堆在一起,然后生起了篝火。罗布泊白天气温在30多度,到了晚上,却降到了零下5度,昼夜温差极大。

罗布泊曾经是西北干旱地区最大的湖泊,湖面达12 000平方公里,上个世纪初,它减少至500平方公里,1972年,罗布泊完全干涸。古往今来,国内外探险家、科学家们不仅为之前仆后继,而且彼此还争论得面红耳赤,但罗布泊却始终不肯揭开它那神秘的面纱,令人困惑不解,浮想联翩。多少人来了再没有离开,留下的皑皑白骨,默守着一个解不开的谜团;多少人走了却还想回来,内心深处终究敌不住荒原的神秘和诱惑……

罗布泊,真的是人类与外星人对话的场所吗?

西边的天际,堆满了晚霞,忽明忽暗的篝火映照着香慧秀美的脸庞,唐汉在篝火旁,烤着一只羊腿。篝火逐渐熄灭,唐汉将烘热的石头分四处,埋在沙的下面,然后吩咐大家将帐篷搭在埋有热石头的沙上。这样做,像北方的热炕,温暖可持续到天亮。

清晨,按照计划,大家向小河五号墓地进发。

“罗布泊里的几处遗址,各不相干,”米兰坐在车里介绍说,“经过碳检测,小河五号古墓群距今3 800多年,处于夏朝时期。夏朝是中国的第一个王朝,期间出现过‘后羿代夏’的阶段。”

提到后羿,不能不让人想起太阳,唐汉问道:“米兰,古人是不是特别崇拜太阳?”

没等米兰回答,罗布接上了话茬:“过去有一个,崇十日国,在那里有关于后羿的故事。”

古代“帝管天,皇管地”,只是到了秦朝,嬴政做了始皇帝,才又管天来又管地。

太阳又叫“三足乌”，传说太阳的中心是一个鸟。太阳经常在东海之滨洗澡，其中九个栖息在一棵矮树上，另一个栖息在一棵高树上，定时轮班，确保有一个栖息在高树上，照耀着大地。

有一天，十个调皮的太阳一齐飞到空中玩耍，大地立时变得十分炎热，庄稼枯萎，百姓苦不堪言。

消息传到东方大帝那里，大帝勃然大怒，将有穷国的国王、大力士后羿招来，命其制服这十个太阳，恢复原来的秩序。后羿是一个暴君，得命后，在东海之滨搭弓射箭。后羿力大无穷，第一箭射中一个太阳，其他太阳见状，吓得挤成一团。后羿再接再厉，第二箭射中四个太阳，第三箭射中三个太阳，第四箭射中一个太阳，剩下的一个太阳吓得飞到树林里，躲了起来。

天空没有了太阳，大地变得一片昏暗，野兽出没，魔鬼横行，民不聊生。东方大帝十分不悦，罚剩下的一个太阳踏着太阳车，围绕着大地巡视，不得有一刻休息；后羿也奉命去清除妖魔鬼怪，大地又恢复了生机，并形成了白天和黑夜，百姓的生活又恢复了往日的平静。

这就是流传千年的神话，而后续故事却在罗布泊流传：后羿射杀了东方大帝的九子后，东方大帝非常生气。大帝本来是叫后羿去教训一下自己的儿子，恢复秩序就行了，未想到后羿将其九子射杀，这还了得。大帝命后羿去寻找九个太阳的尸体，并命后羿诛杀其九个儿子为死去的太阳陪葬，否则便诛杀后羿。后羿不敢怠慢，带了九个儿子和一干军兵赶往九个太阳落下去的方向，寻找被射杀的九个太阳的下落。

且说九个太阳遭后羿射杀，尽管后羿力大无比，可是太阳毕竟离地很远，结果一个太阳逃脱，三个太阳受伤，六个太阳毙命，而人们误认为九个太阳已被射杀。

三个受伤的太阳和六个毙命的太阳，从高高的天空中由东向西滑落。七小时后，这九个太阳滑落到塔里木盆地。九个太阳着地时，撞出了一个大沙坑。

太阳不改酷爱爬山和洗澡的嗜好，受伤的三个太阳分工去引水，一个引来塔里木河的河水，一个引来孔雀河的河水，另外一个从敦煌方向引来了疏勒河的河水，从而形成了罗布泊。

疏勒河流经锁阳地域。锁阳，既是地名，又是一种古代长生不老药的名字。山洪常将戈壁上的锁阳冲刷到疏勒河里，三个太阳喝了浸泡有锁阳的疏勒河的河水，伤口很快痊愈。

三个太阳便在罗布泊旁，将六个太阳放在篮子里埋葬了。他们为纪念这六个毙命的兄弟，分别在六个太阳的墓前，埋了许多的若木树桩，并将树桩排列成辐射状，酷似放着光芒的太阳。

没过几日，三个太阳的身体完全康复，摄于东方大帝的威严，不敢回家。他们正在罗布泊徘徊之际，突然发现了匆匆赶来的后羿。仇人相见，分外眼红，三个太阳飞奔而起，将后羿等人团团围住。后羿一惊，大白天活见鬼了，明明被射杀的太阳突然出现在自己的面前。三个太阳也不言语，径直将九只利爪伸向了后羿。大力士后羿也并非浪得虚名，只见他伸出两只巨掌，向外一拨，寻得一个空隙，便跳出了圈外。

“三位公子且慢动手，”后羿大声喊道，“我是奉东方大帝之命，前来找你们的。且听我把话说明白，咱们再动手也不迟。”

“既然你有父命在身，就先饶尔等性命。”三个太阳顾忌后羿的凶猛，也想了解情况后再作打算。

后羿于是将东方大帝丧子之痛及降罪于后羿的事情一五一十地详细道来。三个太阳听说东方大帝要让后羿之子一起陪葬，气也就消了许多，便也把自己大难不死的经过和将另外六个兄弟埋葬的事陈述了一遍。

只是后羿的九个儿子仍然脸色铁青，他们知道死亡的阴影正向自己靠近。

三个太阳与后羿一行来到了六个太阳的墓前，面对被自己射杀的太阳，后羿也感觉到一丝凄凉。后羿与三个太阳协商后做出决定：后羿的六个儿子陪葬，三个太阳可以远走高飞。为了保密，后羿将带来的随从及沿途抢来的36个美女作了儿子的陪葬。

后羿从九个儿子中，依次对应死去的太阳的长幼，挑出了六个。

“孩儿们去吧。”英雄一世的后羿满面悲伤。

三个太阳面对此情此景，也落下了眼泪，这就有了日后的太阳雨。

后羿带着自己的三个儿子，蹒跚地离开了墓地，向东方走去。他们很快消失在大漠中。

有传说后羿因为惧怕东方大帝的威严，并没有离开罗布泊，而是转入了地下宫殿。

三个太阳看着后羿父子逐渐远去的背影，顿生感慨，感觉自己好像一下子长大了许多。三个太阳马上要各奔前程了，他们约定了四兄弟聚会的周期，并商定四兄弟相聚不再伤害人类。呼啦啦，三个太阳腾空而起，随着三道亮光划向天际，他们飞向了遥远的银河系或者更远的地方……

唐汉所知后羿的射日地点是在大海之滨的日照附近。日照的天台山上，迄今留有许多太阳崇拜的遗迹。天台山，离尧王城遗址约三公里。尧王城遗址出土的墓葬头颅都朝着天台山的方向。天台山的汤谷，是东夷人祖先羲和祭祀太阳神的圣地，是东方太阳崇拜和太阳文化的发源地。据《山海经》记载："大荒之中有山曰天台山，海水入焉。东南海之外，甘水之间，有羲和之国，有女子曰羲和，帝俊之妻，生十日，方浴日于甘渊。"

尽管后羿射日是个妇孺皆知的神话，而它后续的故事却鲜为人知，听起来似乎更精彩。

陆地巡洋舰已越来越接近编号为小河五号的古墓群，大家也越来越兴奋。

在距离小河墓地不远处，香慧让唐汉将车停了下来："为保护文物，我们只得带好食物、水和帐篷，徒步进入了。"

四个人认真检查了所带的物品和通讯器材，确认没有遗漏，便在罗布和米兰的带领下，向沙漠深处走去。

历史上，小河墓地曾吸引过探险家、考古学家的前来：1934 年 4 月，瑞典探险家斯文·赫定来到罗布泊，他的助手贝格曼去探询库姆河下游一处"有 1 000口棺材"的古墓地时，意外地发现了"小河五号"古墓群。可惜的是在长达 50 年的时间里，这个神秘的古墓地一直被湮没于茫茫荒原，无人问津。直到 1979 年，才有几位中国学者涉足罗布泊考察，开始了这方面的考古研究……

夕阳惨淡地悬挂在塔里木河西岸厚重的浮尘中，俯视着尘封的大地。半小时后，罗布等人已越过塔里木河的支流，向沙漠纵深走去。

从塔里木河下游河岸开始，一直无法让人避开那些蓬松的浮土。一脚踩下去，徒步鞋就会沉没在浮土层里，随之而来的是身旁爆起的纷纷扬扬的蓬尘，鞋袜和裤腿蒙上了一层厚厚的尘土，完全看不出它们原来的颜色。一路下来，冲锋衣、背包和太阳镜上，都附着了一层尘垢。

“前方发现古墓，”走在最前面的唐汉通过对讲机，向落在后面 20 多米的香慧通报。

这应该不是小河五号墓地，只是一座带有典型伊斯兰风格的麻扎：土块镶边的围篱，圈起一个孤独的墓，周围还有些支离破碎的棚架。

大半个世纪之前，罗布泊还是水网交错的沼泽，当时这里的人们过着“道旁排桑榆，隙地种瓜豆”的闲适生活。沧海桑田，罗布泊的富饶之地逐渐变成冥界鬼蜮，罗布泊人不得不告别祖辈的遗骨，挥泪离别他们世代赖以生存的家园，漂泊他乡。

当人类还来不及弄清罗布泊文明的渊源时，罗布泊已经匆匆地从人类身旁走开了，只留下满目苍凉的荒野和颓废的墓园。

罗布仔细观察着这座坟墓。“尽管不是这座墓，不过在这附近，应该还有个主墓群。”他说。

罗布对罗布泊的墓葬有些了解，他判断这只是一个陪葬墓。

又经过艰苦的跋涉，四个人终于接近了小河五号墓地。只见那座突兀的小岗上，成百根的木桩，横七竖八地堆积着变了形的棺木。南侧沙坡中段，白骨成堆。

这应该就是古墓沟墓地了。古墓沟墓地位于孔雀河下游北岸的，一片地势稍高的小沙丘上，墓地面积约 1 600 平方米，是距今约 3 800 年前罗布泊地区土著人的公共墓地。

再往前走，在一片连绵起伏的沙丘上，有一根木棍露出一个小尖。就是这根小木棍泄露了楼兰文明的天机。

“就是这里！”罗布靠近木棍后兴奋地喊道。

四个人商议了一下，决定开挖，他们直接从上往下挖。盗墓贼一般从侧面开始挖，挖到一定深度时，再打洞进入墓穴。

三个小时过去了。

“太阳墓！”香慧大声叫了起来。

唐汉、米兰和罗布也被眼前的景象惊呆了：六座摆成光芒四射的太阳形的墓，呈现出恢宏的气势。六座墓，六个太阳，一个连一个地面向蓝天，裸露在洁净柔软的黄沙之中。

“你们看，太阳墓的地表有七层若木的木桩，圈围成的椭圆，木桩由内而外粗细有序，最里一层的木桩直径约两三厘米，而最外一层却粗达十余厘米。七层木桩外又有呈现辐射状向四面散射开去的立木，立木直径最粗可达三十多厘米。”香慧边说边数着木材的数量，“这里总共有690根木桩。”

若木不同于胡杨，与建木、寻木并称为神木。

“难道罗布泊关于后羿的传说是真的?”唐汉喃喃自语道，“这里真埋葬着六个太阳?”

罗布见此情景，也高兴地跳了起来:“我说有六个太阳埋在罗布泊，这下可找到了!”

唐汉由此确认了太阳墓与后羿射日有着密切的关系。

罗布指着太阳墓旁边一处被挖掘的地形说:“那里像罗一他们来过的地方，有刚被人为开挖的痕迹，很可能有穷国就藏在这下面。”

四个人决定明天再作深入的探寻，他们向越野车停放的地方走去。一样是单调、荒凉与颓废，一样是芦苇、螺壳与沙丘，返程中的四个人，却如同经历了心灵的陶冶，不再是被动的行者，也不再是匆匆的过客。他们不觉间已成为罗布泊的一份子，开始用愉悦的眼光欣赏人类曾经的家园。

此时，月亮已经挂上了胡杨树梢。河道两岸的灌木，羁绊着夜行人的裤脚，纠缠着夜行人的行囊，仿佛执意地挽留大漠里的夜行者。黑暗中，手电和头灯的光亮，闪闪烁烁，摇曳在荒原的夜色里。

“再快的频率，双腿挪动过的不过是罗布荒原上不起眼的一步。”唐汉的腿肚子有些酸胀，有感而发。

“是的，无垠的大漠以它恢宏的气度，承载了人类的欢愉与悲歌，”香慧也发出同感，“人类的贪婪，却在不经意间蚕食着自己的生存根基，等他们意识到的时候，多半大厦已倾。”

“白天的燥热，夜晚的寒冷，行进的疲惫，歇息的酸痛，还有饥渴、肮脏、无形的寂寥和万物凋零所产生的虚空，无时无刻不在逼人自省：这是上苍给予人类的原始物质与精神吗?”罗布在考虑物质和精神了。

"罗布泊的沧桑,蕴涵着无穷的灵性,给功利者以批判,浮躁者以警醒。"米兰以哲学家的思辨回应道。

大漠的夜空中,四个年轻人,步履匆匆,话音和风缠绕着,一起传向远方……

4. 大漠下的秘密

朝霞染红了天际,唐汉驾驶着陆地巡洋舰,载着香慧、米兰和罗布,向太阳墓驶去。

有了前两天徒步的经验,香慧大体知道了太阳墓的位置,她确认越野车的行驶不会误闯文物区。果然,三个小时后,太阳墓历历在目。她看了眼车上的其他三人,发现他们也和自己一样,既对面前出现的新奇满含兴奋的渴望,又有对未知怀着些许恐惧。

前面有一个沙丘,唐汉加大油门,想冲过去。不料,他感到车轮在打滑,于是习惯性地加大油门,一个预想不到的结果发生了:整个越野车快速下陷,很快掩埋在流沙中。眼前变得一片漆黑,没等车上的人反应过来,车子已在沙中流动。黑虎也惊呆了,不断发出恐怖的吼叫声。

"握紧抓手,我们可能遇到流沙了!"唐汉大声提醒大家。

陆地巡洋舰的发动机已经熄火,车子却依然在沙河里快速流动。唐汉只得紧紧握住方向盘,尽管他决定不了汽车的流动方向。车内的空气越来越稀薄,连呼吸都感觉有些困难。汽车在翻滚,仿佛转眼就会分崩离析。

不知过了多久,三分钟抑或五分钟,终于有了汽车着地的感觉,玻璃窗也开始透进光亮。这时,唐汉才发现,原来他们被流沙卷进了一个洞里。他试着发动了车子并打开车灯,面前变成一片光明,一个地下宫殿奇迹般地展现在四个人的眼前。

"我们到了有穷国啦!"唐汉惊呼。

香慧顺着车的灯光,看见有三个人朝他们走来,因为隔着一段距离,一时看不真切。

"你们好!"走在中间的是一位女性,她用英文大声地招呼车内的不速之客。

香慧打开车门，探出头去，也用英文友好地回应道："你们好！"

那位女性闻声向后招了招手，刹那间，地下宫殿光亮得如同白昼。香慧看清楚了，向他们走来的是一男两女，面带友善的微笑，像是在欢迎他们的到来。香慧做梦也没想到，在罗布泊茫茫大漠的底下，能碰到这些说英文的有穷国美女俊男。

"我叫香慧，"香慧对有穷国的人说，"很抱歉误入你们有穷国，打扰了。"

"我叫米拉，是南球玛雅国人，"中间的那个女性哈哈大笑，"这里是我们玛雅人在地球的基站，不是你所说的有穷国。"

香慧、唐汉、米兰和罗布都睁大了眼睛，不胜惊讶：玛雅人？他们竟然是在地球上消失了上千年的玛雅人?!

更让唐汉、罗布和米兰惊奇的是，对方三人中有一位是丁香姑娘，就是他们在珠峰路上相遇的那个格桑梅朵！

此时，丁香也看清楚了来人中有唐汉。

"唐汉——"

"丁香——"

唐汉和丁香同时向对方奔去，谁也没想到在这个场合，再次相遇，两人紧紧地拥抱在一起，激动的泪水流满了双颊。唐汉感觉到丁香，气息若兰，暗香袭人。

"丁香，你怎么会在这里？是他们绑架了你?"唐汉喃喃地说，"想死我了，我的格桑梅朵。"

"唐汉，你怎么会找到这里？我每时每刻都在想你。"丁香小鸟依人，万般柔情，两人重逢，似有万人千语。

真是机缘巧合，一切都是冥冥中注定的，正如将巴大师所说，缘结难分。

这时，唐汉才知道，丁香是北球桃花源的人，而那个小伙子叫哈雷，是天球楼兰国的人。

米兰忍不住流下了眼泪，这个结局是她始料未及的。罗布紧握着米兰的手，他被唐汉与丁香的深情所感染，他更珍惜与米兰的爱情，尽管他们是青梅竹马，后结连理。

"真没想到，在这里遇到丁香。"米兰感慨地说，"唐汉真有福气，这次他们再也不会分开了。”

“那是自然的，”罗布认同米兰的说法，他有些恍然大悟的样子，“怪不得丁香这丫头死活也不肯说自己是哪里人，原来是外星人。”

“八瓣格桑花真神奇，唐汉这癞哈蟆吃到了天鹅肉，不知道他是哪辈子修来的福。”

“米兰，你不能这样贬低唐汉，我看他们分明是天仙配。”

唐汉、丁香那边，恋情吐着萌芽；罗布、米兰这边，爱情泛着绿叶，美好情感的枝蔓，即使在地下的空间里，都能肆意成长，其生命力之顽强，胜过任何一种植物。

“米拉小姐，很高兴认识你，”香慧不忘自己的职责所在，“我是地球联合国星际联络专员，我的职责就是寻找外星人，并寻求对话。”

“香慧小姐，我也很高兴认识你，”米拉说，“我是南球玛雅国地球司的职员，你正是我们要找的人。”

香慧与米拉热情相拥，罗布、米兰与哈雷也聊得很投机，外星人完全不像地球人想象和传说的那样。

米拉是一位精致的美女，20 多岁，肤色偏黑，身材苗条，凹凸有致。她与地球上弱不禁风、脸色苍白，甚至略显病态的骨感美女有很大不同。米拉瘦削但健康。米拉的脸型有些方，头上有一金属饰物，显得卓尔不群，这些特征才让香慧想起她是外星人。

米拉引导着香慧、唐汉、米兰和罗布进入宫殿。说是宫殿，其实有些夸大其辞；这里是玛雅的基站，建有飞船停放场，是外星人休息和活动的场所。

当然，丁香拥有地球人的特征，也许是因为桃花源人的祖先就是曾生活在地球上的中国人的缘故。丁香不笑的时候，脸上依旧显露着笑意，洋溢着烂漫和纯真，让人感觉不到她会忧愁。

香慧请他们品尝地球的食品，丁香很兴奋，她已厌倦那些压缩食品。米拉表示拒绝，并取出一盒胶囊来，请四人品尝。香慧、唐汉、米兰和罗布连连摇头。四个人想起了罗氏兄弟的遭遇，生怕这胶囊与那奇怪的外星植物有什么联系。米拉不解地耸了耸肩，独自吞服了两粒。

丁香悄悄地告诉唐汉：“玛雅人不吃饭，每天吃五粒胶囊就够一天的营养了。”

“这倒简单，只是，这太不可思议了。”唐汉感到很惊奇。

“米拉，你们是否带了一种植物到地球上来?”香慧想起了罗氏兄弟的遭遇，说话也就不拐弯抹角了。

“有啊，我带了一种南球上的植物，叫五行草，”米拉说，“我们玛雅人爱好和平，不喜欢战争，如果我们在地球上遇到对我们不利或者破坏我们基站的人，我们会给他服五行草。前几天就有三个地球人来到我们基站，跟他们怎么说也说不明白，我担心他们会暴露我们的基站，就给他们服用了五行草。”

香慧进一步问:“还记得那三个人长什么样吗?”

米拉、丁香和哈雷互为补充地描述了三个地球人的相貌。香慧一听便知道了，罗氏兄弟所谓的误闯有穷国，竟是玛雅人在这里的基站。

“香慧，你放心，”米拉说，“五行草只具有暂时失忆和失语的功能，一个月后，他们就能恢复正常。”

香慧和唐汉微微点头，罗布和米兰也吁了口长气，感觉心里的一块石头落了地。

“香慧，你知道地球人对外星人很提防，他们经常攻击我们的飞船，我们玛雅在墨西哥尤卡丹半岛的一个水下基站，在 1998 年被地球人发现而遭毁坏，所以我们不得不另建基站。”米拉不满地说。

米拉说的情况，香慧很清楚，确有其事。玛雅在尤卡丹半岛的水下基站，是一个结构复杂的洞穴，与地下河相连，地下河长 200 多英里，水深 100 多米，联合国外空事务部曾派好多蛙人去前去探查。

地球人对外星人抱有敌意，这是众所周知的，包括战斗机攻击飞碟的事件时有发生。地球人的心理颇为奇怪，一方面，他们把外星人的文明和科技均描述得远远超过地球上的人类;另一方面，他们又从内心深处极端排斥外星人的存在，以满足他们充当宇宙霸主的欲望。地球上有好多现象，凭人类现有的文明与科技水准无法解释，他们也往往会做出外星人的假设，说是外星人之所为……

香慧猜测，外星人在地球上的基站应该不止一处。

香慧对米拉说:“地球人可能误解了外星人，我们地球需要你们的帮助。

我们特别需要搞清楚玛雅人关于地球2012年12月21日的预言，以及如何应对地球末日的方法。”

香慧说的玛雅预言，是玛雅人关于第五个太阳纪的预言。

在玛雅的历法中，有一个叫“卓金历”的历法。这种历法以一年为260天计算，奇怪的是，在太阳系内却没有一个适用这种历法的星球。依照该历法，这颗行星的大致位置应在金星和地球之间。

有玛雅学者认为，“卓金历”记载了“银河季候”的运行规律，而据“卓金历”所言，地球现已在所谓的“第五个太阳纪”，也是最后一个“太阳纪”。

在银河季候的这一段时期中，太阳系正经历着一个历时5 100多年的“大周期”，其时间是从公元前3113年起，至公元2012年止。在这个“大周期”中，运动着的地球以及太阳系正通过一束来自银河系核心的银河射线。这束射线的横截面直径为5 125地球年，换言之，地球通过这束射线需要5 125年之久。

玛雅人把这个“大周期”划分为13个阶段，每个阶段的演化都有着十分详细的记载。在13个阶段中每一个阶段又划分为20个演化时期，每个时期历时约20年。这样的历法循环与中国的“天干”、“地支”十分相似，历法是循环不已的，而并非像西元纪年那样，一条直线似的望不到终点。

玛雅人认为自创世以来，地球已经过四个太阳纪，当太阳系诸星体经历完了这束银河射线作用下的“大周期”之后，将会发生根本的变化，玛雅人称这个变化为“同化星系”。

从玛雅预言中的“大周期”的时间上看，到今天已经接近尾声了，即从1992年到2012年这20年的时期，地球已进入“大周期”最后阶段的最后一个时期。这就是传说中的玛雅人关于“世界末日”的来历。

米拉还向香慧详细地解释了玛雅五个太阳纪的预言：

第一个太阳纪是超能力文明：那时，人们身高一米左右，男人有第三只眼，第三只眼是翡翠色，功能因人而异，有预测的，有杀伤力的等等；女人没有第三只眼，所以女人害怕男人，可女人的子宫有神的能力，女人怀孕前会与天上要投生的神联系，谈好了，女人才会要孩子。由于大陆的沉没，人类的超能力文明消失了。

第二个太阳纪是饮食文明：随着人类超能力文明的消失，男人的第三只眼的功能开始丧失，人们对饮食特别爱好，产生出各式各样的美食家，所以这个太阳纪又被称为饮食文明。饮食文明发生在南极大陆，毁于地球磁极转换。

第三个太阳纪是生物能文明：饮食文明没落后，人类开始注意到植物在发芽时产生的能量，这个能量非常巨大。人类经过一个世纪的改良，发明了利用植物能的机器，这种机器可以放大能量。生物能文明也毁于大陆沉没。

第四个太阳纪是光的文明：尽管生物能文明毁灭了，但是人们继承了生物能中光的能力。光的文明是由于火和雨的肆虐，引发了大地覆灭，并最终导致光的文明的消失。

第五个太阳纪是情感文明：光的文明淹没后，人类不再依赖外在力量，人与人之间的交往变得更注重情感。情感文明将于 2012 年 12 月冬至灭绝。当那天的黑夜降临以后，黎明将永不再来。

米拉叙述完后，接着建议道："要解决地球的问题，只有拜见玛雅国的长老，并通过玛雅国联手楼兰国、桃花源国，大家一起想办法，或许能帮助地球渡过难关。"

丁香说："我们明天就返程，如果你们愿意，可以与我们一起去南球玛雅国、天球楼兰国和北球桃花源。"

四个地球人面面相觑，一时不知如何作答。

自从误入玛雅人的地球基站，意外地与外星人相遇，马上决定离开他们熟悉的地球，去传说中的外星球，这件事情太突然了，他们根本没有这个思想准备。

丁香动情地看着唐汉，不容置疑地说："不管其他人怎么决定，你明天一定要随我去桃花源，我们永远不再分开。"她对于在玛吉阿米草率分离，悔青了肠子。

"我能不能与父母告别一下？"

"米拉不会答应的，地球人知道了这件事，我们的基站又保不住了，到那时，我们恐怕都无法离开地球。"

丁香说得是实情，面对突如其来的变故，唐汉惆怅万分，与丁香在一起，是求之不得的事情，可是与父母连个招呼也不打，就离开地球，也不知道什么时候回来，唐汉很纠结。

“唐汉，就不要犹豫了，这是我们在一起的唯一机会！”丁香搂着唐汉的脖子，话语里透着哀求的意味。唐汉默默地点了点头，一脸茫然。丁香却兴奋地手舞足蹈，并在唐汉麻木的脸上重重地亲了一口。黑虎在一旁朝丁香轻声地叫了两声，它看出了主人的无奈，它认定这件事情的罪魁祸手是丁香，只是主人没有发出指令，它也不敢造次。

“我跟米拉去玛雅国。”香慧最先接受了米拉的邀请，她很高兴联通了地球人与外星人沟通的桥梁。这是多少地球人企盼，但不能实现的愿望，这么简单就能去外星球，真有点跟天上掉馅饼差不多。

唐汉看了看罗布和米兰：“你们怎么办？”

米兰仍害怕五行草的厉害，笑着说：“唐汉，你跟着丁香去桃花源吧。我和罗布去楼兰国，楼兰国和罗布泊更具渊源。”

“你们不在罗布泊创业了？‘米兰客栈’怎么办？”唐汉提醒说。

“说不定到楼兰国更有利我们创业，‘米兰客栈’留给罗氏兄弟经营，免得他们再去盗墓，这也是一件好事情。”米兰倒也想得开。

“是啊，创业就是闯天下，索性将事情搞大，到外星球上创业去。”罗布一脸涉世不深男人的率真。

第二天清晨，唐汉乘上了丁香的飞船，当然黑虎是一定要相伴而行的。米兰和罗布乘上了哈雷的飞船，香慧乘的是米拉的飞船。

随着三声轰鸣，三艘飞船破土而出，像三支离弦的飞箭，射向蓝蓝的天空，分别飞往三个星球。

第三章　花开桃花源

1. 桃花怒放

丁香驾驶着飞船，载着唐汉飞向北球的桃花源。

唐汉对桃花源充满了好奇：它是陶渊明笔下的那个世外桃源还是徒有其名的乌托邦？

唐汉知道，红色高棉在柬埔寨为期三年的执政中，曾采取了“去城市化、取消货币”的政策，企图建立一个纯之又纯的桃花源，结果仅600万人口的柬埔寨，就有100万人是死于灾害，100万人死于迫害，一个现代版的乌托邦由此草草收场，成为世人的笑柄。

世间的悲剧远不止一幕，人类在探索与构建自身理想的生存环境和制度过程中，成为笑柄的也不仅仅只有一个红色高棉。悲喜剧在人间交替上演。

云朵在飞船的下方堆积着，绵延无边。

“丁香，我们在拉萨分手后，你是怎么到罗布泊的？不会是乘坐飞船吧？”唐汉想知道，丁香是如何从拉萨到罗布泊的。

“没错，我是驾飞船回罗布泊的，我的飞船就隐藏在拉萨附近的雪山里。”

“原来是这样，怪不得，我问你是哪里人时，你说是住在桃花盛开的地方。那时，我根本没意识到你会是外星人，真是不可思议。”

“我可没对你撒谎呀，桃花源难道不是桃花盛开的地方？”

“是的，天上下凡的仙女，怎会撒谎？”

“唐汉，我们有得是时间在一起了，以后不许再提外星人的事。你也不想想，到了桃花源，到底谁是外星人！”

“呵呵，我再不提就是了，丁香，桃花源是怎样迁徙到北球的呢？”

“传说炎帝与黄帝在邙山大战，导致了炎帝的部属蚩尤、刑天的丧命。炎帝是一个圣明的君主，他宅心仁厚，厌烦部落纷争，向往男耕女织、日出而作日落而息的生活，便驾仙鹤携族人来到了北球。从此炎帝一生潜心农耕，仁心仁术，救治苍生。”

“哦，桃花源的迁徙还跟黄帝、炎帝扯上了关系。”

“这事一两句话说不明白，你要非弄个水落石出，到了桃花源问我爷爷，老人家会从头至尾地告诉你的。”

“我会的。我现在想知道桃花源是不是还过着男耕女织，日出而作日落而息的农耕生活？”

“地球上不是有一句话，叫做百闻不如一见，到了那里你就都清楚了。”

“那你在桃花源里做什么工作？怎么会到罗布泊的？”

“我在桃花源大学任教，也是 2012 天使行动的成员，到罗布泊，是执行天使行动。”

“天使行动是什么意思？难道米拉和哈雷也是这个行动的成员？”

“是的，米拉是我们的头儿，天使行动的内容还不方便告诉你。”

丁香得意地看了唐汉一眼。唐汉预感到他将面临更多未知的事物。

“我们换个话题吧。”

“好啊。”

“丁香，玛雅国、楼兰国和桃花源的人们是怎么选择英语作为自己的语言的呢？”

“这个嘛，大概 100 多年前，天球、北球和南球有了联络，并借助飞船，使人员往来和货物贸易得以实现。可彼此不同的语言给三个星球的交流，带来了很大的麻烦。”

实际上，三个星球语言未统一前，语种很是复杂。北球桃花源人和南球楼兰国人，使用的是不同的象形文字。天球楼兰国的语言最复杂，有汉语、英语、法语、俄语、波斯语，汉语为官方语言，英语是第二大语言。

楼兰国的总统为此很头疼，每个州都自治，都有自己的语言，国内交流已经很不方便，三个星球间有了贸易后，语言问题更加突出。

1899 年 6 月，楼兰国总统宋元决定，在新世纪开始时，进行语言改革，首先在天球上统一自己的语言。楼兰国内部语言统一，推动了三个星球的语言统一。这年 7 月，宋元总统在首都罗布泊市召开了由各州语言专家参加的会议，会议议题就是要在天球上统一语言。然而 19 世纪时，楼兰国的民主体制已相当完善，就算是总统，也无法像秦始皇那样采取强硬手段，同车辙，同度量衡。

这次 7 月的楼兰国会议，在总统的积极协调和干预下，取得了丰硕的成果：与会者必须在汉语、英语、西班牙语这三大语种中，选择一种语言作为楼兰国的国语。无论哪种语言被选为国语，而使用这种语言的州，将承担其他州因为转换语言，而产生的教育费用，其他语言一律废止，除非考古研究之用。与会者一致同意，不允许有第二种语言继续使用，并同时废除方言。

“这可不易。中国很多人将方言与文化相联系，要废止方言，阻力很大。”唐汉为楼兰国的大胆抉择而吃惊。

丁香是语言统一的受益者，赞同先辈统一语言的举措。“语言不过是交流的符号和思维的载体，不应该给它加上过多的主观色彩；何况方言是交通不发达，交流范围受局限的产物，是落后封闭的社会环境造成的，怎么可以成为一部分人骄傲的资本？”她不以为然地说。

“你说得有道理。方言是在给语言加密，人为地使语言具有区域性的特点，它增加了异地人群交流的难度，不值得留恋。”唐汉点点头，显然被丁香的观点说服了，“方言在语言进化过程中的自然消亡，就像人猿的尾巴在进化中消失一样，这应该是一件值得庆幸的事情。”方言本来就不是特权，只是一部分的习惯，为了自己的方便和习惯，给别人带来不便，本应该是一件歉意的事情，而在某些区域，竟成为绑架语言进化的借口。

唐汉不知道，其实在楼兰国的那次会议上，与会者的争论还是很激烈的，焦点集中在文化遗产的保护和民族利益等问题上，最后，他们的理性战胜了感性。

宋元总统一鼓作气，于当年 8 月又召开了一次关于统一语言的州长会议。那次会议的主要议题是，选择汉语还是英语。

楼兰国里汉族占多数，欧罗巴族第二，其他民族中的大多数人支持将英语作为楼兰国国语，原因很简单：英语比汉语好学。语言是一种工具，简洁科学的工具最后胜出，也是语言进化过程的结果。

欧罗巴族提出一个有力的理由：活字印刷是由汉民族发明的，但在欧罗巴州应用得最好，什么道理？英文 26 个字母适合排版，汉字笔画多，光常用字就有几千个，排版困难，不利于实际应用，更不利于文化传播。

汉民族是一个争强好胜的民族，常常喜欢把自己当做世界的中心；可另一方面，汉民族又是一个信奉实用主义的民族，利益很容易改变他们的观点和做法。因此，尽管汉民族人多势众，道理上毕竟讲不过欧罗巴族，再加上其他州的倒戈，作为汉民族主要聚居地的大唐州也就顺坡下驴了，何况大唐州将获得欧罗巴州巨额的教育经费补偿，算是有失有得吧。

楼兰国总统宋元又联络桃花源国佬和玛雅长佬，游说他们也将各自的语言统一为英语。

玛雅国首先接受了宋元的建议。

可桃花源国长老等老年人很抵触，桃花源的年轻人却很乐意接受，他们希望与外界有更广泛的交流。桃花源国最终接受了统一语言的建议，同时得到了楼兰国给予的语言转换补偿费用。

这样，从 1900 年开始，三个星球统一了语言，英语成为国际语言。

"丁香，你知道三个星球又是怎样解决文化遗产的保护和继承的问题的？"

"你们地球人更关心过去还是未来？"

"老人关心过去多一些，年轻人更关心未来。"

"那就对了，我们三个星球也是这样。我们有语言翻译机，只要你对历史有兴趣，完全可以通过语言翻译机去研究历史，而且所有现存的古籍，其内容完全被保存下来了。"

"三个星球是先有多种语言，发展到统一语言……地球上的语言发展过程却与三个星球相反。据说地球上的人类开始也是一种语言，后来骄傲的人类惹恼了上帝，上帝为了惩罚人类，故意制造人类的隔阂，才设置了现在这么多的民族和语言。”

“怎么会这样?”丁香不解地问。

“是啊，我也不知为什么，事实就是这样的。”唐汉接着给丁香讲述了一个地球上流传的故事。

地球上最初只有一种语言的时候，到处充满了理解与和睦的景象，上帝见了很高兴。

由于人类使用一种语言，效率很高，不论做什么事情，也都容易成功。人类由此变得自大起来，决定在巴比伦兴建一座通天塔。结果工程进展得很快，塔越建越高，马上就要通到天上了，上帝看了却很不高兴，觉得人类登天后可能危及自己至高无上的权威。

上帝便想了个办法，他让建造塔的人们说不同的语言，作为对人类缺乏理智、贪慕虚荣的惩罚。建造通天塔的人们，因为语言不通，产生了隔阂，日积月累，人们矛盾加剧，最后，他们扔掉工具，停止工作，流落到全球各地。

从此，相互间的语言障碍成为不同民族难以逾越的鸿沟，自由沟通就像一个美好的梦境，离地球上的人类越来越远。

“地球上的民族主义，阻碍了语言的统一，”唐汉告诉丁香，“据地球的语言专家预测，要统一地球上语言，需要200年时间。”

丁香不解地摇了摇头：“200年？何以见得?”

“因为地球上没有宋元。”唐汉开玩笑地说。其实200年的概念来自于地球上语言种类减少的速度。

“也许吧。如果没有宋元的高瞻远瞩和鼎力倡导，三个星球的语言还不知道是什么状况呢。”

“的确，英语是地球上最有影响力的语言和最重要的交流工具。据统计，全球三分之一的人讲英语，45个国家的官方语言是英语，百分之七十五的电视节目用英语播出，百分之八十以上的科技信息用英文表达，全球互联网信息百分之九十以上是英语文本信息。英语已经不仅仅是一种语言，它早已深入到产品开发、信息传递、人际交往、文化传播等各个领域。然而，地球上同时存在的汉语、西班牙语和阿拉伯语等语种的异域扩张，阻挡了英语全球化的速度。

不过地球上的近 6 000 种语言，近 30 年来，其中的百分之九十已濒临灭绝；平均下来，每星期都有一种语言消失。依此看来，人类似乎正在朝着地球使用同一种语言的终极目标回归。200 年后，地球上的人类可能又会开始搭建新的通天塔。问题在于，大多数语言灭绝后，留下来的应该是什么语言呢？”

唐汉与丁香一路畅谈，觉得时间过得很快。

飞船到了一个湖泊的上空，湖叉繁多，形似珊瑚枝。湖水蓝得深邃，醉人心魄。湖区景色秀美脱俗，融雪山、岛屿、牧场、农庄和温泉等风景于一体，令唐汉目不暇接。

丁香将飞船的窗户打开，飞船下的湖泊被群山包围着，天空异常洁净。她情不自禁，不由吟道：

烟霞映水碧迢迢，暮色秋色一雁遥。
前岭落晖残照晚，边城古树冷萧萧。

舞文弄墨是桃花源人的传统，诗词歌赋信手拈来，自成文章。既然美女出招了，唐汉也不敢怠慢，他沉吟片刻后应道：

萧萧冷树古城边，晚照残晖落岭前。
遥雁一色秋色暮，迢迢碧水映霞烟。

丁香的诗意境深远，耐人寻味：秋色万里，暮色沉沉，烟霞映水，碧波迢迢，一只孤雁披着落日的余晖，向茫茫的天际飞去；边城的古树沐浴着残阳，更加萧瑟，山岭的远处，不时传来孤雁的鸣啼……

可唐汉对得更为奇妙。这是一首回文诗，顺读倒吟，皆是行云流水，沁人心脾。

时光飞逝，飞船在一片屋舍后的草坪上着陆，丁香的家到了。

2. 走马观花

唐汉来到了陌生的星球，北球的桃花源。

天球、南球、地球和北球，是已知的四个有生命星球；四个星球的名字，刚好对应了天南地北，容易让人记住。

桃花源是掩映在树林里的，即使在空中飞行，也很难看出这是一片居住区。

丁香的爷爷 80 多岁了，可看起来像地球上 60 多岁的人。老先生很健谈，见到孙女带回来一个后生，很是高兴。说起来，唐汉也算是老先生老家的人了。

唐汉好奇地观察桃花源的住房，发现全是木结构的：木门、木窗、木楼梯和木制地板，连外墙也是原木的，而且木材裸露部分都刷上了桐油，目的是为了防腐。

唐汉在丁香的家里住下。

丁香有个哥哥，叫丁悦。

“唐汉，我带你去桃花源的市中心转转？”丁香说。

“好啊，我很想看看桃花源。”唐汉觉得，丁香很善解人意，就像他肚子里的蛔虫，他想什么，她全知道。

桃花源的交通工具很奇特，陆地主要靠自行车，水里行驶的是太阳能或风能的船只，空中的飞船，其动力为太阳能或氢燃料，星际飞船的能源则是玛雅国提供的反物质能源。

桃花源，没有汽车。

唐汉的陆地巡洋舰搁在地球上了，他一见到自行车，两眼放光。他从初中开始就酷爱自行车运动，为此吃了不少苦头，也得到了许多乐趣。读大学的时候，凡乘地铁和动车是不被允许带单车上去的，这事使他伤透了脑筋。后来他想出了个好办法，就是上车前，先将自行车轮子拆下来，下车后再装上去。经过这样的变通，就可以带着单车乘地铁和动车了。

唐汉将自行车在原地颠了几下。所谓的“颠”车，就是将自行车的前轮腾空，后轮着地，在地上起落。丁香见状笑了，顺势给唐汉来了个慢骑自行车表演，也算是不甘示弱。

两人骑着自行车，行进在去市中心的路上。

桃花源的路大多是十米宽的双向道，用于自行车的行驶和人们行走。道路在森林中穿行，浓荫蔽日，空气清新，犹如置身在一个大氧吧。

“北球是地球的六百分之一，大部分仍保持着原生态，”丁香边骑车边介绍说，“桃花源主要由市中心、工业区、农业区、渔业区、林业区、蔬菜区和动物区组成，不同的区域承担不同的责任，共同维系着桃花源的正常运转。”

“嗬，分工还挺细嘛。”唐汉赞誉道。

“可不是嘛，地球上曾有位著名的经济学家，名叫亚当斯密，他的《国富论》我很喜欢。他对社会分工有很精彩的论述。”

“你是怎样获取到地球上的信息的?”

“我们北球、南球和天球有信息网络，相互联网，地球的信息来源于玛雅国，他们对地球进行了 3 000 多年的跟踪，且有玛雅人生活在地球上。”

“地球人到处找外星人，可人家就在你眼皮底下，逍遥 3 000 年，来去自由，你愣是没发现，地球人还自作多情地向外星空发送信号，真没劲。”唐汉心里觉得老不是滋味的，还不如不知道事情的真相呢，好像觉得自己也很失败。

树木从身边擦肩而过，瓦蓝的天空飘着朵朵白云，阳光透过树林的缝隙，泛着斑驳的亮光。

“桃花源的市中心，是桃花源的管理中心、文化中心和商业中心，”丁香回到原来的话题，接着说，“管理中心相当于地球的政治中心，不过桃花源的管理中心要简单得多，只有 23 个人；文化中心是指学校、演出、聚会场所集中的地方；商业中心的功能是进出口贸易、国内贸易和物流。”

唐汉暗想，这是一个简单的国度，一切都很单纯。

桃花源的布局也很独特，市中心是圆形的布局，周围呈六条辐射线，通过道路相连。农庄建在辐射线的两侧，以市中心为起点，每 10 公里设一个分中心。很显然，这种布局为市中心的扩展预留了很大空间，而分中心既有互相联络的便利，也具备自身扩展的空间，十分科学。

桃花源具备不折不扣的科学发展观。

桃花源的市中心有一个很大的广场，是桃花源的人们聚会的场所。桃花源人没有宗教信仰，所以也就没有了寺庙等设施。没有宗教，并非没有信仰和价值观。

丁香指着眼前的广场对唐汉说：“市中心广场是桃花源人节日聚会的地

方。桃花源每个月都有节日：一月一、二月二、三月三、四月四、五月五、六月六、七月七、八月八、九月九……”

休闲的生活，节日多。

唐汉听丁香一口气报出那么多的节日，很是诧异：“比地球的节日还多呀，那么主要的节日是哪几个呢？”

“一年里大的节日有四个，”丁香看着唐汉英俊的脸庞，不知为何，她突然感觉自己的心跳在莫名地加快，稍稍平静了后又说，“一个是春节、一个是赛诗节、一个是丰收节、一个情人节。”

丁香跨上自行车，带着唐汉向市中心东面的一座秀丽的山峰骑去。桃花源的市中心并不像唐汉期待的那样繁华：没有密集的人流，没有沿街的商铺，没有超过三层的建筑，更没有穿梭的汽车。他能看到的是科学合理的城市布局，大路上三三两两的骑车人、天空中偶尔飞过的飞船和身边秀美挺拔的美女丁香。

一会儿，他们要去的山峰到了。这座山峰海拔100米左右，名叫紫霞峰。它是人们平时登高望远的好去处。赛诗节时，这里会变得人声鼎沸。文人雅士也时常聚集这里，吟诗唱和。紫霞峰的东边另有一座高400多米的山峰，名为紫金峰。紫霞峰的北面是一浩瀚的湖泊，人称紫霞湖。沿湖而建的是桃花源大学，那里环境优美，学术氛围浓厚。

“桃花源大学是桃花源目前唯一的一所大学，”丁香将自行车停在校门口，兴致勃勃地说，“大学下设一个研究生院和七个本科学院，这些本科学院分别是农学院、林学院、动物学院、工学院、文学院、医学院和师范学院。眼下我在工学院任教，教授土木工程专业……”

“我相信有朝一日，你会桃李满天下的！”唐汉忍不住地恭维丁香。

“那是自然的。”

晚上，丁香和唐汉像两只燕子，抖落一身霞光，回到了家。

“唐汉，回来了，”丁爷爷是老年诗歌协会的会长，赛诗节评委，他问唐汉，“喜欢桃花源吗？”

“哪有这么快呀！”丁家奶奶是桃花源大学文学院退休教授，她头发花白，满脸慈祥，一眼就喜欢上了唐汉这小伙子，所以赶紧出来替唐汉打圆场，“孩子，不着急，多转转再说。”

唐汉却直截了当地表白道：“奶奶，我喜欢桃花源，也喜欢丁香，喜欢你们。”

这老两口被唐汉的直爽逗乐了：“我们一家人都喜欢你，欢迎你来桃花源，更欢迎你成为我们家庭的一员。”

“爷爷，奶奶！”丁香听了爷爷奶奶和唐汉的对话，心中充满蜜意，脸上泛起一片红晕。

这时，丁香的父母回来了。一大家子人有说有笑，欢乐洋溢了整个木屋。围坐在餐厅大桌子旁的，还有丁香的哥哥和嫂嫂，丁香的外甥。

丁香悄声地对唐汉说：“爷爷、奶奶可把你当成自家人了。”

唐汉则油腔滑调地回应道：“不是一家人，不进一家门。”

“看你美的，我可没有认你是一家人。”

“这也就是，早一天晚一天的事啦，我不会和你计较的。”

“你坏，奶奶，你听到了，唐汉在欺负我。”

“傻孩子，奶奶年轻的时候，也经常被你爷爷欺负。”奶奶王顾左右而言他，“男大当婚，女大当嫁嘛。”

“奶奶，你也向着他了。”丁香不情愿地撅起了嘴，开始撒娇了。

屋内响起一片欢笑。

地球上的唐汉已很少看到这样和谐的家庭生活场景，至多逢年过节或老人生日才有类似的聚会。地球上的人们，生活条件好了，就想自立门户，年轻人不愿意与长辈住在一起，现实，让老年人与天伦之乐渐行渐远。

地球上的人们，在自私的轨道上，疾速行驶，人性的光辉，逐渐湮灭在放大了的人类弱点之中。

晚餐的时候到了，丁爷爷怕唐汉不适应桃花源的饮食：“唐汉，不知桃花源的饭菜，是否适合你的口味？”

“很好，请爷爷放心。”唐汉的嘴还挺甜。

“那就好，你初来乍到，有什么问题，就及时说，不要客气。”丁爷爷很关心唐汉。晚餐很丰盛，也许是为了给唐汉、丁香接风的缘故。桃花源的米面要比地球上的好得多，蔬菜种类大同小异，鸡鸭鱼肉不乏其中。

“爷爷，你们太客气了，桃花源的食物比地球上的食物好多了。”唐汉说得是实在话。农药泛滥，抗生素过度使用，地球上人类的食物链已步入到一个恶性循环的怪圈之中。

“孩子，我们祖先从地球搬到北球后，生存条件大为改善。酱油、醋和腌制、风干、熏制食品都不食用了，更不要说化学提炼的味精。”

“酒类只有葡萄酒和米酒，”丁香也指着桌上的酒插话说，“葡萄酒是酒厂酿制的，米酒是各家各户自制的，有的放桂花，有的配枸杞子，用你们地球人的话说，就是完全的绿色食品。”丁香去地球的次数多了，已然成了地球通。

“丁爷爷、丁家奶奶，给你们添麻烦了，”唐汉端起面前的一碗米酒，站起来对两位老人恭敬地说，“我敬两位老人家，并祝你们幸福长寿！”

“谢谢了，唐汉，这里就是你的家，有什么困难，你就说出来，大家会帮你的。”两位老人慈祥地关照唐汉。

唐汉真诚地说：“我不会客气的。我已经把这里当成自己的家了。”

入夜，唐汉被安排在二楼的一个单间里休息。他躺在硬板床上，翻来覆去地睡不着，心想，难道我真能舍弃地球，融入桃花源，过着田园牧歌式的生活？

星星在窗外眨着眼睛，调皮而友好。

3. 田园牧歌

清晨，雄鸡报晓。

唐汉睁开眼睛，一缕金色的晨光透进房间。他翻身起床，看了看时间，是早晨 6 点 10 分；漱洗完毕后，正出门准备下楼，碰到了上楼来的丁香。

“唐汉，早上好！昨晚睡得还好吗？”丁香笑盈盈地说，此时的她，精力充沛。

“好，睡得真香！”唐汉说，“你也起得够早的。”

“桃花源的人都习惯早睡早起，年轻人晨读，老人晨练，农民晨耕……”

“一日之计在于晨嘛，你们的生活正是地球人早年的生活。可惜，现在地球上的人们，上床越来越晚，起床越来越迟，昼夜颠倒，生物钟都打乱了，还对夜生活津津乐道。”

两人来到餐厅，餐桌上摆满了鲜鱼羹、生鱼片、豆浆和菜汁玉米粥。丁爷爷、丁家奶奶已晨练结束，正在花园的木桌旁品茶。

“唐汉啊，过来喝杯茶。”丁爷爷看到了唐汉，热情地招呼他。

桃花源的茶与地球的茶已不尽相同了。陶制的杯子不太容易看出茶的颜色，唐汉能大概看出桃花源茶的成分：枸杞、虫草、锁阳和茶叶。另外一种丝状的植物，他不知道是什么。

“这茶真好喝，”唐汉接过丁爷爷泡好的茶，品了一口后，“爷爷，这种丝状的植物是什么呀？”

“灵芝的须，”丁爷爷说，“灵芝要在非常清洁的原始自然环境里，才能长出须来。”唐汉在地球上，经常看到地摊上有人摆着硕大的灵芝，向行人兜售，可就从来没听说过，灵芝会长须。

茶水里的枸杞红得耀眼，这些植物对人体很有益，锁阳和枸杞有延年益寿的功效。

唐汉知道关于枸杞，还有一段故事在四川一带广为流传呢。

故事中说，有一天，一路人看见路边一年轻女子，拿着扫帚追打一白发老头，路人很是生气，便上去劝架。

“老人家，您高寿了？”路人护住老人，关心地问。

“72 岁了。”老人颤抖地回答。

路人又转向年轻女子问道：“姑娘，你怎么可以欺负老人呢？你看他已这么大岁数了，追打老人，你于心何忍？”

“我打的就是他！不好好管教他，他还要上房揭瓦了。”年轻女子仍不肯罢休，“叫他每天吃红果子，他就是不听！”

“奶奶，您别打我了，我听您的话还不行吗？”老人求饶道。

路人一听此话，丈二和尚摸不着头脑：怎么小姑娘是老奶奶，头发花白的老人倒变成了孙子？真是大千世界，无奇不有。

“这位客官，我们这儿的红果子是长寿果，我这孙子不愿吃，才 70 多岁就头发白了，能不叫我生气吗？”年轻的奶奶说。

年轻的奶奶说的长寿果，就是地球人说的枸杞子……

桃花源的茶确实好喝，可这茶是不能白喝的。“唐汉，桃花源的人喜欢吟诗作赋，你能不能以这茶壶为题吟诗一首？”丁爷爷指了指桌子上的砂壶，对唐汉说。

丁家奶奶见唐汉面露难色，就解围说："你啊，现在的年轻人哪有那么多古诗词的底子呀。唐汉，借诗也可以。"

唐汉大学读的虽是工科，偏巧他平时喜欢读些古诗文，正所谓"熟读唐诗三百首，不会写诗也会吟"。他打量着土茶壶的形状，又品了口丁爷爷的好茶，瞬间文思泉涌，朗声吟诵：

腰圆肢扁土砂包，
才上红炉气便豪；
小物不堪成大器，
两三杯水作波涛。

这一下，引得丁爷爷频频点头，连称贴切。

丁家奶奶再带唐汉到花园的一块奇石旁，只见石头上刻满了汉字。丁家奶奶说："唐汉，这是丁爷爷的爷爷，当年天、南、北三球统一用英语时，因留恋汉字，在花园里留下的此汉字石刻。"

丁爷爷也跟了过来，忍不住抑扬顿挫地读出了声：

《于瑜与余欲渔遇雨》

于瑜欲渔，遇余于寓。语余："余欲渔于渝淤，与余渔于渝淤欤?"余语于瑜："余欲鬻玉，俞禹欲玉，余欲遇俞于俞寓。"

余与于瑜欲遇俞禹于俞寓。逾俞隅，欲鬻玉与俞，遇雨，雨逾俞宇。余语于瑜："余欲渔于渝淤，遇雨俞寓，雨逾俞宇，欲渔欤？鬻玉欤?"

于瑜与余御雨于俞寓，余鬻玉与俞禹。雨愈，余与于瑜逾俞宇，渔于渝淤。

该文的大意是：

于瑜想去钓鱼，到我家找我，对我说："我想去渝水的滩涂钓鱼，你和我去吗?"我说："我打算卖玉，俞禹想买我的玉，我得去他家。"

于是我同于瑜一同来到了俞禹家，见到了俞禹，想要把玉卖给他。这时天下起了雨，大雨漫过了禹家的房子。我对俞禹说，我本来打算去渝水的滩涂钓鱼，这会儿在你家遇上大雨，是该钓鱼还是卖玉呢？

于瑜和我在一起在俞家避雨，我把玉卖给了俞禹。等雨停了，我和于瑜慢慢走出俞禹的家，去渝水的滩涂钓鱼……

这是典型的，看识文意，听不达意的汉文。全文包括题目共用了126个同音字。唐汉觉得汉字是能将简单的事给弄复杂的，的确厉害。

吃过早饭，丁爷爷吩咐道："丁香，今天你去国佬那里，将唐汉的事报告一下，看看国佬怎么安排。"

"好的，"丁香答应道，"我尽量推荐唐汉到学校工作。"

丁爷爷接着转向唐汉和丁悦说："唐汉，你跟丁悦去熟悉一下农活，这是我们桃花源的立国之本，桃花源讲究传家耕与读。"

"丁悦，下午带唐汉到茶馆来品茶。"丁香的嫂子芸梦热情地说。芸梦在镇上经营一家茶馆，名叫芸梦茶馆。

丁悦将唐汉带到了花园旁的农田远程控制室。控制室里显示屏占据了一面墙体，实地景象和监测数据一目了然，控制按钮排布有序。

"也许这就是现代农业了。"唐汉感叹道。

丁悦介绍说："这里主要是了解现场情况，实施一些常规的田间远程控制。每天，我还要定时去现场巡察，处理非常规的人工操作。"

丁悦驾着飞船，带唐汉去巡视他管理的农田，然后在其农场的场部降落。农田的秸秆全在这里细化，然后发酵作为肥料施回到农田里。丁悦独自管理着这个有300多亩良田的农场，农忙时，爷爷、奶奶和父母都会来帮忙。

丁悦一年有150天的时间扎在农场里，所收获的粮食除去全家的口粮和必要的安全储备外，足够交换全家需要的其他生活必需品了。

临近中午，飞船停在了镇区中心芸梦茶馆的门前广场上。芸梦茶馆前的广场有一个足球场大，是镇上的主要活动场所。广场上有一个飞船停泊场和自行车停放场。

芸梦茶馆是一座三层楼的建筑，三楼可以住宿，下面两楼分别是餐厅和茶室。这里也是镇上居民聚会的好去处，甚至有大的宴请也可以安排在茶馆内；同时，它又是镇上的物流中心，小到针头线脑，大到飞船耕作机械，都通过芸梦茶馆进行流转。

丁悦和唐汉来到茶室时，茶室里大部分是老人，他们品茶论道，谈诗作画，显得其乐融融。

芸梦老远便看到了丁悦和唐汉，手举得高高的，示意到二楼去。芸梦茶馆后面有一个很大的花园，树木郁郁葱葱，绿茵茵的草地上开着绚丽的花朵，充满了田园诗意。

“唐汉，中午在这儿吃饭吧。”芸梦热情地招呼说。

“那我就恭敬不如从命了，谢谢嫂子！”

芸梦，中等个儿，圆脸庞，秀发飘逸，颈上饰有银色的项链，十字状的饰物佩在胸前，散发着自信和活力。

唐汉第一眼见到芸梦，就觉得有亲近感，特别是她那洋溢着纯真阳光的笑容。在唐汉看来，丁悦和芸梦，这对俊男俏女，正应了骆宾王“相怜相念倍相亲，一生一代一双人”的佳句。

桃花源人的午餐很简单，丁悦和唐汉很快吃完了。饭后，丁悦带唐汉来到了一楼的茶室，在几位熟悉的茶客旁坐下。丁悦将唐汉介绍给他们。芸梦则殷勤地奉上两杯清茶，一股清香散向四周。

“丁悦兄，最近可觅得什么妙语佳句，让小弟我开开眼界？”一个文质彬彬的青年人斯文地说。

“您客气了，”丁悦礼貌地接过话题，“今日倒是偶得新作，正想请诸位斧正。”

“哦，如果丁老弟肯赏脸的话，让我等一睹为快。”另一中年人笑道。

丁悦从包里取出一叠纸，小心地在茶桌上展开。唐汉很好奇，探头过去，几行俊秀飘逸的词句映入眼帘：

谁念西风独自凉，
萧萧黄叶闭疏窗。
沉思往事细思量，
杯酒莫惊春睡重。
赌书消得泼茶香，
当时只道是寻常。

待那文质彬彬的小青年摇头晃脑地将丁悦的新作吟诵一遍，立刻迎来满堂叫好声。接着，又见他展开另一页宣纸，是一篇词作，丁悦忍不住抢先读出了声：

相逢不语 一朵芙蓉著秋雨，
小晕红潮 斜溜鬟心只凤翘；
待将低唤 直为凝情恐人见，
欲诉衷肠 远处凭栏是红妆。

凭这一诗一词，为人谦和的丁悦和那位颇具才情的年轻人，动情演绎了一对初恋男女羞涩兴奋的会面场景。唐汉细细品味茶的清香，认真体会吟诗唱和的韵味，此中物质的感官和精神的洗礼，不觉让他融入到一个向往已久的美好世界。

当晚，丁爷爷问唐汉："你走马观花，应该对桃花源有初步的印象了吧？"

"名副其实，"唐汉真诚相告，"这是我梦想的地方。"

"你喜欢，爷爷就放心了。"爷爷为丁香担心，生怕唐汉在桃花源待不长，散了这对鸳鸯。

"唐汉，桃花源的国佬同意你到桃花源大学工作了。"丁香急切地想将唐汉未来的工作安排告诉他。

"真的？"唐汉瞪大一双明亮的眼睛，吃惊地看着丁香。

丁奶奶、丁香的父母及丁悦夫妇，也对唐汉表示了由衷的欢迎，对国佬的安排也感到满意。

唐汉感谢这一家人的热情和善意，自己只身来到一个陌生的星球，真要融入进去，终究还有些走的牵挂，留的困惑，一时竟不知如何回答是好。

4. 雨打桃花

黄昏，夕阳唱晚，霞光染红了远处的山峦。

丁香约上唐汉，双双骑上自行车，奔驰向田野。两人在金色霞光里的剪影，充满了青春的韵律。

“唐汉，还有几天，就是桃花源一年一度的自行车比赛，你可有兴趣参加？”

前面不远处就是一个大转弯，唐汉反而加速，在转弯处一个侧身，后轮急刹车，来了个漂亮的自行车漂移，顺势将车横在了丁香的前面。丁香见状，只好用力刹车，才避免了两车相撞。

“怎么比法？”唐汉停住车后才问。

“自行车100公里速度赛、一公里倒骑自行车速度赛、50米慢速赛，”丁香答，“花式自行车赛有颠车、空中翻跃、男女双人自行车表演赛等。”

“我可以参加花式自行车赛。”

“好啊，刚才你的那个动作就很棒。”

地球上有汽车，汽车的飘移是很流行的专业动作，而自行车运动爱好者就是模仿汽车漂移的动作，搞自行车人为甩尾。北球上没有汽车，所以没人会想到自行车的漂移动作。

“如果双人自行车来这个动作，还要有女伴的亮翅舞蹈动作，难度就会大些，”唐汉说，“我们一起参加男女双人赛如何？”

“好啊。我将一些常用的动作做给你看，你骑稳了，配合我的动作。”丁香将自己的自行车停在一边，站到唐汉自行车的后座上，做了好多动作，风格近似民族舞蹈。

唐汉受到了启发。他想结合地球上的水上芭蕾、冰上双人滑、艺术体操、杂技等动作，编一套男女双人自行车花式动作。

丁香是一个悟性很高的姑娘，身体动作十分协调。她在唐汉的身后像一只轻快的燕子，迅速变换着身姿。

“好，就这样。有你配合我自信多了！”唐汉兴奋地说。

丁香也说：“我相信我们会成功的！”

不多日，适逢桃花源的情人节。桃花源的年轻人喜欢在这一天以车会友，没有男朋友或女朋友的年轻人通过男子项目或女子项目比赛，增加彼此了解与交往，恋人或男女朋友则多半参加男女混合项目。

这次情人节的山地自行车比赛分为五种：第一种是最原始的泥地竞速比赛；第二种是利用泥土做成的坡度进行跳跃花式比赛；第三种是利用模仿街道

障碍的道具场地进行比赛；第四种是在半管道场地里进行跳跃花式比赛；第五种是在指定的平地里利用山地车做各种平衡滑行的动作进行比赛。

唐汉与丁香参加了平地花式山地车比赛。唐汉将山地车的前后轮都装上了可供脚踩的“火箭筒”，车把可以360度转动。

轮到唐汉和丁香出场，他们先做了个车上静平衡造型，然后丁香一只脚踩后轮的“火箭筒”，一只手搭在唐汉的肩上，成就了个非常舒展的亮相，再然后是唐汉一个后轮点地跳和前轮点地跳，最后丁香来了个擦轮、定车、过桥，两人合力完成了花式新颖、难度较高的山地车漂移，令全场掌声雷动，一阵叫好。

丁悦、芸梦也来为丁香和唐汉助威。“我看这两人是很般配的一对。”芸梦笑呵呵地对丁悦说。

“就是不知唐汉的文采怎样，如果文武双全，也就不会委屈了妹妹。”丁悦说。

“我看唐汉的文采不差，下个月刚好是赛诗节，到时候有他用武之地呢。”芸梦很欣赏唐汉这个小伙子，私心里总想成全小姑子与他的这段姻缘。

赛车项目刚一结束，丁香陪同唐汉去紫霞峰转转。

走了不远，天上不觉下起了濛濛细雨，路边的桃花被雨水浸润，煞是妖娆。两人沿山路进入紫霞峰，远远地，就听得有一男一女正在对对联。

小伙子先出上联：有客打床惊我梦。

姑娘立即相对：无人伴寝度春宵。

小伙子一听，有意思，看着眼前的竹林，又时值情人节，不由灵机一动：绿竹无心空过节。

姑娘内心佩服小伙子的灵气，她自己也不是等闲之辈，这哪能难得了她：黄花有意候重阳。

小伙子顿时眉飞色舞，步步紧逼：林密山深，叫樵夫如何下手。

姑娘大概知道小伙子不是个善茬，开始欲擒故纵：滩凶水涌，请渔郎不必问津。

小伙子觉得此花有刺，可他花心不死，再出了一联：园内好花，蝴蝶无心亦欲采。

姑娘闻此淫词，勃然大怒：画中佳果，猿猴有意却难寻。

姑娘将小伙子贬作猿猴，算是解气，哪料小伙子仍是不肯罢休：天寒地冻，今晚定能成霜。

姑娘镇定自若地予以还击：月冷星稀，此夕断然无雨。

小伙子有些怨恨了：竹本无心，何生枝节。

面对小伙子的质问，姑娘反倒心平气和起来：莲虽有窍，不染污泥。

唐汉听罢，忍不住笑出了声。尽管这两人是棋逢对手，诗才了得，却也是落花有意，流水无情。原来在桃花源，男女调情也能如此有意趣，一不留神就出个诗圣诗仙什么的，让人惊叹。

“嗨，你捏疼我了啦！”丁香突然叫起来，连忙将手从唐汉的手中抽走。

听到丁香的叫声，唐汉这才意识到，自己将丁香的手握得很紧很紧，好像稍有懈怠，身边心仪的姑娘就可能溜走似的。

“对不起，丁香，怪我粗手粗脚的。”唐汉慌忙说，“来，我帮你揉揉。”

“算了吧，对美女不知轻重，哼，莲虽有窍，不染污泥。”丁香倒将姑娘的对联借了过来。

“俏女横眉，唐郎痴情未曾得手。”

“去你的。”

林子里传出一阵银铃般的欢笑，接着是急促的呼吸声。

日子过得飞快，转眼就到了“赛诗节”。

桃花源的“赛诗节”，天球和南球也派代表前来参加。不过，吟诗作赋，历来是北球桃花源的强项。桃花源的所有诗社，在之前就开始了层层选拔。唐汉作为地球的代表，得以直接入围。丁悦也一路过关斩将，最后成为代表桃花源正式参赛的七名诗人之一。

唐汉知道诗词歌赋，是农业文明的产物，唐诗宋词元曲各标志着中国诗、词、曲处于艺术高峰的朝代，尤其是唐诗，乃中国诗坛的珠峰，可谓前无古人，后无来者；光现今流存下来的唐诗，就有 55 000 多首，涉及作者 3 600 多人。

甚至有人认为，古代的中国人多把想象放到诗词里，其中的不少佳句暗含预见，譬如“不尽长江滚滚来”，就准确预见了今日长江时有泛滥；“海内存知己，天涯若比邻”，则气度开阔，预测了当今手机、视频、因特网等通讯工具的横空出世；“前不见古人，后不见来者。念天地之悠悠，独怆然而涕下！”这悲壮的场景不正是对地球末日的真实写照；“走马西来欲到天，辞家见月两回圆，今夜不知何处宿，平沙万里绝人烟。”却绝对是在描写地球灾难来临之前，人们聚集罗布泊等待玛雅国飞船的焦灼心情……

这次赛诗节的总负责仍然是丁爷爷。

芸梦和丁香到达会场时，赛诗会已近尾声，大会在进行颁奖仪式。等大会主持嘉宾即将宣布第一名的获奖者时，全场霎时鸦鹊无声，参赛者都屏住呼吸，不知这最后的幸运儿会是谁。

“我宣布，本届桃花源赛诗会第一名的获得者，是来自地球诗人的作品，其汉语作者为陶渊明先生，英语译者为唐汉先生，作品名称为《桃花源》。”

大会主持嘉宾话音刚落，主席台上方的大屏幕上，立时出现了获奖诗作的英文版：

嬴氏乱天纪，贤者避其世。
黄绮之商山，伊人亦云逝。
往迹浸复湮，来径遂芜废。
相命肆农耕，日入从所憩。
桑竹垂余荫，菽稷随时艺。
春蚕收长丝，秋熟靡王税。
荒路暧交通，鸡犬互鸣吠。
俎豆犹古法，衣裳无新制。
童孺纵行歌，斑白欢游诣。
草荣识节和，木衰知风厉。
虽无纪历志，四时自成岁。
怡然有余乐，于何劳智慧。
奇踪隐五百，一朝敞神界。
淳薄既异源，旋复还幽蔽。
借问游方士，焉测尘嚣外。
愿言蹑清风，高举寻吾契。

会场里响起了雷鸣般的掌声。

唐汉激动地登上领奖台，颁奖嘉宾与他握手，表示祝贺。当唐汉快离开主席台时，一位美丽的姑娘手捧鲜花，上前庆贺。不是别人，正是丁香，他的格桑梅朵！唐汉简直不敢相信自己的眼睛，顺势和丁香久久相拥。

“你把陶渊明的《桃花源》翻译得太好了，真是难得！”在两人离开主席台的时候，丁香动情地夸奖唐汉。

唐汉说：“不，是这里的山水给了我灵感。要真说好，也是陶渊明的原诗写得好，那么大气磅礴，细致入微，一派田园牧歌的美妙景象，怎不令人陶醉！”

丁香趁唐汉不注意的时候，向唐汉送上了一个深情的吻。

这是丁香颁给唐汉的鼓励奖。

5. 小 木 屋

这天，唐汉在花园里陪伴丁爷爷喝茶聊天。

“唐汉，这么多天了，你对桃花源熟悉了吧？”

“嗯，日子过得真快，我很喜欢桃花源，它比我想象的还要好。”

“你愿意在桃花源长期生活了？”

“是的，我要和丁香在一起，一辈子。”

“既然是这样，爷爷就不和你见外了。”

“爷爷，你有什么话就直说好了。”

“唐汉，桃花源的男人，最早的时候，都是自己挑门头过日子的。现在是大家庭合在一起过，因此很少有人搭建房子了。你的情况有所不同，即使这样，也不能坏了这老辈儿人传下来的规矩，说什么你也要自己搭建房子，自立门头，不能委屈了丁香，你说是不是？”

“爷爷，你放心。我唐汉也是个男人，在没搭建好房子之前，决不娶丁香。”唐汉心想，做人不能只知道男欢女爱、卿卿我我，是个爷们，就要给“爱情”一个安心之地。

“呵呵，有志气，丁香没看错人。唐汉，今天我就把话说透了，桃花源每户的住房大体上要考虑未来四世同堂，也就是四代八九个人的起居，基本是500平方米左右，占地两至三亩，土地可以到桃花源国佬那里去申请，这个事，我已帮你办好了，剩下的就是搭建的事了。”

“谢谢爷爷，搭建房子的事我来做，这个不难。”没想到丁爷爷这么热心，唐汉感觉到了隔代的爱了。

“按说，建一个木屋，也不是难事，只是你到桃花源不久，还缺乏经济基础，我是担心你的财力。”

“爷爷，我有些积蓄了，再找几个朋友凑一凑，也就八九不离十了。”

“行，你这么说爷爷就放心了。有什么难处，你言语一声，可别跟爷爷见外啊。”

唐汉凭着男人的知觉，预知了自己的责任，对这件事早有盘算。晚饭过后，丁香把唐汉叫到没人的地方，问他：“白天爷爷和你说什么了？”

“关于建房的事情吧，我们要有一个独立的爱巢。”唐汉说，“没有梧桐树，哪来金凤凰？”

“是的，这是桃花源祖辈传下来的规矩，女儿嫁人后，不能住在娘家。”丁香将头靠在唐汉的肩上，“不要愁，我有些积蓄，天使行动组织还给了我不少补贴，加上你的积蓄，应该差不多了。”

唐汉听了丁香的话，心里也有了底。

“我们建好木屋后，就可以结婚了。”唐汉很实际，建木屋的目的就是为了娶丁香。

“桃花源的婚姻，可没有地球上那么简单，到时候你就知道了。”

“丁香，我们结婚后，你准备要几个小孩？”

丁香不由脸红起来，娇嗔道：“我只要两个人，永远的二人世界。”

唐汉说：“嗬，你怎么也学起地球人来了！如今的地球上的丁克家庭，就不要小孩。”

“和你开玩笑的，桃花源的年轻夫妻，一般是生育两个小孩，也有三个的。”

一对夫妻生育两个小孩，也是合理的。唐汉希望能多生几个，他的亲眷都在地球上，他不想让自己的后代，有过多的孤单。

唐汉和丁香开始研究小木屋的设计，他们建房的土地是在居住区的最外围，由桃花源国佬为唐汉这位新移民特批的。唐汉去看土地时，丁悦陪同前往。他们从居住区的主干道进入一条支路，在支路的旁边就见到唐汉的建房用地了。土地是早已规划好了的，不需要平整。一条小河从土地的外围流过，维系着众多的住户。

“这条河是在花园的后面，每家都有一个小码头。”丁悦介绍说。

桃花源的住房大都临水而建，和中国的依山傍水的理念相类似，同时又考虑到交通的便利。中国的水乡多是河道纵横连百家，村村通水路，家家有船坞。桃花源的祖先来自中国的水乡，保留了这个传统。

“这里是污水接口。”丁悦指着河边的一根管道，告诉唐汉。

其实，这些在桃花源市政部门提供的地形图上已有标注。即便是这样，唐汉认为现场考察也是有必要的，他需要第一手资料。他回到丁香的家后，开始了木屋的总体布局的设计。

桃花源的分工是很细的，因此唐汉和丁香采取模块化的设计就可以了，这样不需要很长的时间。

桃花源的居所之间是看不到地球上常见的蜘蛛网似的线路，因为这里的建筑设计倡导独立供电、供水、供气，分级处理污水，并大量采用无线技术。在桃花源，永远没有道路堵塞、大面积停电和停水的现象。

唐汉在设计时首先要考虑发电系统。

“我们这里的家庭发电系统主要采用风能和太阳能，太阳能很符合人类的生活习惯，日出而作，日落而息。人们的活动是围绕太阳起落的特点安排的，而风能主要起补充作用，譬如晚上和阴天时。”丁香提示道。

“风能冲击大、不稳定，是辅助能源。发电主要还是靠太阳能，丁香，你计算一下蓄电池选择的容量。”

“好的，沼气发生池交给你计算了。”

桃花源的住宅每户都有沼气发生池，沼气发生池，既可以处理污物，又可以解决燃气供热的问题。

这些关键的设计与布局，要做到科学合理，可不是一件容易的事。唐汉将《桃花源人体消耗排出数据手册》翻阅了好多遍，这是小木屋细节设计的主要依据。手册上消耗一栏罗列的数据，让他吓一跳：

婴儿从出生到两岁半，消耗掉的“尿不湿”的数量约为 3 800 片……

人的一生，大约吃掉 4 头牛、21 只羊、15 头猪、1 200 只鸡、13 345 个鸡蛋、

4 283 只面包、5 272 只苹果、10 866 根胡萝卜……

人的一生大约洗 7 163 次澡、消耗肥皂 656 块、洗发液 198 瓶、牙膏 276 支、牙刷 148 把。女性大约消耗，香水 67 瓶、防晒霜 34 瓶、卫生巾 11 000 多个……

唐汉又急忙翻到排出一栏，手册给出的数据是：人的一生虽需吃下 50 多吨食物，却只排出 2 685 公斤的物质。多余的部分都让人体给吸收了，转化为热能。可见人体的排泄物可供沼气池处理的，只占其原料的很小部分。稳定的沼气来源，还得靠其他物质的转换予以保障。

同时，盖房子就得打地基，桃花源住宅的地基并非地球人在城市常见的打钢管或水泥桩，也并非在农村常见的砌砖块或石块。因为桃花源是不采矿的，更不会去开采石场，也许他们害怕改变地质结构从而引发地震。那里的地基一般是由河床里搬运过来的石块垒成的。这时，住宅旁边的小河便起了作用，河滩上有大量的天然石块，只要通过挑选，就可以得到做地基用的石块；船只通过小河，将石块运送到，木屋的建设工地。

木屋的地基需要的石头解决了，可地基的胶粘剂哪里来呢？地球上用水泥、石灰砂浆等，桃花源却依旧采用古老的方法，以动物血、骨等蛋白质胶粘剂及小米粥之类混合而成。这是一个要合众人之力的事情，好在桃花源有邻里相帮的淳朴民风，一家有事，邻里相助。

这样没用多久，一座小木屋的基础就打好了，并且百分之百环保。

“唐汉，你真行！”丁爷爷时常过来关心唐汉的工程，见到木屋的基础很快就建好了，非常高兴。

唐汉谦虚地问：“接下来就是选木料了，爷爷，你有什么建议？”

“这个可有讲究了，风吹雨打，百年不朽，须选上乘之料啊。”

“地球上有红木、楠木、柚木，不需要油漆，其木质自身树脂较多，就具备了防腐的性能。松木也有树脂，只是材质差了一些。不知北球上，有什么适合的木材？”

“建木、若木，它们都是上乘之选。”

“建木、若木？地球上将其称为神木，世上真有其木？”

“那是自然的，只不过在北球也很稀缺，你明天去木材场看看，那里有加工好的木材，如果材质不理想，也可以用桐油涂刷，照样防腐。”

早些年，桃花源搭建房屋，木材得自己去林区采伐，现在分工细了，只要将图纸交给木材场，他们会按图加工好，只要运过来安装就行了。

找木材场采伐和加工是需要报酬的。桃花源的交换有以物易物的，也有以工代粮的，最普遍的方式是以粮券流通，农民将粮食出售给粮食收购部门，他们会给相应的粮券，粮券是桃花源的货币。其他物品也会形成与粮食的换算关系，工资也是发粮券的。

桃花源的木材场位于工业区内。工业区离居住区有 20 公里的路程，骑自行车约需一个多小时，而相对飞船，这点距离就不是问题了。

桃花源的物流有一个特点，就是货物尽可能堆放在河边，靠船来装载，从而借助河流来完成货物的运输。工业区的工厂都有自己的码头，就像中国早些年大部分工厂都有自己的铁路专运线一样，因为那时公路建设尚不完备。而桃花源几乎没有公路运输，水运是主要途径。

木材场占地面积很大，这里没有强制干燥，全部采用自然风干，这就需要有较大的堆场。木材场还下辖有制材、家具等工厂。工厂的耗电并非像家庭那样，其用电量还是挺大的。

这方面，丁香自然比唐汉了解得清楚些：“桃花源市政管理部门的办公用电，都是由自己建筑物上的太阳能供电系统供给的，工厂的生产用电主要依靠工业区的太阳能和风能发电厂供应，太阳能发电厂离工厂很近，风能就没有办法，只能建在风场里。”

不使用化石能源是非常值得称道的。唐汉知道，地球上每用一度电，输送过程中往往得消耗两度电。桃花源对水电也不感兴趣，认为那样会破坏自然，断绝生物的回游路径。

唐汉将木屋的加工图纸交给了木材场。他没要名贵木材，而是选择了适用的普通木材，这样既不影响用途，又可以降低造价。

唐汉面临的主要问题是支付木材场的报酬：他只在桃花源大学当了不到两年助教，有一些积蓄，就算再加上丁香的，应对木材的费用倒是够了，可家庭太阳能系统、风能系统等设备得从玛雅国进口，这些同样需要支付粮券，哪里来？丁香的天使行动补贴，可以解决一些问题，可还是有缺口。

“场长，我老家不是桃花源的，我的储蓄很有限，你看这木材和木材加工费能否变通为其他方式加以解决?”唐汉找木材场的头儿商量道。

“你的情况，我清楚，你是地球人，这里已几十年没人搭建住房了，我钦佩你的自立精神，”木材场场长想了想说，“你看这样行不行，国佬交给我们木材场一个课题，要我们研制新一代节能环保木屋，用于更换进入改造期的木屋。这件事你们学校知道，前几天我还专程去那里请教过的。我想这个方案的设计任务，就交给丁香和你来完成，将来你们的设计方案获得通过，设计费就可以与这些木材和加工费冲抵了，你觉得如何?”

“好啊，谢谢场长对我的关照。”唐汉欣然接受，同时亲身体会到了桃花源易货贸易的好处：只要你对别人有用，你就能在这个社会上生存下去。

唐汉接受任务的底气，一半来自丁香的专业知识和全力相助另一半是自己两年的工作经验。两人马上投入到新一代木屋的方案设计中，可惜，他们是无法享用了，因为他们的木屋已在按计划建造中。

“唐汉，地球人喜欢木屋吗?”

“当然喜欢，其实木屋也是地球人在进化过程中的第一个家。之前，他们是住石洞的；走出石洞后，他们搭建的第一个家园所用的材料，几乎都是木材。”

“那你是如何看待木结构房屋的?”丁香继续问。

唐汉又答道：“地球上建造房屋使用的材料主要有四种，即钢材、水泥、塑料和木材。在这些材料中，只有木材是可再生的，还能够循环利用，是环境友好型的材料。”

“是的，木结构的墙体和屋架由木质规格材料和木质结构覆面板组成，150毫米厚的木结构墙体，其保温能力相当于610毫米厚的砖墙，可以节能50%—70%，提高得房率5.7%。”

“木材在能耗、温室气体、空气和水污染，以及生态资源开采等方面，其环保性能远优于砖混结构和钢结构；而且木材为天然材料，绿色无污染，不会对居住者造成伤害，材料透气性又好，易于保持室内空气清新及湿度均衡。”

木材相对其他材料还有极强的韧性，加上面板结构体系，使其对于冲击荷载及周期性疲劳破坏有较强的抵抗力，具有最佳的抗震性。木结构在各种极端的负荷条件下，均表现出优异的稳定性和结构的完整性，特别在易于受到飓风影响的热带地区以及受到破坏性地震袭击的地区，其表现尤为突出。

事实上，木结构的耐火能力远比人们想象的要好得多。轻型木结构中石膏板对木构件的覆盖，以及重木结构中大尺寸木构件遇火形成的碳化层，均能保护木构件，并保持其结构强度和完整性。

另外，木材的低密度和多孔结构，以及隔音墙体和楼板系统，使木结构也适用于有隔音要求的建筑物，创造静谧的生活和工作空间。木材自身还具备吸收和释放湿气的作用，能够缓和室内湿度的变化，透气性与保温性极佳的板材结构给人一种清爽、舒适的宜人感觉。

唐汉和丁香的新一代木屋设计方案获得了认可，其设计方案在节能、耐用和防火性能方面，较以往有了很大提高。

而他们自已的爱巢，也同时竣工了。

6. 野　合

“唐汉啊，你来桃花源有不少日子了，现在木屋也建好了，你和丁香的婚姻大事是怎么考虑的?”丁家奶奶见唐汉一人在花园里想心事，就走过去问道。

“奶奶，我积攒好聘礼，就娶丁香。”

“好孩子，聘礼也不需要太讲究，毕竟你的情况特别，奶奶问你一件事情，你可要如实告诉我。”

“奶奶，请你相信，唐汉是一个诚实的人。”

“奶奶问你，你是真心爱丁香吗?”

“是的，执子之手，与之偕老。”

“想和她结婚吗?”

“想，不怕奶奶笑话，晚上做梦也想。”

“好，真是个实在的孩子，那奶奶就给你说说桃花源的规矩。”

“我会认真听您说的，我也很想知道。”

“那我就多费些口舌，给你说说这桃花源的男女之事。”丁家奶奶开始讲述她所知道的桃花源的婚姻形式，“桃花源人在混沌之时，尚未建立人伦，与劣兽无异，凡是男女皆可交合，结果怪胎频现，族群衰败。后来，桃花源的人们开始实行同辈血缘交合，排除了母子、父女等越辈交合的情形，建立了初步的人伦。即使这样，问题远未解决，譬如近亲交合，导致后代弱智频发。人们发现异族交合，对后代有好处，进而排除了兄弟姐妹间的交合。大概是300年前，桃花源只允许族外交合，不过这时的桃花源，还处于群婚状态……”

“什么是群婚啊？”唐汉问道。

“就是男女没有固定的交合对象，只要在族规范围内，你情我愿，就可以交合。交合产生的小孩由女人领养，舅舅负责抚养姐妹的小孩。那时人们只知母亲，不知父亲。一直到我祖外婆那一代，开始采取夜合晨离的‘走婚’形式，男不娶，女不嫁，男女双方各自在母系大家庭中生活劳动，男子夜晚到女家过夜，白天回到母家，所生子女由母亲抚养，父亲不抚养孩子，父亲抚养的是自己的外甥。一旦男女双方感情不合，就可以自行了断，不再‘走婚’……”

唐汉估计，丁奶奶的祖外婆那一代尚处于母系社会，实行外婆负责制。

“我外婆那时实行的是对偶婚，所谓的对偶婚，就是一个丈夫有多个妻子，但有一个主妻；一个妻子有多个丈夫，但有一个‘主夫’。等到我做姑娘时，桃花源终于迎来男女平等、一夫一妻的时代，也可以说是从母系社会向父系社会过渡的时期。我们的族规已要求配偶之间，应处于相对稳定的状态。”

“奶奶，我觉得桃花源现在的婚姻状态就很好，男女平等，人伦纲常都有了。”

“孩子，你有所不知，桃花源讲究天人合一，年轻人的婚姻也要遵循先人这一遗训。”

“什么叫天人合一？”唐汉有所不解。

丁奶奶说：“就是在形成婚姻之前，要举行问天地的仪式，测试婚姻是否合乎天人合一的要义。”

对于“测婚”，唐汉还是第一次听说。“这怎么测呢?”他似乎有些懵里懵懂，不甚明白。

“到时候你就知道了。听说中国流行正式结婚前举行订婚仪式的，这个仪式在桃花源就相当于‘测婚’。”丁奶奶最后说道。

是晚，唐汉与丁香单独在一起，他将自己的疑问和担心告诉了他的格桑梅朵:“据说桃花源在男女婚姻之前,还要测婚。但如果一对伴侣相亲相爱,测婚却通不过,岂不要变成棒打鸳鸯了?”

“这只是一种仪式,就像地球上基督徒的婚姻,在教堂里由牧师主持,然后宣誓,可事实上牧师也清楚,并非所有人的誓言都能恪守的……唐汉,你是真担心我俩万一通不过测婚怎么办,是吧?”

“嗯,是的。”

“其实呢,我俩早已测试过了。”丁香说这话的时候,有些羞涩。

“什么时候?我怎么不知道……”唐汉一时没反应过来。

“呵呵,你忘记将巴大师和八瓣格桑花了?”

“对啊,我怎么将这件事情给忘了,八瓣格桑花会给我们带来好运的,你就是我的格桑梅朵!”

提起八瓣格桑花,唐汉和丁香沉浸在幸福的回忆之中,那里有飘扬的“风马旗”,那里有他们蒙眬的恋情。

北球有自己的规矩,既然唐汉与丁香你情我愿,丁家爷爷和奶奶很快将测婚的日子定了下来。

这一天,丁家爷爷和奶奶,在紫霞山顶的石凳上并排而坐,桃花源的国佬也应邀出席,其他人按辈分亲疏,分列左右,唐汉和丁香就站立在丁家爷爷、奶奶的身后。

时辰已到,族长宣布“问天仪式”开始。他口中念念有词,突然两手高举,仰首而立,旁边的鼓手见状,一齐擂鼓,鼓声响彻山野。随着鼓声响起,两边的山峰上燃起了青烟。

如果两边的青烟在空中合二为一,说明上苍同意“测婚”者缔结婚约;如果两边的青烟分而不合,则预示当事男女不宜结婚,或应另择吉日,再行问天。

唐汉和丁香在众人的祈福声中,耐心期待奇迹的出现。

但见两边的青烟先是直立而行,接着逐渐接近,最后在半空中缓慢而神奇地合为一体。紫霞之巅,响起了雷鸣般的鼓声。唐汉和丁香热情相拥,他们的婚约符合天意。

接下来还得举行问地仪式。

族长双手相合,双目微睁,口若悬河。待他全身匍匐,五体投地,鼓声再次响起，两边的山峰上同时滚落一只石质磨盘。只见两只磨盘各自滚过沟沟坎坎，双方的距离时近时远。如果磨盘最终能两盘相扣，则说明地也同意；如果两盘不能相扣，当事男女也可以结婚，不过可能预示前途不顺。

唐汉和丁香目不转睛地看着两只磨盘时快时慢，时远时近，汗都出来了。就在这磨盘到达“紫霞峰”的山脚时，嘿，真是如有神助，它们竟像着了魔力似的，两盘紧扣，戛然而止。

山上山下，一片欢呼。

是的，一次测婚，两烟相合，已属不易；同时再两盘相扣，更为罕见。唐汉和丁香不觉热泪盈眶，他们都想起了八瓣格桑花的故事，也想起了将巴高僧的诚挚祝福。

然而，测婚的顺利通过，并不意味可以立即举行婚礼。桃花源的规矩是，要通过森林里一星期的“野合”后，才能正式成婚。这有点像地球上的生存考验，桃花源的人认为天人合一，要汲取天地之精华，才能孕育灵秀之生命。

第二天日出之前，丁悦驾驶着飞船，在家人的目送中，载着唐汉和丁香飞向森林深处。

唐汉手执弓箭，肩挎箭袋，丁香背一只50升的双肩包，黑虎也跟随主人同行。这既是桃花源的婚俗，也是勇敢者的游戏，因为在原始森林里，经常有野兽出没，包括各种预想不到的险阻。

传说能从更远的森林走出来，婚后的生活会更幸福。当事男女被投掷的距离通常在30至50公里之间，这次唐汉和丁香要了110公里。在距桃花源居住区120公里处，丁悦将唐汉、丁香及黑虎投掷到了森林里。当两位新人离开飞船的时候，丁悦还把自己随身携带的一把匕首赠予了唐汉，他送给妹妹丁香的礼物，是一个祝福的拥抱。

丁香一进入森林就有一种莫名的兴奋。参天的大树，绿阴蔽日，乔木、灌木和藤蔓割据空间，柔弱的小草紧偎着大地，不时有松鼠从这棵树的树枝跳到另一棵树上，鸟鸣时常刺破森林的幽静。

唐汉和丁香穿行在森林里，黑虎紧随其后。

远处传来轰鸣的声音，丁香很熟悉这种声音。“走，那边有瀑布。”她说。

两人牵着手，顺着声音向瀑布走去。黑虎紧紧跟随着主人，也许它意识到自己此行的任务。

水声越来越响，眼前豁然开朗，一条银练当空舞，万粒珍珠满天飞。瀑布直入深潭，潭边细沙环绕，巨石兀立。阳光穿过瀑布，闪耀出美丽的彩虹。

丁香将双肩包往沙滩上一丢，脱去徒步鞋，一个猛子扎向水潭。唐汉见状，也登上一块巨石，跃向深潭。

烈日当空，骄阳似火。劳累了一上午的唐汉，依靠着一棵大树，不知不觉就睡着了。丁香走过来依偎着他，不久口里发出梦呓。蒙眬之中，唐汉感觉到了黑虎的吼声。他睁开双眼，不禁大吃一惊，原来是一只大熊，立在远处。唐汉一把抱起丁香，向后跳出五米开外。

丁香一下子惊醒过来，她看到面前的大熊时，不仅没有恐惧，反而笑出了声。熊的个头赛过一头成年的牛，桃花源的人们都知道它是熊群的头领，人们都称它为熊哥。

熊哥见丁香醒来，连忙跪在地上叩头。丁香不知何意，熊哥就调转身子卧伏在唐汉的胯下，轻声地叫着，似乎在示意让他们来骑它。

“可能是熊群遇到了困难，需要我们去帮助它们。”丁香说。

唐汉见熊哥的眼里流淌着泪，充满了哀求，就背弓拿箭，怀抱丁香骑上了熊哥的脊背。黑虎也从主人的神态里看出，面前的熊，不是敌人。

大概走了两个多小时，唐汉和丁香来到一棵高约十丈的古树面前，隐隐约约听到远处传来的熊群的哀号。

在前面不远处，一头棕色的巨兽，正张开血盆大口，发出如雷的吼声。它看见唐汉和丁香，竟舍弃熊群，四蹄腾空地径直朝他们狂奔过来。

“山魈！”

丁香大喊一声，唐汉赶紧拨转熊头，避其锋芒，说话间“玄寒宝弓”已在手中，随时可以开弓放箭。黑虎也跟随过来，向山魈发出警告。

山魈是罴，又叫人熊，毛呈棕褐色，善爬树游水，是陆地上体形第二大的食肉动物，体重最高可达800公斤。桃花源人习惯将罴称作山魈。

“丁香，你到一边去，我来对付山魈！”

“你千万要小心！”

丁香离开后，唐汉可以集中精力对付山魈了。他与山魈打了一个照面，看清楚这是个五官姿态像人，毛色黄白，脖子又粗又长，后肢健壮高大，膘肥体壮，皮糙肉厚的家伙。他力大无穷，顺手将一棵挡在眼前的大树连根拔起，朝唐汉及熊哥猛扑过来。唐汉不敢怠慢，向左一闪，躲到了一块巨石旁。他知道以自己的力量，是绝难取胜对方的，只有逢强智取，遇弱活擒。

丁香知道，在桃花源的狩猎史中，猎杀山魈的记录只有一次。那还是丁香爷爷的爷爷所为。山魈喜欢以千年大树的树洞为穴，吃饱了就坐在其中。那日，丁香的祖爷爷带了一帮猎人在山中狩猎，突然发现了一头山魈躲在树洞里睡觉，猎人们就从树洞处投入木块。山魈蠢笨，见有木块落下，它便用掌去接，然后垫在自己的屁股底下；随着木块越投越多，山魈也越坐越高，一直到与树洞口平行的位置。猎人们瞅准机会，用刀砍山魈的头部，加之从古树的缝隙中以矛攒刺之，倾众人之力，方将这头以人为食、凶狠残忍的怪物击毙。

这次，唐汉是单打独斗，情况完全不同，他稍不留神出了岔子，就会把性命搭进去。他一边躲闪着，一边谋划猎取的方法。

山魈的几次进攻，都被唐汉一一化解，这显然激怒了山魈。山魈催动它那硕大的身躯，开始了新一轮的攻击。这一回，唐汉没有了招架的意思，索性向前窜逃，山魈不知是计，奋力直追。

山魈离唐汉越来越近，就在还有一尾之地的时候，唐汉反手搭弓射出一箭。这一箭，不偏不倚，不歪不斜，正中山魈的左眼。

在山魈就要得手之际，瞬间变成了独眼，巨大的惯性和难忍的疼痛，催使它速度不减反增。

唐汉用脚猛踢胯下的熊哥，熊哥拼命窜向前方。就在熊哥腾起之时，唐汉凌空跃起，手持一支利箭，奋力刺向山魈的右眼。尽管一矢中的，可就在这时，人立而起的山魈也一掌拍向了唐汉。

唐汉只觉得眼前一黑，大骇之际不及细想，横着身子避让，斜刺里被一股力量拖拽到一边，侥幸躲过了这风雷一击。

啊，是飞身跃起的黑虎，从空中向主人使出援手！

尽管唐汉被黑虎拖拽而去，躲过山魈的一击，但山魈的利爪，像刀刃般地从他背上掠过，一道长长的口子瞬间生成，接着又被摔出了一丈开外。

就在唐汉着地的一刹那，就听得一声闷响，双眼全瞎的山魈也被自己巨大的惯性摔了个倒栽葱。山魈负痛大声吼叫，开始不分东南西北地乱窜，随即是一棵棵的参天大树，被它无缘无故地撞倒，好像满世界都是对手，但对手究竟在哪里，它已看不见了。

丁香急奔过来，将受伤的唐汉抱在怀里，眼泪直流。她为唐汉包扎伤口，尽管是皮肉伤，还是疼得唐汉额头上滚出了豆大的汗珠。唐汉一手紧握着丁悦给他的匕首，以防山魈的再次攻击。

太阳渐渐西沉，山魈已消失在森林深处。唐汉和丁香遣散熊群，来到一处河边，生起了篝火。火焰时高时低，唐汉出神地看着丁香被火光映红的俏脸，怜爱之心油然而生。

"唐汉，我们的婚礼是否要请米拉他们过来？"

"当然，人多热闹些。"

"那你打电话提前通知他们，我们还有三天就可以到达住处了。"

"好，我现在就打。"

唐汉拿出他的"铱星电话"，先拨通了米拉。

"米拉，你好！我是唐汉，我与丁香三天后，将在桃花源举行婚礼，我们邀请你来参加我们的婚礼。"

一会儿，丁香见唐汉失望地挂了电话，急切地问："米拉怎么说的？她什么时候过来？"

"她欢迎我们去玛雅国度蜜月，说她这几天有接待任务，来不了。"唐汉回答道。

"那你再联系米兰和罗布，他们应该有时间的。"

"好的。"

唐汉接着拨通了米兰的电话，还没等他开口，那边的米兰就先说话了："唐汉，你在忙什么呀？我和罗布在楼兰已有了房子和工作了，这边的工作虽然很忙，但我们心里愉快。欢迎你和丁香过来一聚。"

"我们一定去，一定去……"

"我还要上夜班，等你们过来啊，我先挂了。""啪"的一声，米兰将电话给挂断了。

唐汉与丁香面面相觑。"也好，不如我们去玛雅国和楼兰国度蜜月，我也很想见识一下那里。”唐汉建议道。

“好是好，就怕你在我们的婚礼上觉得孤单。”

“有你在，我就不孤单。”

丁香小鸟依人地坐在唐汉身边，轻轻抚摸着唐汉的伤口：“还疼吗？”

“不碍事，过两天就好了。”

“你很勇敢，是桃花源的英雄。”

“爱情的力量，让我战无不胜。”

“你就贫吧。”

当小鸟清脆的啼声，打破了晨空的宁静，丁香睁开蒙眬的睡眼，缕缕阳光照射到草地上，身边的篝火已经熄灭。她突然发现唐汉不在身边，立即紧张了起来：“唐汉！唐汉！”

“我在这里！”

丁香顺着声音看去，唐汉在河边的沙滩上燃起了一堆火，盆子里蒸煮着几条鱼。

“好香的鱼汤。”丁香拢了拢蓬乱的头发，捧起河水洗脸。

“睡得还好吗？”

“挺好的，就是你起得太早了。”

“我射了几条鱼，算是我们的早餐，不知是否合你的口味？”

“只要是你动手做的，都好……伤口不疼了？”

“过了那股劲就不疼了，你看，我现在不是好好的？”唐汉故意装出若无其事的样子，来宽丁香的心。

三天后的中午，唐汉和丁香按计划到达了桃花源的居住区，回到了自己的木屋。丁家人闻讯赶来，见到小两口安然无恙，都很高兴。

唐汉设宴款待来宾。由于他在桃花源没有亲戚，是丁香的家人帮忙操持的婚宴。桃花源规矩大，娶妻就是娶妻，出嫁就是出嫁，不能含糊。席间，来宾们听说唐汉搏击山魈、解救熊群的壮举后，纷纷敬酒祝贺。

唐汉已不知说什么好，只有咧着嘴笑的分了，也许是喝多了酒，可更像喝多了蜜。

嬉闹过后，众人慢慢散去。

唐汉和丁香在自己的小木屋享受着甜蜜的爱情。丁香仍在意唐汉的伤口,她希望等唐汉的伤口痊愈了,再去玛雅国和楼兰国度蜜月。

“我觉得你还是去医院看看,这样会好得快些。”

“一点皮肉伤嘛,再过几天就会好的。”唐汉到桃花源的这些日子,还从未去过医院。

丁香执拗道:“不行,这事一定得听我的,否则在玛雅国或楼兰国复发,既影响度蜜月的情绪,又要给朋友添麻烦。”

“行,就听你的。”

月朗星稀,草虫呢喃,一对新人,洞房花烛。

第二天的太阳似乎比往常起得早,朝霞遮掩不住新人脸上的羞涩。

丁香记挂着唐汉的伤口,按照计划去医院检查。

唐汉坐着丁香的自行车去桃花源医院。桃花源医院是桃花源大学医学院的附属医院。进了医院的大门,唐汉忽然像刘姥姥进大观园似的,有些无所适从。实际上桃花源医院也是要收费的,丁香将唐汉的芯片卡出示给检验部,唐汉就开始接受令他眼花缭乱的各种检验。

桃花源的检验设施和技术的先进程度,是唐汉始料未及的。桃花源从玛雅国和楼兰国进口了多种先进的检验仪器,另外一些是三星球统一语言的时候,楼兰国作为补偿,给桃花源的。

唐汉经历了36道程序的化验和检验,其人体密码立即大白天下,这些数据将被桃花源医院永久保存。

除了检验部,桃花源医院还设有理疗部和手术部。丁香看了唐汉的检验报告,唐汉有三个指标不合格。她按照医生的要求,将唐汉带往了医院的理疗部:“唐汉,医生要求你到理疗部接受治疗。”

“这么点小伤还需要理疗?”唐汉脑子里的理疗概念,无非是按摩、针灸之类的花样。

“哪来那么多的废话,到了理疗部你就清楚了!”

理疗部是一个占地面积很大的医疗部门,除了手术以外的治疗,都可以在这里进行。

可唐汉还是被眼前的景象吃了一惊:在一个圆形的水池四周,散布着一些小型的水池。“这哪里是医院？简直就是温泉游泳池嘛。”他嘟哝道。

“是的，理疗部的治疗方式，主要是泡温泉。”

对于丁香的回答，唐汉更是感到惊讶。

实际上，桃花源医院的治疗方法有三种：补、排和手术。补、排疗法是在各种温泉的池子里进行的。桃花源的医学理论建立在平衡上，有点像中医，讲究阴阳调和。桃花源的医学平衡理论，注重量化。这种量化又建立在先进的检测设备和技术基础之上，缺少哪种元素，就到相应的温泉池内补充；体内哪种元素多了，就到相应的刺激排出的温泉池内排出，很直观，很有效。

唐汉享受着桃花源医院的这种奇特的医疗方式。他只在理疗部住了三天，伤口便好利索了。

唐汉为此花费的医疗费用，是120公斤的粮券。

第四章　神秘玛雅

1. 有翅膀的玛雅人

丁香告别家人，与唐汉一起前往南球玛雅国度蜜月。

丁香的星际飞船是“天使行动”组织为其提供的，由玛雅国制造。这种飞船是类光速飞船，采用反物质能量和太阳能混合动力，配备有巡航、自动导航和自动避让系统，安全性能极高。

玛雅国由三个城市组成：危地市、洪都市和墨西市。

危地市是玛雅国的首都，位于玛雅国的中部，是一个盆地，离海岸线 50 公里，有居民 500 多万。城市里积聚了大量从事天文、航空研究的科学家和试验制造工厂。这里是玛雅国的能源研究中心。

洪都市位于玛雅国的东部，紧邻大海，居民约 300 多万，那里是海洋研究机构和试验制造工厂的集中区域。

墨西市地处玛雅国的南部，有高山、湖泊、平原及漫长的海岸线，风景绮丽，常住居民 800 万，是一个适宜旅游的城市。城市中的精英人士主要由农业专家和生物专家组成。墨西市是玛雅国的食品供应基地和旅游胜地。

飞船越过一片森林，玛雅国的首都危地市已清晰可见。

丁香将飞船停泊在危地市的广场上，广场的飞船停泊场上有序地停泊着各种式样的飞船。

玛雅国没有汽车，交通工具只有飞船和船舶。

"奇怪，现在已是晚上七点了，这里怎么还光亮如同白昼?"按照常理，此刻应该是黄昏时分，唐汉对眼前的景象有些看不懂。

丁香对玛雅国的情况比较熟悉。"危地市有两个太阳，其中一个是人造太阳，晚上就靠人造太阳实施照明。"她解释道。

"人造太阳？玛雅人，真牛气!"唐汉知道地球上人造卫星，各种用途的都有；人造的东西，不胜枚举，就是没有人造太阳。对于人造太阳，地球人还处于幻想阶段，在玛雅国已经变为现实了。

玛雅国城市的夜间公共照明系统是统一模式的，即每个城市的上空都有一颗同步人造太阳能照明卫星。这颗卫星白天储存太阳能，晚间发光，其强照明状态从晚上六点持续到深夜十二点，弱照明状态从深夜十二点延续到翌日清晨六点。所以在玛雅国的街道上，绝对看不见路灯。

"玛雅人的科技水平非常高，桃花源的高科技设备和设施，大部分是从玛雅国进口。"丁香告诉唐汉。

"丁香，玛雅国和桃花源，都对太阳能情有独钟。"

"是啊，太阳能是大自然对宇宙生灵的恩赐，利用太阳能是顺其自然。"

唐汉感慨万千，地球上的人类，过多依赖化石能源和水能，严重损害了自然环境，导致自然灾害频发，严重危及了人类自身的生存安全。

两人走出飞船，浏览着危地市的市容。

危地市的布局和建筑风格，与地球上的城市布局和风格大相径庭。玛雅人是石材专家，地球人已领略了他们 2 000 多年前的成就。

市政广场上，耸立着一个巨型的金字塔，这是危地市的标志。这里的楼房一般不超过三层，皆为石材结构，拱形门，屋顶多为平顶，有一块面积是用来停泊飞船的。道路是仅供人们步行，因为玛雅国没有汽车。

南球，是一个神奇的星球；玛雅民族，是一个神奇的民族。

唐汉感到一种冲突的文化，在这里取得了平衡：一方面是很原始很自然地存在，另一方面是科技感十足，起码超前地球500年。在这里，科技的高度发达与自然生态良好保护之间，找到一个合适的平衡点。

米拉在市政广场上，等候远方的来客，她将唐汉和丁香安排在危地市的香樟园酒店。“今天晚上就不打扰你们了，好让你们尽情享受二人世界。”她笑着说。

丁香也笑道：“谢谢你，米拉！香慧呢，她怎么没来？”

“喔，对了，香慧在参加一个重要会议，抽不开身，她让我代问你们好，明天一早，她会和我一起到酒店来看你们。”

唐汉说：“那好，明天见。”

“明天见！”米拉给丁香和唐汉留下了一个妩媚的笑。

香樟园酒店的周围，种满了香樟树。这是地球上，中国江南常见的一种树种，竟然出现在玛雅国，颇令唐汉惊讶，同时一种亲切感也油然而生。

香樟树为亚热带树种，初夏开花，黄绿色，圆锥花序，树冠舒展，枝繁叶茂，浓阴遍地，树叶在春天开始更替。香樟树因为含有特殊的香气和挥发油的缘故，所以具有抗腐、驱虫的特点。中国的江南民间有一种风俗，就是用樟木箱，给出嫁的女儿作陪嫁。

香樟树很有特色，树皮粗糙，质地却很均匀，没有白杨树的斑斑驳驳，也没有柳树的肿瘤结节；树枝树干一分为二、二分为四地一路长去，不会偷懒耍滑，也不会画蛇添足；树冠的形态是球形的，在空中划出优美的曲线。香樟树像极了苏东坡的书法，圆润连绵，俊秀飘逸，却又中规中矩。如果静心浏览，满是香樟树的山坡，疑是东坡碑帖再现，亦未可知。

香樟园酒店里的香樟树，大多有上百年的树龄了，空气中充满了浓郁的香味。酒店是自助式的，唐汉和丁香得到了门卡后，再没见到服务人员。大堂到房间的标识，非常明了，并带有语音提示；手持的门卡内的芯片，得到服务系统的识别后，传输系统就将唐汉和丁香，从大堂一直送到房间。房间内的设施一应俱全，完全超越了地球上五星级的标准；房间里设有直通酒店各个公共设施的自动路径，客人要去想去的地方，只需在服务器上选择正确的按钮，就可以在一分钟内抵达目的地。

两人在这里完全享受着高度发达的工业文明和效率，而散发在四周的自然气息，又恰当地稀释了工业文明所带来的生硬感。他们很庆幸选择了到玛雅国度蜜月，当然，他们有自己独特的庆祝方式。

唐汉在惊奇和眩晕中，度过了玛雅国的第一个夜晚。丁香尽现温柔，与唐汉共赴爱河。

第二天早上六点半，剧烈起伏的床，惊扰了他们的一帘幽梦，睡意未尽的唐汉嘟嘟囔囔："丁香，你在搞什么鬼？"唐汉睡眼蒙眬，以为丁香在恶作剧。

"我还没说你呢，谁叫你将叫醒程序设定在标准状态？连个懒觉也睡不成！"丁香索性翻转身去，表示对唐汉的抗议，未料到，颠簸起伏的床，却将她与唐汉叠了罗汉。

两人借机，又是一阵缠绵，任凭起伏颠簸，也无法将一对新人分开。

原来香樟园的睡床是智能型的，具备叫醒功能，叫醒程序有标准模式和设定模式两种。昨天晚上，两人没有设定，智能床就自动启动了标准模式。丁香经常来玛雅国，知道其中的奥妙。

智能床好像知道，唐汉和丁香快到谢幕的时刻，它也开始变得平静了。墙上的显示屏已将一天的活动安排显示出来。"格桑梅朵，起来吧，米拉和香慧要过来了。"唐汉提醒丁香说。

"你先漱洗，我再迷糊几分钟。"新婚燕尔的新人，大多会在早晨变得慵懒起来，喜欢晨读的丁香也不例外。

"说好了，就五分钟啊。"

"知道了，你怎么变得这么啰嗦了？真是的。"丁香嗔怪道。这不能怪唐汉，蜜月期间的新郎，大多变得啰嗦起来，啰嗦里蕴含着男性的爱意和温情。

七点整，米拉和香慧准时来到酒店的大堂。

"丁香，这几天玛雅国的长老们正召开一个重要会议，我和香慧都要参加，很抱歉，就不陪你和唐汉了，"米拉见到丁香后，歉意地说，"诺，这是你们的日程安排和通行手续，希望你们在玛雅国旅行愉快。"

"这里我还算熟悉，况且飞船有导航呢。已经够麻烦你们了，谢了。"丁香拿好通行手续，她的内心里也希望这样安排，二人世界是不需要电灯泡的。

"丁香，我祝福你们，白头偕老，早生贵子，如果唐汉有什么不是，你可要告诉我，我帮你出头。"香慧很真诚。

丁香笑笑，她知道香慧的话里，有玩笑的成分。

"香慧，我会对丁香呵护备至的，谁叫她是我的格桑梅朵呢！"

"我相信你，唐汉。我真的很抱歉，不能陪你们，玛雅国有很多独到之处，值得一游，祝福你们。"

唐汉和丁香告别了米拉、香慧，开始了他们的玛雅国蜜月之旅。

上午，丁香和唐汉去的第一站，是玛雅历史博物馆。唐汉对玛雅人怎么会出现在地球上，然后又是怎样做到悄无声息的消失很感兴趣。

玛雅人热衷于天文学的研究，对数学也极具天赋。他们很早就有了自己的文字，那是用800个符号和图形组成的象形文字，词汇量多达3万个。他们有着精美绝伦的雕刻、绘画和青铜艺术，是一个具有悠久历史和高度聪明才智的民族。

玛雅人的数字表达与汉民族算盘的运算原则有着异曲同工之妙。他们最早使用三个基本符号：一点、一横、一个"贝"形符号，这三个基本符号的组合，可以表示任何数字。这有点类似计算机的"二进位制"。

唐汉在博物馆里看得津津有味，在丁香的一再催促下，才悻悻离开。

八月的玛雅国，气候宜人。危地市处于盆地底部，周围山峦起伏，树木葱郁，茂密郁闭，奇花异草遍布大地。丁香驾驶飞船，将唐汉带到了城市南边的山峰。这座山峰是危地市的最高峰，海拔3 271米。山峰上的玛雅国家天文台，已有1 200年的历史。他们站在天文台的露天观察平台上，脚下充满了历史的沉淀，远处是满眼的危地市风光。

玛雅国家天文台的建筑颇具特色，唐汉却感觉很是蹊跷，这些建筑很眼熟，不论是功能或外观。这座天文台与现在地球上的天文台十分相似。天文台的天文观测塔就建筑在巨大而精美的平台上，有台阶一级级地通往大平台。圆筒状的底楼上面覆一半球形的盖子，底楼的四个门刚好对准四个方位。这些奇思妙想，令人拍案称奇。

"丁香，地球上有句话叫做，历史有惊人的相似之处，我现在觉得，地球现代的天文台的结构与玛雅国1 200年前的天文台有着惊人的相似之处。"

“这不难理解，地球现代的天文台，是按照玛雅人 1 000 多年前在拉美建造的天文台为蓝本设计建造的。”

唐汉不得不佩服丁香的细腻。地球天文台，在唐汉心中神秘、科学的形象，轰然倒塌，“现在看来，那只不过是一件，仿制得惟妙惟肖的赝品。”唐汉想到这里，忽然觉得，自己的喉咙里嵌着一只苍蝇，胃里一阵不舒服。

丁香是这里的常客，她每次来到玛雅国的危地市，都会惨遭玛雅国营养胶囊的折磨，远离了美食和悠然生活的她，在无所事事的时候，就会来到这里眺望远方，聊以慰藉。

此刻，丁香眺望着眼前这座美丽的城市，觉得它像一朵盛开的梅花。危地市呈放射线状布局，围绕中心的五朵梅花瓣状的城市副中心，科学地分解了城市中心的压力。她的嘴角悄然泛起一抹微笑。这是从内心深处荡漾而出的涟漪，不仅因为有美景，更重要的是与她的如意郎君共赏。

美景让唐汉的情绪变得平静了许多，他发觉丁香在深情地注视着自己，他不觉中，眼光如炬，四目相对，擦出了许多火花。

唐汉将眼光移向远处，欲言又止，倒是丁香比唐汉大方了许多，她将唐汉拉到了自己的眼前，给他介绍危地市的规划。

“从危地 3 000 年前的市政规划图上可以得知，尽管当时的人口只有 20 多万，市政规划却按 800 万人口布局的，”丁香详细地介绍道，“3 000 年后的今天，危地市的总人口已达到 500 多万，可城市的建设还是以 3 000 年前的规划为基础，包括下水道等城市公用设施，还是与 3 000 年前的设施相接口……”

“这岂不是起始成本很高?”除了这个疑问，唐汉觉得危地市的规划和建设都无可挑剔。

中国人经常把 5 000 年文明挂在嘴边，却很少有人思考自己在历史的长河里，怎样起到承前启后的作用。翻开中国的历史，是诸多的英雄豪杰、帝王将相在颠覆、割裂历史，在破坏或者创造性地破坏人文和自然。

“不知中国人或者地球人，何时能以 1 000 年的眼光办事情? 更不知，何时能有 3 000 年的胸怀和责任?”唐汉暗想。他为地球深深地担忧：人们未解决温饱的时候，因为生存而行为莽撞尚有情可原；生活已达到小康了，行为举止还目光短浅，就天理不容了。

“你想到的问题，玛雅人早有考虑。如果以短期眼光来看，玛雅人的这种做法，一次性投入肯定很高，可从长远角度来观察，又是相当科学的，分摊的成本是很低的，因为他们没有重复建设的成本。”丁香朝若有所思地朝唐汉笑笑，“我研究过地球上建筑的寿命，德国的约为 72 年，日本的减至 36 年，中国的只有 16 年，而古罗马的是几百年，你说地球人是进步了还是退步了呢？”

“不会吧，地球的建筑寿命怎么会这么短？”唐汉知道，中国的住宅产权是 70 年，商业地产的产权是 40 年，中国建筑的平均寿命只有 16 年，他觉得不可思议。

“地球建筑寿命短的原因主要有两个：一是战争；二是缺乏长远观念，经常拆迁。”丁香看出了唐汉对这个问题的疑惑，她耐心地解释：“现在中国建筑的平均寿命短的原因，一是建筑材料和施工质量存在问题；二是拆迁重复建设。土木工程技术是会进步的，建筑材料是会发展的，一下子将未来 50 年的房子都盖好了，免不了会出现建筑技术和材料的过时，更重要的是，地球人将子孙的饭都吃了，那些房地产商和过度出卖土地的官员，不是正在干断子绝孙的勾当？”

“嘿，我说丁香，你才去过地球几次，就成了地球通了？”

“你别打岔，我还没说完呢，中国人按出生年份讲属相，为什么现在都成了一个属相：骡子。用你们自己的话说，属骡子的一辈。”丁香有些愤愤不平，好像她正在承受中国高房价的煎熬。

有些激昂的情绪让丁香的脸上浮现一层潮红，正义感洋溢在她的热血中。

唐汉无心与丁香争辩，这些道理他还是懂的，清华大学、同济大学和东南大学，那么多的土木工程专家，都于事无补，他一个刚踏上社会的学生更无可奈何。他指着远处靠近山脚的那一圈建筑问：“那是什么？”

“那可是古建筑，是危地规划城市时的第一个建筑，用来保护城市的防护带，为防止山体滑坡、泥石流等自然灾害对城市的伤害起着关键的作用。这个建筑的设计很科学，有阻滞和分流的作用，从建成至现在，每三年就进行一次修复和加固，从未间断。”

“玛雅人是如何使建筑的寿命达到成百上千年的呢？”

“建筑的寿命长短取决于许多条件，第一是建筑选址、建筑结构和建筑材料；第二是不破坏星球的内部构造，如，挖矿、采油等，以避免破坏地质结构，引发地震等灾害的发生；第三是不发生战争，地球上的好多优秀的建筑毁于战火，这是很可惜的。”

玛雅人从古代就是石材专家，对石头有很深的研究。他们的建筑，墙体是抗风化的石材，到后期也考虑石材的辐射问题，转而采用低辐射的石材。为了延长建筑的使用时间，还定期更换外墙材料。

影响建筑寿命的另一个因素是粘合材料。古代的玛雅人大多采用小米粥、动物骨胶、动物血液、石灰、黏土等材料，他们在石缝间保持一定间距，以便需要时更换建筑的粘结材料；技术进步了，也可以选用更为先进的材料。

这就是玛雅建筑能使用千年的技术秘密。

离开山巅的天文台，唐汉和丁香又来到市中心的国事厅广场。这里的标志性建筑是金字塔，塔的顶部建有神庙。五个梅花瓣的副中心离市中心很远，这就给它们留下了很大的发展空间，也给中心区发展留下了很大的空间。五个分中心都建有自己的市政厅和金字塔，塔顶也都建有神庙。五个分中心行政编制为五个区。

玛雅国的危地市中心的金字塔的每个侧面，都呈窄长的梯形，而且形成几种风格的变体。68 度的坡度，从塔基向上望去，塔身耸入云端，威严、神圣。沿着 365 级的台阶，可以到达神庙，人们在这里可以观看天象，或者祭奠神灵。玛雅人崇拜的是“羽蛇神”。

危地市的民居，像地球上巴西等一些南美国家的城市民居一样，多为一至二层独院，花园临街，完全没有中国住宅的模样，恨不得将所有的底楼当店铺卖了。

洁净的石板路旁，鲜花点点，花朵飘香，沁人心脾。商店是有的，每个分中心设一个样品陈列中心，供人们体验，而物品的交易全在网上进行，然后由玛雅国极其发达的物流系统进行统一配送。玛雅国实行按需分配，人们只需购买少量的个性化商品。

“唐汉，有兴趣参观天文观测与运算研究院吗？米拉已经帮我们预约好了。”

“太好了，我去，这机会怎能错过！”

丁香和研究院取得了联系，研究院方面说已得到了通知，欢迎他们前去参观。

玛雅国天文观测与运算研究院，是天文和航天方面最权威的研究机构，共有2万多名研究人员。

研究院的样品室引起了唐汉的极大兴趣，林林总总的航天器门类齐全，功能各异。丁香指着一款能承载两人的飞船说："这艘飞船曾两次到地球上执行任务，是同类产品中最小巧，也是最先进的。"

"真的吗?"唐汉睁大了眼睛，突发奇想地问丁香，"你可不可以带我飞往地球?"

"为什么要去地球呢？到地球去，是要天使行动组织或研究院院长批准才行。"丁香害怕失去唐汉，听到唐汉的问话，有些惶惶不安。

"那你赶快打电话给院长。"

"你还没告诉我，你为什么突然想起要去地球呢?"

"上海不是正在举办世博会吗？我就想去看一眼世博会。"

"哦，那我试试看吧。"丁香如释重负。

丁香拨通了研究院院长的电话。院长认识丁香，他明白了丁香的要求后，竟出乎预料地同意了："好吧，不过，要答应我两个条件。"

"我答应，你说，什么条件?"丁香喜出望外，看她那样子，无论院长提出什么条件，她都会答应。

"第一，你们不能着陆；第二，在世博园上空只能盘旋15分钟，就要立即返航。"院长严肃地说，"丁香，你看怎么样?"

"没问题，我们一定按你的要求办。"这两个要求并不苛刻，丁香痛快地答应了。

"好吧，你们去申请航线吧，祝你们好运。"院长说完，挂了电话。

唐汉听到院长答应他们去看上海世博会的消息，激动万分，他一把抱起了丁香，像一个陀螺一样，开始了360度旋转。

"唐汉，快停下，把我的头都旋晕了！"丁香趴在唐汉身上，大声地喊叫。兴奋的唐汉，哪里肯停下来，在他看来，丁香的喊叫，是在给他加油。

"唐汉！你再不停下来，我可要咬了。"丁香的声音很急切，话语里充满了威胁。唐汉并不理会，反而加快了旋转的速度。

“唉呀，你还真咬呢！”唐汉一声大叫，慢慢停止了旋转，丁香脱离了唐汉的怀抱，一时还有些站立不稳，唐汉看着自己肩上的两行整齐的牙印，轻轻抚摸着：“好你个丁香，你还真下得了毒手。”

“什么毒手？是温柔小口，谁叫你敬酒不吃，吃罚酒呢。”丁香走到唐汉的身旁，欣赏着自己的牙印，泛着紫青色的牙印，确实有些深，她内心忽然产生出怜爱之情，心疼地抱着唐汉，柔情地说：“疼吗？”

“最毒妇人心。”唐汉心里想着这句俗语，却不敢说出口，轻轻摇摇头：“没事，就像蚊子叮了一口。”唐汉又开始无事找事，招惹是非。

“你坏，唐汉，你说谁是蚊子？”丁香说话间，在唐汉结实的背上，留下了狠狠的一拧。丁香的这个动作，熟练而优雅，看来是经过诸多次的演练，唐汉也只好哑巴吃黄连，有苦说不出：“我是，我是蚊子还不成吗？”

丁香哈哈地笑了，她在庆祝自己取得的阶段性胜利。唐汉心想：我要是只蚊子，被你这么狠毒地一拧，早就一命呜呼了，好男不跟女斗，算你狠。

2. 黄埔江上空的飞蝶

丁香启动了飞船，加足了能量，按照申请到的航线，开始了飞行。

飞船外，云彩迅速向后退去，顷刻，飞船便穿越了云层。丁香将飞船调整到自动巡航的状态，悠闲地欣赏着茫茫太空。这里只有白昼，没有黑夜，太阳一直高悬在空中，是颗名副其实的“不落的太阳”。

经过漫长的飞行，飞船终于抵达了地球上空。

地球上的高速铁路、高速公路像疤痕一样，割裂着地球，这些昔日让人们感到震惊和引以为豪的设施，此刻变得丑陋无比。许多貌似美好的事物，换了个角度，可能会得出相反的结论。

“唐汉，你看地球上，人类居住的密度这么高，为什么还将土地资源消耗在公路和铁路的建设上呢？”丁香是初次到达中国南方的高空，看到那里耗费巨资兴建的高速公路、高速铁路和高架路，觉得不可思议，“那么多的停车位也占了不少土地啊。”

“汽车和火车在地球上起了很大的作用，同时也带来了许多副作用。现在，地球上的发达国家已将汽车工业视为夕阳产业，不知为什么，中国却在大力发展汽车工业，有人还提出了弯道超车的理论，对中国成为世界汽车制造大国津津乐道。”唐汉现在已能接受丁香的观点了，桃花源的生活和玛雅国之行，让他见了世面，长了见识。他认为，欧洲的今天，是中国的明天，也许桃花源、玛雅国的今天，应该是中国的后天，或者是大后天，“丁香，你觉得地球会不会有一天，和玛雅国、桃花源一样，没有了汽车、火车?”

“肯定会有这一天的，你不觉得玛雅国和桃花源的交通体系很便捷吗?”丁香对于在地球上淘汰汽车和火车持乐观态度。中国人发明了高升，曾承载了古人腾空的理想，中国没有理由将自己的交通体系局限于匍匐在地上、隐藏到地下，偏偏舍弃了更为广阔的天空。

“道理是对的，不过，我觉得，这应该是一件很遥远的事情。”唐汉想起了在中国流传很久的套话：道路是曲折的，前途是光明的。唐汉觉得，地球上需要改变的事情太多了，这一切都需要时间。地球上统一语言需要200年，那是语言自动淘汰的结果；要淘汰现在意义上的车辆，恐怕200年还不够。

飞船离地面越来越近，地面上高铁在延伸，高速公路上车流不息，城市街道上的车龙，像蜗牛在爬行。唐汉有些后悔自己在大学里，选择了汽车工程专业，现在他已经意识到，汽车是夕阳产业，即使是电动汽车也不例外。

地球的人们信奉自己的生存法则，地球上的许多事情并非唐汉和丁香这两个乳臭未干的年轻人所能理解的。

长城像一条巨龙，出现在飞船的下方，飞船就要掠过北京，丁香想起了玛雅信息网上，最近流传的一个关于北京不下雪的故事，“唐汉，你知道北京今年冬季为什么没下雪?”

“不知道，你说，为什么?”唐汉听到关于雪的话题，马上想到了“北国风光，千里雪飘，长城内外，惟余莽莽”的场景，至于北京为什么不下雪，他还真说不出个所以然来。

“亏你还是个中国人，北京今年冬季不下雪的原因很多，有的说，没有户口，不能下；有的说，没交够5年所得税和养老保险金，不给下；还有的说，政府的车辆出行，道路管制，不敢下。”丁香津津有味地述说着北京不下雪的理由。

唐汉觉得挺逗，这显然是一个关于中国城市政策的幽默。少顷，他突然收住了笑容，感觉心脏抽搐了一下，这个幽默深深刺痛了他的心。这次，“城市，让生活更美好”是上海世博会的主题，世博会回顾了城市发展的足迹，对理想城市进行了探讨，也许上海世博会，能给出一个人类未来理想生活方式的答案。

飞船飞越北京，不一会儿，飞船下面又呈现出一座现代化的大都市，丁香手舞足蹈：“唐汉，你看，上海到了。”

“不，这是杭州，离上海还有150多公里呢，”唐汉纠正道，“你看，那不是西湖吗?”美丽的西子湖，绿荫给它镶了一条美丽的边。湖面上帆影点点，细浪漫卷；苏堤上游人如织，黑压压一长串，像蚂蚁搬家。中国的大都市，密集的人流，永远是一道风景。

丁香笑了，忽然想起什么：“唐汉，你说白娘子和许仙的故事是真的吗?”她知道关于地球，关于中国的好多事情，这是《白蛇传》里的人物，连这个她也知道。而地球人对于桃花源、玛雅国和楼兰国，知之甚少，甚至闻所未闻。

“那是传说，信则有，不信则无。这个故事之所以能流传至今，说明大部分人相信它是真的，一种美好的情感，总会引起人们的共鸣。”唐汉的回答，很客观。

“我是想知道，你是信还是不信?”丁香执拗地问唐汉。丁香看到唐汉不置可否，就又起了性子，“你告诉我嘛，说你相信嘛。”

唐汉面对丁香这个无厘头的问题，哭笑不得，她明明想证实自己的判断，却非要唐汉表态，唐汉想起了父亲常说的一句话：“家，不是说理的地方。”如果男人对女人的每句话都较真，结局只有两个，不是被累死，就是被气死。中国的北方早些年有句土语：男人要想一年不痛快，就盖房子，想一辈子不痛快，就娶小。唐汉放弃了抗争，顺从地点了点头：“你信，我肯定也信了，现在是女系社会，流行妻唱夫随，识时务者为俊杰嘛。”

“这还差不多，算你头脑子清爽，拎得清。”丁香得到了自己想要的结果，成就感溢于言表，飞船快到上海了，她大概是为了拉近与唐汉的距离，说了句上海方言，明人一看，就知道其中有讨好的意味。

说话间，飞船抵达了上海的上空，黄浦江、苏州河像两根闪亮的银带，清晰可见。

中国上海世界博览园就像一幅巨型的立体地图，平铺在浦江的两岸，总建筑面积达16万平方米。从高处放眼望去，中国国家馆坐落在浦东区域主入口处，位于南北、东西轴线交汇的视觉中心。它以大红色为主色调，主体造型雄浑有力，犹如华冠高耸，洋溢着喜庆的气氛，令人叹为观止。

“东方之冠，鼎盛中华，天下粮仓，富庶百姓。”唐汉解读着国家馆的寓意，心潮起伏，思绪万千，他热爱自己的国家，热爱他的家乡上海，他知道她的过去和现在，不由自主地为她的将来祈福。丁香全然没有唐汉那般的热情，她面对一个头重脚轻的建筑，总感觉莫名其妙；对唐汉的由衷感叹，更是不知所云，她迷茫地耸了耸肩，“真不知道地球人是怎么想的，花了这么大的代价，造了拆，拆了造，今天人声鼎沸，明日门可罗雀，不可思议。”

丁香，有她的看问题角度，唐汉并没有理会丁香的感慨。他还是痴迷于人类理想的生活模式：“上海世博会是对人类理想城市模式的探讨。世博会百年后转至中国，可谓正当其时。要知道中国文化历来推崇人际之和、天人之和、身心之和。《礼记》曰：‘大道之行也，天下为公，选贤与能，讲信修睦。’中国的先秦诸子也都在各自的著述中描绘了理想社会的远景。”

“地球人的现实，就是执政者的理想，民众的理想是遥不可及的。”丁香似乎对地球上城市的理想模型与社会理想，有她自己的看法，“地球上国家的存在形式，第一表现为军队的存在，第二表现为所辖或所控制的区域的存在，在这种情况下，很难实现民众的理想。”丁香的意思，国家机器不是实现人类理想社会的工具，只是统治者的护身符，国家及国家机器，是割裂思想交流的藩篱。

“按你的意思，只要有军队的存在，就不可能实现人性的理想，也不会有理想的城市生活？”唐汉觉得，丁香的观念很独特，他无法判别其中的是非，中国的圣人孔子说过，理想社会包括三个条件：有战斗力的军队；有足够的粮食储备；有信仰的民众。

“是的，地球上的城邦最初是由统治者、军队和仆人组成的，其目的是使统治者更有安全感，生活更优裕。地球上的城堡、城市从诞生的那天起，就是为了实现少数人的理想幸福的生活，而不是实现民众的理想生活，在这种境况下，人性的理想根本无从谈起。”上海世博会特意建了一个“城市足迹馆”，展现了地球上人类的城市发展道路，跟丁香解读的大体相似。上海世博会描述的人类理想城市的模式，多侧重城市建筑布局、市民消耗品供应系统和废弃物品处理系统的科学性，而这种模式无一不打上时代的烙印。其设计思想是少数人理念的体现，很难与人性的物质、精神追求相吻合。目前，地球上的城市理想，大多建立在物质层面上的科学追求，远未上升到实现人性理想的层面。

唐汉觉得丁香的分析不无道理。地球上的发展国家，正处于城市化的进程中，走特大型城市的道路，还是发展小城镇，在学术界充满争议。

柏拉图在他的《理想国》和《法律篇》里，曾寻求“整个社会将获得非常和谐的发展，各个阶级将获得自然赋予他们的那一份幸福”的美好状态。柏拉图心目中的理想是统治者的理想，他希望在阶级的秩序维持不变的前提下，去实现各个阶层的理想。这显然是难以实现的。中国乃至世界的农民或工人暴动的理论有相似的一致性：“王侯将相，宁有种乎？”地球上的人们，从来没有停止过对人类理想的追求，人们从“乌托邦”到18世纪的“理想城市”，再到“田园都市”等一系列理论、主张和实践，都无不在探索人类如何实现城市在空间上、秩序上、精神生活和物质吐纳上的平衡。

“丁香，你说得没错，理念是时代的产物，它又成为指导城市发展的内驱力。自20世纪80年代以来，随着环境问题和发展问题的日趋严重，可持续发展的理念应运而生，它试图着眼现实，更放眼于未来。”唐汉不能说服丁香，更不能说服自己，在错综复杂的利益面前，人们表现得更现实。

“理想的社会是从根本上立足于人与人、人与自然、精神与物质共生平衡，同步发展，而不是只强调人类的主宰地位。我认为地球人的反自然行为和自大的心态，已经羁绊了他们的脚步，模糊了他们的视线。”丁香根本不买账，她早就看穿了地球人在玩的小把戏，哥本哈根会议的争吵声犹在耳边，丁香有资格说这个话，桃花源、玛雅国和楼兰国的每一个人都有资格说这个话。

“丁香，如果地球人能有机会去桃花源、玛雅国和楼兰国看看，我相信他们会有很大启发，也会有很大的改变。”

“但愿如此。”

丁香驾驶着飞船，在浦东、浦西馆区盘旋了五六分钟后，她调皮地将飞船降落在中国国家馆的顶部，这不能算是着地，没违反玛雅国天文观测与运算研究院院长的命令。

然而，这一停，世博园里算是炸了锅。参观世博会的人们，一开始，将丁香的飞船误以为是做广告的飞艇，盘旋在世博园的上空；等丁香的飞船，停泊在国家馆的顶部时，人们看清楚了，好多人禁不住惊叫起来。

"飞碟!"

"天外来客!"

"快看哪，就在国家馆的屋顶上面!"

激动的人们大声地喊叫着，冷静的人们，将相机的镜头对准了丁香的飞船，照相机的快门声，响成一片。看到骚动的人群，值班的直升机才反应过来，立即有四架直升机，像四只蜜蜂，从四面包抄过来。

"注意，有直升机过来了。"唐汉大声提醒丁香，院长不让飞船着地，就是防止受到地球人的攻击，他完全是为了唐汉和丁香的安全着想。

"我看到了。唐汉，你坐好了!"丁香一按红色按钮，飞船瞬间离开了国家馆，也就是一眨眼的事情，飞船已逃离出地球人的视线，丁香不愿意与地球人玩了，她驾驶着飞船载着唐汉，返航了。

失去目标的直升机，像四只无头的苍蝇，漫无目的地乱飞一气。

唐汉恋恋不舍地看着离自己越来越远的上海，眼里噙着泪花，他有看到世博会的兴奋，也有离别故乡的伤感。

丁香轻轻拍了拍唐汉的肩膀，以示安慰。"这次时间仓促，没办法让你尽兴。等下次到上海，我们一起去看望你的父母，好吗?"丁香完全不像个外星人，很懂中国的人情世故，唐汉觉得自己没看错人。

唐汉点头道："丁香，看不出你还是个孝顺的儿媳妇，如果有这样的机会，是再好不过了，如果父母看到，我娶了个外星人做媳妇，不知会有多高兴呢。"

"你怎么知道，你父母就一定会喜欢我?"丁香想到未见面的公婆，心里总有些忐忑。

"爱屋及乌嘛，这么楚楚动人的美女，人见人爱，他们肯定会喜欢的，我保证。"唐汉信心十足，他的家庭，是一个民主的家庭，父母对自己宠爱有加，怎么会干出棒打鸳鸯的事情呢？他认为这是不可想象的。

"如果像你说得那样，自然很好，我是说，万一他们不喜欢我，那该怎么办？”

“百事孝为先，按照中国人的惯例，不能忤逆父母之命，只能休了你呗。”唐汉想了半晌，突然冒出了这句自寻苦头的话。

“你敢！”说时迟，那时快，丁香凌厉地一拧，就落在了唐汉的大腿上。唐汉疼得“哇哇”大叫：“岂敢，岂敢，快松手，你要谋杀亲夫啊！”丁香才不理唐汉这一套，那轻松的表情，就像纤手是落在飞船的按钮上一样。

上海世博会，成为百年世博中，惟一一次有外星人参加的世博会，曾经倒映着飞蝶的黄埔江和人们手里的飞蝶照片，就是见证，同时它们也见证了唐汉和丁香之间跨星球的浓浓恋情。

第二天，中国以及世界的各大媒体，都报道了杭州、上海等地的上空出现了不明飞行物，杭州萧山机场被迫关闭，影响飞行两个小时。

3. 玛雅海

从地球返航，回到玛雅国的第二天，唐汉和丁香就去了洪都市，参观海洋研究院。

危地市距离洪都市 1 000 多公里，飞船飞行不过三四分钟的样子，非常便捷。唐汉和丁香大清早就从危地市出发，当飞船即将飞临洪都市所辖空域的时候，唐汉欣赏到了南球壮丽的海上日出。玛雅国只有一个海，名叫玛雅海。在海上看日出，是一件十分美妙的事情。唐汉曾在地球的海轮上，看到过海上日出，在学校里读过巴金的《海上日出》。此刻，在外星球的飞船上，欣赏着玛雅海的日出，用英语背诵《海上日出》给丁香听，唐汉感觉颇为惬意：为了看日出，我常常早起。那时天还没有大亮，周围非常冷清，船上只有机器的响声。天空还是一片浅蓝，颜色很浅。转眼间天边出现了一道红霞，慢慢地在扩大它的范围，加强它的亮光……

唐汉沉浸在梦幻之中，丁香被唐汉的情绪所感染，她驾驶着飞船，贴着金光万道的海面穿梭。缕缕霞光像金线一样在身边萦绕，玛雅海被染成金子的颜色，美轮美奂，目不暇接。

日出江花红胜火，此景只应天上有。

早餐是在洪都市进行的。玛雅国的早餐、午饭、晚宴出乎意料的简约，没有地球上那么多的花样，除了喝一些果汁外，就是服几粒胶囊。果汁是起安慰味蕾和肠胃的作用，人体所需的营养都包含在胶囊里，玛雅国这点很好，不会出现地球上为了储备粮食，而遍布各地的粮仓。唐汉和丁香吃过玛雅人乏味的早餐后，便开始了洪都市的旅程。

洪都是一个海滨城市，城市的建筑群在离海岸线两公里以外的地方展开，海边保持着原始的状态。有几条引海水入城的通道，水道上遍布了飞艇的码头。海滨城市与盆地城市的布局有所不同，盆地城市的建筑要考虑防止泥石流等自然灾害的侵蚀，而海滨城市要面对海水变幻的威胁，金字塔、市政广场这些标志性建筑的布局却大同小异。这里的气温，凉爽宜人，典型的海洋性气候。

上午八点，唐汉和丁香来到了海洋研究院。海洋研究院目前的研究方向主要为增加潜水深度，目标是可以到达天南地北球的任何一个海洋的底部，目前的能力是海下 15 000 米，而地球上的潜艇的下潜能力大约是 7 000 米；他们的海空两栖潜艇有足够的能力控制地球上核战争的爆发和核污染的扩散，潜艇上的远程“气膜弹”，还可以随时终止地球核武器的使用，以及海洋资源的动态保护。

“气膜弹”是玛雅国干预地球核战争的独门暗器，“气膜弹”一旦发射，最大可以对 20 万立方米的空间进行气膜隔绝，隔绝时间从 15 分钟到 2 个小时不等，如果要更长的隔绝时间，可以间或发射“气膜弹”。像 2010 年墨西哥湾的漏油事件，只要七颗“气膜弹”便可为快速清除污染物提供足够的时间。这种“气膜弹”还有能量型的，射出的高速气流里，有适量的反物质，当反物质与正物质相遇，就会产生巨大的能量。

唐汉喜欢玛雅国，高度发达的科技，都是用于和平用途，与自然友好相处的理念贯穿于各个领域。

丁香有些童心未泯，故意提早结束在飞艇展览馆的参观。“我们的参观时间有限，需要马上离开这里。”她说。

唐汉嘟哝道：“这么快，你就不能让我多看一会？”

“那就再给你 5 分钟，我在外面等你，”丁香态度坚决地说，“我们还有许多行程哩。”

当唐汉不情愿地从飞艇展览馆出来时，映入眼帘的是一艘漂亮精致的海空两栖飞艇，丁香已在舱内，正向唐汉做着鬼脸。

唐汉一下子明白了，刚才，丁香是故意逗他，他欢呼着向飞艇奔去：“我们出海去喽。”

唐汉刚坐稳，丁香就启动了两栖飞艇，向玛雅海飞去。

下潜到海底是一件令人心动的美事，不管是在地球上还是外星球上。唐汉曾在海南岛潜泳过，在那里潜泳，需要训练有素的潜水员陪同下水，他第一次看到了海底下斑斓的世界，魅力的珊瑚和游弋的热带鱼，带给他无穷的想象。

飞艇降落在玛雅海的一处浅滩，那里有一片红树林。红树林是一种稀有的木本胎生植物。淤泥沉积的热带亚热带海岸和海湾，或河流出口处的冲积盐土及含盐的沙土，都适合于红树林的生长。

“丁香，你看，有好几条鱼爬在红树上呢。”唐汉指着眼前的红树林大声喊道。唐汉在广西北海看到过红树林，却是第一次看到，会爬树的鱼。

“那是会爬树的鱼，地球上也有，地球人叫它弹涂鱼。鱼类在水中生活的主要呼吸器官是鳃。鱼儿离开水，鱼鳃上的丝就会干燥，容易彼此粘结，这样就会阻碍呼吸，最终窒息。然而弹涂鱼却可以适应两栖生活，这主要得益于它独特的生理结构。”弹涂鱼体长 10 厘米左右，它的腔体很大，能贮存大量空气；它的皮肤布满血管，能够直接与空气进行气体交换；它的尾鳍也是一种辅助呼吸器官，这些独特的生理现象使它们能够离开水，较长时间地在陆地上生活。生活在热带地区的弹涂鱼，经常在海滩上跳来跳去，喜欢爬到红树的根部上面捕捉昆虫吃，是一种“会爬树的鱼”。

飞艇离开了红树林，向海里驶去，一群海马直立地从飞艇不远处游过。海马的体型奇特，头和身体成直角，像马头一样。海马游泳速度很慢，姿态也非常特别，经常是头部向上，依靠背鳍运动游行。

“海马若游累了，就用具有弯曲功能的尾部缠卷在海藻的茎枝上休息。”专业是土木工程的丁香，对海里的动物也这样熟悉，令唐汉有些意外，其实，这些都是常识，跟专业挨不上边。唐汉点了点头，感叹丁香的知识面宽广，简直就像地球上所说的“万宝全书”一样。

飞艇载着两人继续向深海驶去。飞艇边不断有鱼游过，一群箭鱼游得飞快，它是鱼类的游泳冠军。箭鱼的流线形身体，体表光滑，上颌尖长，尾柄强壮有力，能产生巨大的推动力。

“当箭鱼飞速向前游动时，长矛般的长颌起着劈波斩浪的作用。以每小时130公里高速前进的箭鱼，其坚硬的上颌甚至能将很厚的船底刺穿！”丁香的话语里满是对箭鱼的赞誉。玛雅国的研究人员，对于速度快的动物，给予很多的关注，希望能从它们身上找到速度的灵感。

飞艇开始慢慢下潜。

玛雅海的海水能见度比地球海洋的高，这与阳光的穿射和海水的纯度有关。这里的海底生态保护得相当好，动植物资源极其丰富。

海底世界渐趋阴暗和冰冷，而珊瑚礁无疑像一片广阔的仙境，散发着诱人的童话气息。珊瑚礁被视为最古老、最多姿多彩、最珍贵的生态系统之一。珊瑚礁在海洋中所占面积通常不足0.25％，却是其中生物多样性和生产力最高的水域。许多海洋生物都选择珊瑚礁作为安身立命之所，因而珊瑚礁也被誉为海洋中的“热带雨林”和海上长城。

随着下潜深度的增加，海底的光线越来越暗。丁香打开照明灯，飞艇的前方清晰了许多，一道道海底风景目不暇接。众多的海洋动物游弋于奇形怪状的珊瑚丛中，它们体态万千，色彩绚丽；有的栖息在珊瑚的分枝间，有的在珊瑚礁上巡游，有的则攀附在贝壳类动物的身上，也有的潜伏在海底。远处停止游动的鱼群，其体色完全融入周围的环境中，如果不通过红外线观察，是很难察觉它们的存在。不过，当飞艇靠近它们时，被惊扰的鱼急速避闪，立刻搅动了斑斓的世界，瞬间气象万千，犹如展开了一席视觉盛宴，美得惊心动魄，叹为观止。

唐汉和丁香在飞艇内见识了千奇百怪的海底世界后，夜宿洪都市，这个美丽的海滨城市，给他们的蜜月，增添了梦幻的色彩。

“丁香，什么时候能亲眼见识一下‘气膜弹’的威力就好了。”唐汉对洪都的飞艇和海域很感兴趣，他躺在床上，脑海里挥之不去的是对神秘的“气膜弹”的想象。

“会有机会的。”话是从洗手间里传出来的，丁香在洗浴，哗哗流淌的水声，撩拨着唐汉的心绪。

他们明天的行程是，飞往1 200公里外的墨西市。那里是一个农副产品的产区，更是一个度假胜地。

人造太阳亮着强光，唐汉有些不习惯这没有星星眨眼的夜空。丁香从洗手间出来，像一朵出水的芙蓉，清新脱俗。

4. 度假天堂

飞船在洪都市的上空，沿秀美的海岸线飞行，雄伟的都市轮廓一晃而过，空中的云朵向后游走着。唐汉深情地向洪都挥手告别，需要告别的还有玛雅海里的动物们。

“我喜欢墨西市，”丁香理了理自己的刘海，对唐汉说，“以往，我几乎每年都到墨西度假。那里没有工业，有的是农庄和度假村。我可以躺在洁白的沙滩上，看潮起潮落，云卷云舒。”

“既然喜欢，我可以陪你住在这里啊。”唐汉明显是在讨好丁香。

“人不是云，云可以飘来飘去。人不可以，人是有根的。我们桃花源的人信奉落叶归根。当然，这里是玛雅国，玛雅国的年轻人甚至没有选择城市的权利，因为这个权利在他们的父母那儿，但他们有选择行业的自由。”

“这有点不可思议。”唐汉从丁香的介绍中，粗略得知了玛雅人的户籍制度。令他费解的是：玛雅国为什么不允许人口流动呢？也许就像丁香所说的，人是有根的，并非浮萍。

地球人的根在哪里？中国人的根，又在哪里呢？每年的归乡大军，都像候鸟一样，他们是在寻根还是在漂泊？这有点像一首歌里唱的“跟着感觉走，紧拉着梦的手”。这个世界，多的是像飘忽不定的云朵一样的人们，缺少的是像树一样坚定地扎根大地的人们。

飞船很快就到达了墨西市的上空。墨西市的布局很有创意。从空中俯瞰，墨西市显然由两大区域组成的，一个是海边的度假区，另一个是农业区。

离海岸线不远的海域，星罗棋布着诸多的岛屿，湛蓝的海水泛着粼光，白色的沙滩在太阳下闪烁耀眼的银亮，这是墨西市的旅游度假区，确切地说，它是玛雅国的度假区。墨西市的规划并未将度假区包括进去，也许墨西人不希望其他城市的来客惊扰他们平静的生活，也许他们试图坚守田园牧歌式的城镇组团主张。

如果说海边的度假区更多地依托自然条件而生成，那么，墨西市的环形城镇带，就好像是圆规划出来的。市中心是一个圆形的城区，城区的中央有金字塔广场。以市中心 50 公里半径为第一个环形城镇带，半径 100 公里为第二个环形城镇带，半径 150 公里为第三个环形城镇带，依次类推，扩散开去。

墨西市分七个区，其中一个是中心区，即城区，另外六个辖区是以城区为圆心，按 60 度分割而成。城镇的辖区最多为 16 个镇区，每个镇最多八个农庄，环形带最多七条……

墨西市设置的直径最大达 700 公里，最多 108 个镇区，762 个农庄。超过这个设置，玛雅国将另设城市。现在墨西市发展到了第五个环形带，这个环形带肯定有别于北京的五环。

飞船长时间地盘旋在墨西度假区的上空，下面是一个个花环般的小岛，犹如天际抖落下来的一块块翠玉，星罗棋布地散在无际的海面上。小岛中央呈绿色，四周呈白色。海水从岛边向远处延伸，颜色依次是浅蓝、水蓝、深蓝。在此度假的人们，或赤足漫步在细白的沙滩上，感受墨西的体温；或赤身裸体泡在变色的海水里，聆听玛雅海的心跳。人们好像忘记了时间和工作，尽情地吃喝玩乐，享受着上帝给予的仙境和放纵……

海水依偎着沙滩，默默地陪伴着度假的游客。也许海水本来就是沙滩的延伸，沙滩原本就是海水的依托。

飞船停泊在一个小岛上，这个岛的名字叫“忘忧岛”，这里是唐汉和丁香夜晚的住处。两人一出飞船，酒店的服务人员就向他们各献上一个红白相间的大花环。有点艳俗的花环，此时散发着浓郁的香味，令人的精神为之一振。

丁香告诉唐汉：“这种花被称作迎宾花，是当地专门用来迎接贵宾的花卉。”

两人进了酒店的大堂，穿戴整齐的侍者立即递上洁白的毛巾和冰镇的果汁。唐汉和丁香住的是水上房，也就是整栋房屋完全建筑在海水上面的。房屋不大，最多能住三个人。每栋房屋相隔数米，保证它们都有独立的空间。水上房屋有一条栈道与岛屿相连。房屋的卫生间有一个楼梯直通海里，换上泳衣可直接下海游泳。

丁香从屋内拿出一瓶“龙舌兰”，来到室外的木制桌椅旁，交给唐汉：“请品尝一下。”唐汉识货，地球上也有“龙舌兰”酒，“龙舌兰”酒有很多不同的品种，其中品质最佳的原料产地是在墨西哥哈利斯科州的塔吉拉镇一带。丁香手里拿的是一瓶古老“龙舌兰”酒。古老“龙舌兰”酒要贮藏于木桶内一年以上，这样，其强烈的味道才会变淡，呈现非常温和怡爽的口感，有点像白兰地。

“玛雅国怎么也会有龙舌兰呢?”在玛雅国见到“龙舌兰”酒，唐汉感觉有点稀奇，“莫非是玛雅人从地球上带过来的?”

“他们早年从地球上引种龙舌兰，并按照地球上南美人的方法，用它来酿酒。”经丁香这么一说，唐汉想起来玛雅人曾在地球上逗留过的这档子事。

“那他们喜欢哪种喝龙舌兰酒的方式?”唐汉知道，喝这种酒，有好几种方法，蛮讲究的。

“玛雅人，大多喜欢墨西哥式的喝法。”丁香说着，做起了示范。她将柠檬汁滴在手背、大拇指和食指之间，然后，在柠檬汁上撒一点盐，用舌头舔一下，才开始喝一口“龙舌兰”酒，每喝一口，都摆出一副很享受的样子。唐汉还是按照自己喜欢的方式，先在杯中倒入一份“龙舌兰”酒，又倒入一些苏打水，然后用纸质的杯垫盖住酒杯口，用力朝桌面敲击，等到泡沫涌上时，一口喝完。

金黄的“龙舌兰”酒，激荡着两人的味蕾，使他们激情澎湃，难以自已。

“墨西的夜晚海钓很有趣，”丁香挑逗唐汉，“你如果累了，就先歇着，等我钓鱼回来。”

“不累，一点不累!”唐汉连忙表态，心想，好你个丁香，想甩开我吃独食，那还了得!

晚上，人造太阳发射着弱光的时候，他们驾驶着酒店的游艇，向海的深处开去。

唐汉有些不解：“为什么一定要到了晚上才去钓鱼?”尽管玛雅国的晚上，光亮依旧，从时间概念上来说，毕竟还是晚上。

“呵呵，钓鱼是个挺耗费时间的活，大白天在海上钓鱼，不热死也被晒死了。重要的还在于白天太热，鱼都没胃口进食，所以晚上才容易令它们上钩嘛。”丁香解释着晚上钓鱼的道理。

游艇抵达了海的深处，丁香开始分发海钓的渔具给唐汉，他得到的海钓工具，是一端拴着鱼钩的绳子。唐汉学着丁香的动作，将带来的鱼肉挂在鱼钩上，然后把鱼钩抛到海里，接下来就是耐心等待了。

“我钓到啦！”丁香骄傲地举起劳动果实，一条小鱼，嘴里含着钩子拼命地在空中挣扎，到这时候，它才知道贪吃的结果。

“啊，我也钓到了！”唐汉同样发出得意的尖叫，这是一条重约两斤的鱼，它在空中拼命地甩着尾巴，希望能重归大海，显然，一切努力都是徒劳的。

一个多小时下来，两人共收获五六条大小不一的鱼儿。他们回到海滩上，将海钓上来的鱼，三条进行烧烤，两条做成美味的鱼汤，阵阵欢声笑语，打破了“忘忧岛”宁静光明的夜空。

第二天，唐汉起了一个大早，希望零距离欣赏墨西度假天堂的晨光。他走出房间，立刻被眼前的景象震撼了。

只见太阳露着鱼肚白，海面静得出奇，海水由远及近变幻出不同的颜色：靠近岸边的海水呈白色，那是沙滩的颜色；远离沙滩的地方渐渐演变为淡淡的蓝色，恰似透明的翡翠；再往远方，海水已是深蓝色，依然给人透明的感觉；极目处就只剩一种深邃，给人以夜空般的感觉。在海天的交汇处界线分明，天空的明快完全有别于海水的深沉。

白色的沙滩懒散地依偎在小岛的四周，任凭海水有意无意地荡涤和亲吻。越过沙滩是一片青葱翠绿的椰林，在连接两株倾斜的椰子树的吊床上，斜躺着一位身穿泳衣的金发少女。也许是她刚游泳过的缘故，头发湿漉漉的，自然地从吊床上垂落下来。姑娘杏眼微合，略带一丝慵懒。

唐汉放缓了脚步，尽量不让脚底下发出声音，他不想无端地惊醒她的一帘幽梦。他想，也许几年过去，他和丁香也会有这么一个，不，几个美丽的女儿。

唐汉太喜欢“忘忧岛”清晨的感觉了，那是十分难得的人生偶遇，眼前的景色，就是他时时憧憬的海岛天堂。

中午，丁香驾着游艇来到了深海处，也就是在岛上看到的颜色最深的地方，那里的珊瑚礁最为密集。珊瑚多的地方，热带鱼也多。唐汉不想放过再次观赏热带鱼的机会。

唐汉和丁香在洪都时，已驾驶潜艇到过海底，在潜艇里观看过珊瑚礁和热带鱼。此刻，在“忘忧岛”，唐汉和丁香分别套上一个大大的潜水镜，嘴里含着水下呼吸器，将空气导管伸出水面，穿上脚蹼，“扑通”两声，两人迫不及待地跳进了大海。

丁香扭动着优美的身躯，拼命追逐着一条条五彩斑斓的鱼儿，想去触摸它们美丽的鳞片，结果是一无所获。为了吸引更多的热带鱼，丁香拿出事先准备的鱼食，也许鱼儿知道她的友善，又无法拒绝美食的诱惑，于是便游弋在她的身旁，丁香自己，也宛如一条美人鱼。

唐汉和丁香，在墨西度假区，度过了一个愉快的中午。来岛上度假的人们，处处得到墨西人的礼遇。墨西人把阳光、海水和白色的沙滩保护得很好，使平常忙碌的玛雅人到了这里，能充分享受天堂般的温馨与柔情。

下午，唐汉和丁香按计划去了墨西市的镇区。玛雅人的农业文明非常著名。从地球上考古得到的记载看，1 200 多年前玛雅人在地球生活期间，一家农户只要劳作六个月，便可以收获够全家吃一年的粮食；劳作十个月，便可以收获够全家吃两年的粮食。

如今，玛雅国更是物质文明高度发达的国度，实行按需分配。唐汉粗略知道些按需分配的要义，一是军队实行按需分配，或叫供给制；二是教科书里说的，到了共产主义社会也将实行按需分配。

玛雅国，现在的劳动效率非常高，农副产品加工厂和农林科研机构，分布在每个中心区，他们生产的食品大多是以胶囊和汁的形式呈现，口感不错，热量和营养足够，食用起来也极其方便。

“唐汉，玛雅的食品，尽管单调、乏味，但是却是绿色的，在这里你看不到任何的添加剂，也不必担心农药的残留。”丁香带着唐汉参观墨西的农业区，这里的农业与桃花源的状况大体相似，只是在玛雅国，对食品进行了后期加工。唐汉知道，丁香的话语并不是针对地球，但是，他想到地球上的食品安全的问题，感慨万千。

“丁香，桃花源、玛雅国的农作物，不使用化学剂杀虫子，没有农药残留，这点我明白，玛雅国为什么要将食物制成胶囊和汁液呢？”

“制成胶囊和汁液，就是为了便于保存和使用方便。食物经过挤榨，液体是汁液，采取真空冷藏，保持其新鲜程度；对挤榨的固体，采取瞬间干燥的方法，减少了营养损失，绝干的粉末是不容易变质的，经过各种成分的分配，制成不同成分的胶囊，胶囊外表的物质将粉末与外界隔绝，就具备较长的保质期。”

“这么乏味的营养餐，还有这么多道理，也只有玛雅人想得出。”唐汉直观的感觉，玛雅人虽然牺牲了部分味蕾的享受，但从各方面综合分析，他们的做法还是很科学的，效率也很高。地球上，粮食、蔬菜的储存成本很高，只是在粮食安全的大帽子下，保管成本已不为人关心。

“地球上两件事情，政府是可以不计成本的，安全和政治。”丁香在揭“地球人”的短。事实就是这样，地球上，人类的资源大量消耗在满足人性的弱点方面。

“其实，地球上的压缩食品，与玛雅人的胶囊有相似之处。”唐汉觉得，地球上，并不是一塌糊涂，他终于找到了一个理由，想为地球找回点面子。

“唐汉，你也就别多费神了，我问你，你们为了有更多的炸鸡翅，你们地球人硬是发明了长五六只鸡翅的鸡，有这回事没有？”

“听说有，据说那是美国人的一家公司干的。”唐汉听别人说过，一家炸鸡翅食品公司，为了提高效率，降低成本，是在干这件事。据说，看过这种鸡的养育过程的人，下半辈子，见到餐桌上的炸鸡翅就哆嗦，那情景太恐怖了。

“好，往鸡身上插鸡翅的事算是美国人干的，那么用黄色素将白馒头染成玉米馒头的事，又是谁干的？”唐汉听到丁香说这事，脸上挂不住了，这事还就是上海人干的，唐汉还能说什么，他说，给猪吃瘦肉精，往牛奶里掺“三聚氰胺”，往水果里打膨胀剂等等，不是上海人干的，不是中国人干的？这话可不能说，再说，人就丢大了。

“丁香，咱不谈地球上的事，我不是代表地球人来玛雅国考察学习了吗？”

“什么，唐汉，你是来跟我度蜜月的，还是来考察学习的？”唐汉一言不慎，又被丁香抓住了小辫子。

“当然是陪娘子来读蜜月的，其他的事情，都是捎带，可有可无。”唐汉应变也够快的。

“这还差不多，不许叫我娘子。”丁香也就是存心逗唐汉，也带一些女孩子发嗲的意味，她怎么会真生气呢。

“不叫娘子，叫什么？”

“你说叫什么？”丁香节节逼近，眼睛就要碰到唐汉的鼻梁骨了。

“对了，格桑梅朵！”

“算你聪明。”丁香顺势倒在唐汉的怀里，变得风情，唐汉也呼应着丁香的柔情。一边是海水，一边是火。

墨西，像一个素面朝天的村姑，纯纯地留在了唐汉的记忆里。

唐汉无法想象的景象，成为了玛雅人的日常场景：

门外水流何处？天边树绕谁家？

山色东西多少？朝朝几度云遮？

……

5. 米拉的家

丁香准备返回危地市的时候，米拉打来了电话：“丁香，我是米拉，你们墨西市的旅行结束了没有啊？”

“快结束了，估计三小时后可回到危地市。”墨西市到危地市，空中不需要许多时间，唐汉脚底下像粘了胶水了，迈不开步，磨蹭着不想立即离开，丁香在跟米拉说话的时候，在时间上就留了余地。

“那好，你和唐汉直接到我的家来吧，我与香慧在家里等你们。”

“好的，等会儿见。”

以往，丁香每次到危地市出差，有时间的话都会去米拉的家坐坐。米拉的家在危地市的边缘地带，听起来有点中国的城郊结合部的意思，实际上，在桃花源、玛雅国，根本没有城乡差别这个概念。米拉的家，是一幢三层楼的房子，房前是一个临街的大花园，房子的建筑面积约 600 平方米，屋顶上设有飞船停泊平台。

米拉全家有九口人，爷爷和奶奶 80 多岁了，父母 60 多岁，米拉还有哥哥和嫂嫂，以及一个侄子、一个侄女。他们都住在一起，也是个四代同堂、欢乐祥和的大家庭。

玛雅国，男婚女嫁还是蛮严格的。米拉现在是住娘家，等找了男朋友，结了婚，也就得搬到男方去，不能赖在娘家，这倒有点像地球上说得的古话：嫁出去的女儿，是泼出去的水，是收不回来的；女儿大了不能留，留来留去是冤仇。

今天下午，香慧和米拉参加完玛雅国的会议后，就直接回到米拉的家，香慧来到玛雅国后，就一直住在米拉的家里。香慧一进自己的房间，就看到了墙上的显示屏的提示：香慧小姐，危地市长老理事会根据玛雅国长老理事会的指示，现已将所提供飞船和衣物等物品，停放在米拉家的屋顶上了，请前往接收。落款是危地市长老理事会。

香慧立即奔向屋顶的飞船停泊平台，平台上停泊着一艘崭新的飞船，银白色，非常漂亮，形状就像一顶特大号的草帽，编号为 H－2010－7702。这是一艘双人飞船，飞船的行李舱内，整齐地放着一些日常用品。

香慧在清单上签了字，送货人用一个手电筒状的仪器，在香慧内置芯片的腕链上照了一下，交接手续完成了。香慧兴高采烈地抱起衣物，此类生活用品玛雅国已提供了两批，如今还给她配备了飞船，这是她万万没有想到的。人还没下平台就喊上了："米拉，快上来看哪，我有飞船了！"

"真的？"米拉闻声上了屋顶的平台，"真漂亮，还是最新型号的呢。"

"太好了，我也长翅膀了。"香慧伸开双臂就来拥抱米拉，她忘记了自己怀里的一堆衣物了，这倒好，她这一激动不要紧，怀里的衣物散落了一地。

"香慧，快把衣物收拾好，丁香他们过来还要一些时间，趁着这个空，我教你开飞船怎么样？"米拉建议道。

"好啊，你等我一会儿。"只见香慧，三下五除二地将地上的衣物划拉起来，抱着这些被弄得乱七八糟的衣物就奔卧室去了。

"丢三落四的，看你兴奋的，像丢了魂似的。"米拉看着香慧的背影说道。那可不，在人类诸多梦想中，会飞应该是历史长河中最早最长的一个梦境。翅膀，在哲学家的眼里也好，在平头百姓的眼里也好，都代表了自由。不一会儿，香慧就上来了，气喘吁吁地问："我们可以开始了吗？"

"好，看给你急的，心急可吃不了热豆腐。"米拉与香慧相处这么多天，还没看到过她这样，急得像只猴子。

米拉申请了航线后，便开始教香慧驾驶飞船。玛雅国的飞船设计得非常人性化、智能化，有卫星定位导航系统、自动巡航功能、飞船间的定距跟踪自动避让系统，出现飞船间碰撞的概率理论上为零。飞船上配有自动弹跳降落伞，确保飞船上的人员，在遇到紧急状况时，可以逃生。

米拉将飞船驾驶状态，设定在自动的位置上，然后让香慧坐到驾驶座上，她在一边陪驾。

这几天，香慧经常坐米拉的飞船，看米拉操作，也懂个八九不离十；再说香慧在地球上也驾驶汽车，因此很有底气。

香慧按动了启动按钮，飞船腾空而起。由于是试驾，航线是专设的，试驾的航行高度也比常规的高。玛雅国飞船，根据用途不同配置的能源种类也不同，民用的大多采用太阳能和生物能；航天用的飞船，能源大多采用是反物质能源，反物质能源在玛雅国应用很普遍，玛雅国长老会考虑香慧可能经常奔波于地球与南球之间，给她的飞船配置的是反物质能源。就反物质研究方面，地球与玛雅国相比，那是小巫见大巫。地球上的科学家首次捕获的反物质成果，为 38 个反氢原子，仅存活 0.17 秒，其能量只能支持一个灯泡亮 20 分钟。

反物质就是正常物质的镜像，正常原子由带正电荷的原子核构成，核外则是带负电荷的电子。但是，反物质的构成却完全相反，它们拥有带正电荷的电子和带负电荷的原子核。物质与反物质，两者一旦接触便会相互湮灭抵消，发生爆炸并产生巨大能量。

反物质是地球上的人类，目前所知威力最大的能量源，它能以百分之百的效率释放能量，并且不造成污染，不产生辐射。一小“滴”就可维持一座特大型城市一天所需的能量，不到 500 克反物质的破坏力超过世界上最大氢弹的威力，只需几千克，就足以毁灭地球；如果想把人类送上火星，仅需要几十毫克，同时耗时也大为缩短，也就是几天的时间。

香慧试驾了两个多小时，已基本掌握了飞船的驾驶技术。“香慧，你很聪明，学得很快，再飞一次就可以独立飞行了。”米拉对香慧的适应性和领悟力表示赞赏，“有了飞船，你会很快适应玛雅国的生活。现在，我们可以返航了。”

“哪里，是你这个老师教得好，玛雅国的飞船设计非常人性化，学起来也就快了。”香慧还是有很高的情商的，她不失时机地夸奖了米拉一番。

返程的时候，香慧对于驾驶飞船，显得很自信，动作也变得熟练了。

“米拉，有个问题要问你。”俗话说艺高人胆大，驾驶飞船技术熟练的香慧，情绪也变得放松了，她开始与米拉聊天了。

“问吧，这有什么羞羞答答的?”米拉眼光温和地看着香慧，一副坦诚的模样。玛雅人是直肠子，没有地球人的那些花花肠子，在地球上，经常看到这样的情形，明明要问清楚一个问题，可说出来的话就拐了弯了，变成什么“不知当讲不当讲”，被问者则显示出一副大度的样子，口里的话也就变成了“但说无妨”。

“那我就直说了，玛雅人，一方面对自然科学充满了挚爱；另一方面又对玛雅教义深信不疑。你不觉得这两者是矛盾的吗?”在香慧的眼里，自然科学与宗教教义是对立的，一个是科学，另一个是迷信嘛。

“玛雅人大多愿意将自己的身心投入到自然科学的海洋之中，所有的玛雅人都信玛雅教，我不觉得这样有什么问题……从玛雅国执政者的执政理念来看，他们对人民的管理，不光靠严酷的世俗法律加以维持，而更多的依赖于人们对神的罪感和对社会的耻感来控制自己的行为，司法判决的训诫意味多于惩罚意义。玛雅人的宗教起始是简单的自然崇拜，后来发展到多神崇拜，神更多的是某种自然现象。玛雅社会是一个路不拾遗、夜不闭户的友善社会，不崇尚暴力，人们害怕自己由于罪恶而受到无所不在的神灵的惩罚，所以他们愿意严格遵守教义，同时不违法。”米拉看着香慧，香慧的眼里流露出迷茫的目光，“香慧，你有这种想法不奇怪，这说明你对玛雅教的教义还不了解。”

“米拉，还真叫你说对了，我到玛雅国这么多天，大多忙于解救地球劫难的事，你还别说，我到现在还真不知道，玛雅教的教义是什么呢。”

“玛雅教的教义，其实很简单：勤奋诚实，与自然共生，戒贪婪，戒投机，戒暴力。”米拉告诉香慧，“玛雅教的核心是顺应自然，并倡导人们要抑制人性的弱点。”

香慧将信将疑地点了点头，一种理念的形成，不是一朝一夕的事情，同样，要理解一种理念，也不是一时半会能做到的。

香慧来到玛雅国的这些日子，一直与玛雅国地球司，切磋地球 2012 年的问题，同时她又与地球的星联组织也保持着密切联系。香慧竭力说服玛雅国佬，希望他能出面，联合楼兰国、桃花源，一起出手帮助地球度过 2012 冬至这一劫，并尽力促成地球代表与天、南、北球的代表进行会晤。

香慧的责任是重大的，报效地球的拳拳之心，日月可表。她知道自己的使命，地球上有多少组织，有多少人，梦寐以求地想取得与外星人的联系，可惜的是，他们命运不济，与外星人失之交臂；有多少牛人，将自己对外星球、外星人的意淫，演绎为科幻大片。相对于他们，香慧是幸运的，她十分珍惜这次机缘，这次机会，与其说是香慧的，还不如说是地球的。

这对姊妹花刚回到米拉家的屋顶飞船停放平台，丁香和唐汉的飞船就接踵而至，两船到达的间隔，也就一分钟左右。米拉招呼大家来到她家的室内，并以玛雅国的主要饮食——胶囊和饮料，来款待客人。

唐汉环视了一下周围的环境："米拉，你们这里的建筑整齐划一，像是流水线上制造出来的一样。"他从窗户里打量着周围的民宅，感慨良多，"看上去，这些住房，也有些年头了。"

"唐汉，你不愧是搞土木工程的，有眼力。"生活里有个黄金定律，夸别人就是夸自己，在地球人看来米拉是深谙此道，其实这是玛雅人本色流露，"你说得没错，玛雅的民宅，是模块化制造出来的，看上去大同小异，我们家的房子已有 500 多年的历史了，我们世世代代住在这里，祖祖辈辈在这里生活。"

"这房子是市政当局无偿提供的吗？"唐汉说。

"不错，危地市的每家每户都能分配到一套，类似我们家这样的房子。"米拉停了一下，好像想起了什么似的，"在我的记忆中，至少有十多年，危地市没有盖过房子了。"

"哦，这是什么道理，玛雅国的人口能做到这样平衡？"香慧难以置信，唐汉在桃花源亲临了这个问题，他已经觉得习以为常了，香慧则不然。

"这个问题对于玛雅国来说，也不是什么秘密了，人口平衡包括两个方面，一是生死平衡；二是男女生育比例平衡。只要这两个平衡做到了，一个国度的人口就总体平衡了……"

"别，别，米拉，你停一会儿再说。"唐汉急切地打断了米拉的话语，"你把玛雅国，是怎样做到生死平衡和男女生育比例平衡的，讲讲清楚。"

"唐汉说得对，米拉你就将这个问题讲得详细点……"香慧附和着唐汉的说法。

“好，我就先说说生死平衡。”米拉吸了一口外人不知道是什么成分的饮料后，接着说道，“发达而稳定的经济条件和医学水平，是实现生死平衡的重要基础，生育规则也是具有重要影响力的因素。”

“米拉说得对，人们平均寿命的改变和生育规则的改变，就会打破生死平衡。”香慧在地球的联合国工作，眼界就要比唐汉高一些，俗话说，见多识广嘛，“地球上的一些国家和地区，出现人口老龄化，主要原因是生活条件的改变和医疗条件水平的提高，导致人们的平均寿命提高，这样就出现了生死不平衡。”

香慧在地球上，曾听外婆讲过一个故事。这个故事在地球上流行，其原始出发点是为了宣扬孝道，而用现在的眼光来看，这个故事中的做法，隐藏了统治者解决生死平衡的、不人道的手段。

“米拉，我给你讲一个地球上，古代人解决生死平衡的故事好吗?”香慧想将其外婆讲述的故事，传播到遥远的玛雅国。

“愿闻其详。”米拉与地球人相处时间长了，说话也有点地球人的腔调了。

香慧讲故事的神态也许像她的外婆。传说很久以前，有一个小国，那里人们的生活条件很艰苦，食不果腹，衣不蔽体，而一些老人不能劳动，却要消耗食物，更加加剧了人们的生活负担。国王夜不能寐，整日冥思苦想，最后国王想出了个损招：超过60岁的老人一律活埋。这个举措虽然有失人道，却也暂时缓解了国民的生存压力。话说有一天，波斯国的使者，给这个国家送来了一个重约20公斤的动物，声称如果该国三天之内没有人辨识出这个动物，波斯国将派兵屠城。国王无奈，对大臣也下了命令，如果三日内无人辨识出这个动物，将一律格杀勿论。国王还不放心，又在城头挂起了悬赏令，如果有国民能辨识出这只动物，给予重赏。时间过得很快，两天过去了，还没有消息，国王急得像热锅上的蚂蚁。第三天，就在离时限一个多时辰的时候，不知从哪里跑出一只猫，说来也怪，那个动物见了猫，吓得浑身哆嗦，如果不是被绳索所困，早已抱头鼠窜了。就在这时，一个年轻人高声喊道：“国王，我知道它是什么东西了，它是只大老鼠!”那波斯国使者一听，脸色暗了下来，灰溜溜地牵着这只大老鼠走了。国王见状，喜出望外，连忙将那人传到跟前：“聪明的臣民，感谢你救了国家，不知你是怎样辨识出这只老鼠的?”那位臣民哆哆嗦嗦的，眼光根本不敢看国王，本来是救了国家的功臣，此时给人的感觉倒像一个罪犯:“回大王，先饶了罪民的死罪，罪民方敢呈报实情。”国王大笑道:“今天，你建奇功一件，就是你犯下了杀头之罪，也赦你无罪，还要好好犒赏于你，你该放心了吧?快快，但说无妨。”

那人心里的一块石头落了地，便将事情的原委说给国王听。原来这位臣民是位大孝子，他的父亲满 60 岁那天，他并没按国王的规定，将其父活埋，而是在坟的土堆下面，砌了一间小屋，将其父隐匿其中，每天按时送水送饭。一天，父亲见儿子愁眉不展，就问发生了何事。老人不问还好，儿子听了老人的话，一下子跪倒在地，泪如雨下，声音哽咽:“爹爹哎，明天儿子就不能给您老人家送水送饭了。”老人想，这五年里，儿子送水送饭，一点也没亏待自己，与那些惨遭活埋的同龄人相比，自己已多活了五年。老人想到这里，对儿子全无怨言。“爹爹哎，不是儿子不孝，是儿子从明天开始就不能孝顺您了。”老人听了这话，愈发糊涂，儿子便将波斯人让辨识动物的事情说了一遍。老人听了儿子的描述，得知了动物大概的长相后说:“孩子，早年我听你爷爷说，波斯国有一种老鼠大过羊，听你的说法，我觉得这可能是一只波斯鼠。”儿子听了老人的话后，转悲为喜:“爹爹，我怎么才能确定这只动物是老鼠呢?”儿子怕万一有什么差错，可就害了一城的人啊。“这个好办，你可以身藏一只波斯猫，到了那动物旁边，你就将猫放出来，如果那是只老鼠，见了猫必然害怕，不管多大的老鼠它与猫都是天敌。”儿子按照父亲的意思去做，一举成功。国王听了这位臣民的话后，沉默良久，好像在做一项重大决策，过了半晌后说:“我要重赏这位臣民，另外，我宣布，从今天起，取消国民 60 岁的寿命限制。”人群里爆发出了雷鸣般的掌声。

人类的进步和觉醒，经历了痛苦的历程，香慧外婆的这个故事，只是人类文明发展史的长河里的一朵浪花。

唐汉处于生育期，他对社会的生死平衡不是很感冒，他更关心男女平衡的问题，地球籍的人，总是更关心离他最近的问题，“米拉，你快说说男女平衡的问题。”

米拉被唐汉的话唤醒，她刚才已沉迷于香慧的故事情节中，“是的，你和丁香，是应该多关心男女平衡的问题。”米拉说。

“米拉，你怎么把我也扯进去了？”丁香坐在唐汉的身边，听到米拉将养儿育女的话题牵扯到了她的身上，她就发出了自己的声音。也许，大多数的新娘，都不会急于向母亲的角色转换。

“一个巴掌拍不响，就凭唐汉一个人，他有天大的本事，也无法在人世间，增加个一儿半女。”香慧说。

“可不是嘛，说男女平衡，不但要牵扯到男的和女的，而且还要牵扯到男女之事呢。”米拉同意香慧的说法，何况她说的也是事实。

唐汉不觉在心里笑了笑，暗想：真是三个女人一台戏，如果没有个爷们儿干预，恐怕到晚上也进入不了正题便说：“米拉，你就进入正题吧。”

“其实，这个问题也很简单，结婚的夫妻，要确保生育一男一女。”

“啊？要确保每对夫妻生育一男一女，这难度也太高了吧？”唐汉发出一声惊叫，他听说地球上，采用B超可以识别出怀孕的小孩的性别，即使这时发现，已是于事无补，黄花菜都凉了有个Q用啊？地球上有许多关于生男生女的传说，大多是事后的判断，什么孕妇吃酸的养男孩，肚子圆的是养男孩，肚子尖的是养女孩，三个月不显身形是怀的男孩等等，不一而足。关于事前的也有传说，男的是急性子的多数养女儿，男的是慢性子的多数养儿子；男的先达到高潮养女儿，女的先达到高潮养男孩（此处省略327个字和一个句号。注：实行独生子女政策地区的新婚夫妇，不宜模仿，否则，后果自负）。

“俗话说，难者不会，会者不难，玛雅国没有金刚钻，敢揽这个瓷器活？唐汉，坐好你的小板凳，认真听讲。”半路杀出个程咬金来，香慧过来插话了，唐汉心想：香慧，你算哪颗葱，等你有了实践经验再打岔也不迟。唐汉朝香慧撇撇嘴：“去去，未婚青年起什么哄？你以为这是婚前培训班呢！”

“唐汉，你这话不对，在玛雅国，初中生理课就讲这个。”米拉给香慧打了个圆场，“地球上，研究生男生女的角度，是染色体配对，玛雅国的研究更细致，新婚夫妇的第一个小孩，是在自然状态产生的，在第二个小孩的孕育过程，夫妻就要接受外界专业的干预，以保证男女的平衡，这种干预主要手段，是激活男性生男或生女的染色体的细胞，增加女性染色体的定向选择活性。这些激活素，都是生物质的，对人体和婴儿是无害的。”

“嗨，原来是这样。如果地球上也采取这种方法，就不会有那么多的招弟、盼弟诞生了，也许……”

这时，米拉的电话响了，是从玛雅国地球司打来的，说是明天玛雅国长老要接见米拉和香慧。

丁香见状，忙说：“米拉，你和香慧都很忙，我和唐汉明天就去楼兰国了，到米兰和罗布那儿去，唐汉很想见识一下楼兰国的。”

“行啊，”米拉说，“希望在楼兰国，继续你们的蜜月之旅，我有了机会也会去桃花源看望你们的。”

“谢谢！”

“谢什么呀。这几天刚好不巧，没好好陪你们，心里正过意不去呢。都是地球 2012 年劫难的事给闹腾的，过几天，丁香，你也要忙了，天使行动快要实施了，要有心理准备。”

“米拉，如果可能的话，最好让唐汉也参加天使行动。”丁香不想在蜜月期间，就和唐汉各奔东西。

“到时候再说吧，这事我还要跟上面汇报，我会争取的，尽量不拆散你们这对鸳鸯。”

深夜十一点光景，米兰打来电话，询问唐汉和丁香的行程安排，并约定了在楼兰国的见面地点。米兰在电话里有些激动，说她和罗布有自己的房子了，很高兴。自罗布泊一别，两年过去了，唐汉的确挂念米兰和罗布，不知他们在罗布泊生活得怎样。不过，想到明天就能见到他们，唐汉还是有些兴奋地睡不着觉。

“怎么，又想起雪域高原的那些日子？”丁香在枕边嘀咕道，“我们明天不就能见到米兰和罗布了吗？”

“我是对楼兰国充满了期待，想到明天就要揭开古楼兰神秘蒸发的面纱，你说我能不激动吗？”

丁香换了个姿势，将头枕在唐汉的胸前，眼睛乜斜着唐汉：“除了楼兰国值得期待外，就没有其他值得你期待和激动的了？”

唐汉知道因为楼兰国的事，冷落了新婚娇妻，所以丁香话里有些酸味也不足为奇。楼兰国对于丁香，根本没什么神秘感可言。她曾去过三次，并不喜欢楼兰国商业气氛非常浓烈的生活方式。至于唐汉，就不一样了，他对楼兰国寄予了太多的期待和想象。

唐汉抚摸着丁香，轻柔的指尖传达着他的无限爱意，丁香也变得小鸟依人，乖巧无比，她松散开的秀发，飘落在唐汉的身上，发梢在唐汉的皮肤上滑行、游走、停顿，痒痒的，不断撩拨着唐汉的男人情怀。窗外的人造太阳的光亮，已调节成了弱光，唐汉、丁香经过长时间的温存，也慢慢进入了梦乡。

清晨，唐汉、丁香睁开蒙眬的睡眼，与爬进窗棂的第一缕阳光邂逅，阳光是那么的自然，空气是那么清新，只是唐汉与丁香，如胶似漆，情浓依旧。

唐汉对玛雅国恋恋不舍，他和丁香在晨曦中，进行例行的晨练。

危地市的运动广场在市政广场的一侧。丁香将飞船停泊在市政广场的飞船停泊场，两人携手来到了运动广场。玛雅国的运动广场，类似于地球上的体育场，是民众日常健身和体育竞技的场所。

玛雅国的运动广场完全有别于地球上的体育场。在这里布置了众多的能量回收装置。在运动广场的四周，有许多类似鼠笼式发电机的装置，一些老人在里面，不断翻转，能量不断转变为电能，储蓄到蓄电池内；在运动广场的东南角，是一些类似地球上拔河的运动，其中不同的是，在这里不是两拨人在对抗，而是一群人在跟一组弹簧较劲，在这个过程中，能量转换为电能，储蓄到蓄电池内。

唐汉指着运动者身上的一个装置，问丁香："他们每个人身上都有一个装置，那是什么东东？派什么用处？"

"那是便携式人体能量聚集器，用于将人体运动能量进行回收。"丁香给唐汉解释说，"玛雅人的个人通讯器材、计时装置、信息装置的能量，全部由便携式人体能量聚集器提供。"

对于玛雅国的一切，唐汉已是见怪不怪了，如果这里有地震，没准他们也能将其能量收集起来。

唐汉、丁香矫健的身形，在危地市的运动广场上留下了长长的剪影。

第五章　梦幻楼兰

1. 楼兰如梦

从玛雅国到楼兰国，是一次长途飞行。飞船翱翔在茫茫的太空中，犹如一支利箭，疾速穿过无遮无拦的天空，准确无误地射向目标。飞船上的新人，也被丘比特的神箭射中，在远离纷扰的太空，享受纯净的爱情。

丁香，唐汉的格桑梅朵，此时像一只慵懒的猫咪，蜷缩在唐汉的怀里，唐汉不时低头，亲吻着丁香那羊脂玉般的项颈，她的皮肤很好，给人一掐就会出水的感觉。

丁香移开唐汉那双不守规矩的手，双目如炬，睫毛舞动，眉目传情。唐汉四指梳理着她的黑发，将纷扰着丁香脸庞的青丝，撩拨开来，让丁香的秀美，毫无遮拦地溢满他的双眼。丁香放任他的抚摸，任由他的游走。飞船传来“咝咝”的气流摩擦声，丁香感觉，这声音，是唐汉像一条游龙，缠绕着她的肌体游走时发出的。

唐汉看着丁香撩人的红唇，微微起伏的鼻翼，气息若兰,“格桑梅朵,你想对我说什么?”唐汉柔情似水。

“唐汉,我知道你对楼兰充满了期待和想象,楼兰与桃花源、玛雅有很大的不同。”丁香知道唐汉是一个善良纯真的人,她不想让到处充满了算计的楼兰伤害了他的纯真。楼兰是典型的商业社会,在那里金钱的量化表现到极致。

“我想象得出,楼兰国应该是交易频繁,市井繁荣,人尽其力,物尽其用。”唐汉的眼睛像会说话的星星,满怀憧憬,“玛雅人的智慧在天文和航天科技方面表现得登峰造极;楼兰人的智慧则在商业文明方面表露得淋漓尽致;桃花源则是一个与世无争惬意人生的所在。”丁香看到了唐汉眼睛里放射出的光芒,那里有对美好未来的想象,丁香笑了,也许唐汉并不像自己想象中的脆弱和不堪一击,只不过是自己对他有太多的爱意,不想让他受一丁点的伤害;也许唐汉会接受楼兰的生活方式,只是我不习惯或不喜欢楼兰的商业文化罢了。在这个问题上,丁香希望自己是多虑了,所有成熟的女性,都有母性,都有护犊情结,丁香也不例外。

不管男人年龄有多大,从心理的角度来认知,他还是长不大的孩子,幸福的男人,是因为他不时沐浴着母爱的光辉,这种光辉,可能来自于母亲、妻子、情人或对他有好感的女性,而女性的伟大,也正是由于她的身上有母爱的光环。

“但愿如此,希望楼兰国的现实,不会击碎你的梦幻。”丁香不想打击有着诗人一样情怀的唐汉,尽量用一些中性的语句。

“丁香,我想楼兰与玛雅,多少总会有些相似的方面?”唐汉似乎不赞同丁香对楼兰的成见。

“如果说有,应该是公共用品的供应上。楼兰的文化,特别是在反投机、反贪婪方面,倒与玛雅的教义有些类同。”丁香也不想以自己的好恶,误读楼兰国。

“那么楼兰的住房,属不属于公共用品供应的范畴?”

“公共交通、基本医疗、基础教育、未成年人的服装和校内饮食,等等,都是初级待遇,”丁香知道,楼兰国的天上不掉馅饼,“楼兰国没有免费午餐,成年人交付基本税额后,才能享受相应的公共用品和服务。楼兰国实行的是按税消费制度。”

唐汉听得云里雾里。“按税消费?闻所未闻!”他说。

“这有什么稀奇，在楼兰国，你想到的事情，他们已经做到了，你想也不敢想的事情，他们正在做。打个比方给你听，桃花源是藏在闺中人未识，玛雅国是亭亭如玉立遭人妒，楼兰国则是千载修炼成恶婆。”

“有那么严重?”唐汉怀疑丁香是危言耸听。

“到了那里，你就知道了。”在唐汉眼里，丁香不知是什么原因，与楼兰国结下了梁子。其实，丁香也就是一个敢爱敢恨，心无城府的丫头片子，没有世故和心计。

第二天的早上八点多，飞船到达了天球楼兰国的上空。楼兰国的罗布泊市已清晰可见。该市是楼兰国的首都，前总统宋元曾为统一三个星球的语言做出了很大贡献，楼兰国的现任总统是袁明清。

唐汉给米兰拨通了电话：“米兰，我和丁香马上就要达罗布泊市了。”

“太好了，我和罗布马上到国事厅的广场等你们。”米兰在电话的另一头说，语调里充满了兴奋，人生有八喜，他乡遇故知是其中一喜嘛。

楼兰国有九个州，是多民族联邦国家。飞船到达罗布泊市的国事厅低空时，唐汉已远远看见了米兰和罗布的身影。罗布与刚出船舱的唐汉热情拥抱，米兰也向丁香伸出了纤纤细手，四个人享受着久别重逢的喜悦。

“唐汉，今天你想怎么安排，是旅游山水还是浏览市容?”罗布是真诚的，他很想当好东道主。

唐汉想了想说：“罗布，我想先了解一下楼兰国的社会形态及城市管理，不知方不方便?”

“这没有什么不方便的，不过我需要检索一下信息，这样就委屈了丁香了，男人感兴趣的事情，不适合女孩子，更不适合新娘子。”罗布拨弄着手腕上一个类似手表的物件，看了一会儿后又说，“上午九点半，市政厅有一个演讲，是关于楼兰国按税消费方面的回顾与展望的，不知你感不感兴趣?”

“好啊，来楼兰的飞行途中，丁香还跟我提按税消费，我倒真想知道这是怎么回事，听演讲，我和丁香一起去就行了，不用你俩陪了。”唐汉将目光投向丁香：“丁香，你看这样行吗?”

“好啊，罗布泊，我还算熟悉，可以做向导。”丁香很大度，热恋中的男女，最富有牺牲精神。

“这样也好，中午我和米兰设宴为你们接风，等我电话。”

“行，中午见。”又是米兰与丁香的拥抱，这是异域的风俗、礼节，可在保守的中国人看来，也许容易联想到一种，几年前还流行的饮料名称：维维豆奶。

罗布泊市位于楼兰国大唐州行政区内，有居民50多万，其中主要为来自地球上的中国人的后裔。整个城市掩映在绿树花丛之中，湛蓝的天空飘着几朵白云。罗布泊的市政厅远离城市的中心，紧挨着市政厅的是楼兰国国会议事楼和总统府。这样的布局，是唐汉始料未及的，故事刚刚开始，唐汉也只好骑着驴看唱本，走着瞧。

楼兰国的行政机构分为三部分：总统负责制的国会、企业团体组成的商会和民众组成的民会。楼兰国的政体不同于地球上的普选国家，这里没有政党，更谈不上多党制。国会又分成二个层面，执行委员会和策划委员会。

丁香对这些问题不感兴趣，可是对于唐汉的询问，又不能不回答，万一伤了这位不耻下问的男生的自尊，落下了病根，那可如何是好。桃花源有种传说，人的一生有两种病不好治，一种是女人月子里落下的病，月子里女人的身子骨最虚弱，乘虚而入的人不是好人，乘虚而入的病，当然也不是什么好病了；另一种是蜜月里的伤痛，也不容易医治，是谓爱恨情仇。得了这两种病，一般治不了根，很难好利索。

“丁香，楼兰国的国会为什么要分成执行委员会和策划委员会？”

“这个我也说不好，桃花源只有23个国家管理人员，没有楼兰国这边复杂，我只能告诉你个大概，具体的你可以去问哈雷，这几天总会碰到他的。”

“我也就需要知道个大概就行了，我又不准备去做政客，你说是吧？”

“谁知道，你们男人心里想什么？不过我知道，你没有野心。”丁香绕了半天才进入正题，“我只知道，策划委员的收入要比执行委员的收入高。”

“这是什么道理？”都是委员，还能分出个三六九等来？唐汉觉得奇怪。

“什么事情，你都问为什么，哪有那么多为什么？执行委员就像挨家挨户抄电表的，而策划委员就是那设计制造电表的，你说应该谁的收入高？”别小看丁香这两句话，那可是话糙理不糙。

唐汉从丁香的比喻里，一下子搞明白了，可他想想地球上的事，一下子又糊涂了：为什么纳税人的收入反而没有收税人的多？好在这是唐汉肚子里想的，没出声，否则，又被丁香说，老毛病犯了，又出来个为什么。

后来，唐汉还是从哈雷那弄清楚了。国会策划委员会的职能是拟订政策，商会和民会的执行委员会是审批政策，国会执行委员会是实施国会和民会批准的政策，商会和民会的监督委员会是评估政策的实施效果。执行委员的薪资实行社会平均薪资，策划和监督委员则享受专家的社会平均薪资。

“唐汉，地球上新加坡的政府廉政排名，在亚洲为第一位，在地球的国家范围内也是排在前几位的，你知道这是为什么吗？”

“不知道，你说是为什么？”唐汉是读理工科的，他只听说新加坡是高薪养廉。

“好多人认为，新加坡是高薪养廉，因为新加坡的高官薪酬世界第一，据说地球上公务员工资最高的 30 人都在新加坡。”丁香对于地球上的事情了如指掌，让唐汉自叹不如。

“这么说，新加坡政府的廉洁，是由于高薪的缘故了？”

“错误，绝对是错误，高薪养廉纯属子虚乌有，得出这个结论有两个原因，一是对新加坡政府廉洁的误读；二是出于集团利益，政府官员为自己获取高薪制造理由。”

“丁香，我们是在讨论问题，不能乱扣帽子，你认为新加坡政府廉洁的原因是什么呢？”

“新加坡政府实行高薪的目的并不是为了养廉，而是为了吸引高级人才，能获得高薪的仅为总统、总理、部长等位数不多的高官，普通公务员的平均薪酬与一般企业从业人员相差不大，并不享受高薪。”

新加坡政府高级公务员从“超级 G”到“特级五”，有将近 20 个职级。根据 1994 年 10 月新加坡政府向国会提交的《以具竞争性薪金建立贤能廉洁政府——部长与高级公务员薪金标准白皮书》，选择“特级一”部长和“超级 G”的公务员作为薪金标准的参照点，其他职级根据这两个标准做相应的调整。“特级一”部长的薪金标准，是在银行家、会计师、工程师、律师、本地厂家执行人员和跨国公司执行人员这 6 个专业中各找出收入最高的前 4 名，以这 24 人平均收入的 2/3 作为“特级一”部长的薪金标准。

“超级 G”公务员的薪金标准，是上述的 6 个专业里年龄为 32 岁的受薪者中，位列各专业中第15名的平均收入。

“为什么这部分公务员就应该获取高薪?”

“新加坡政府认为，部长给高薪，是防止被私企高薪挖走，取2/3数值，是表示部长要有一点牺牲精神；而对超级G公务员来说，按照政府的培养计划，优秀行政官员在32岁时就应升入超级G，超级G公务员应该享受企业界同年龄层第15名的经济待遇。”

“企业高管的薪酬是有风险的，可能会受企业盈利状况的影响，而高级公务员凭什么始终处于6个专业中收入最高的前4名？新加坡高级公务员薪酬已经超过美、英、日等经济发达大国的高级公务员的标准，若说责任，难道新加坡高级公务员比美、英、日等国同级别公务员还大？若说高薪留人，为什么美、英、日等国并不需要采用这种办法?”唐汉提了一连串的问题。

唐汉的这些质疑当然也有道理。从世界范围看，被公认为最廉洁的国家，如丹麦、芬兰、新西兰、瑞典、冰岛、荷兰、瑞士、加拿大、挪威等，都没有实行高薪制，其公务员工资水平通常与全国平均工资差不多。

高薪与廉政没有必要的联系。从中国历史来看，宋代官吏待遇最好，但贪污腐败并不比其他朝代少，蔡京、秦桧、贾似道等贪官污吏不胜枚举；清代雍正年间实行“养廉银”制度，大幅提高官员的收入，中国“第一贪”和珅就出现在乾隆后期，其贪污财产高达8亿两白银，可以说亘古未有。动机、机会和收益是官员腐败的主要因素，减少腐败的动机、机会和收益，应多方面着手才能奏效。

“地球上的事情，一时半会也讲不清楚，楼兰国在这方面可是高明多了，一会儿，你听了报告就知道了。”丁香说，“楼兰很值得地球学习，不过，我是不喜欢楼兰的。”

唐汉和丁香去市政厅搭乘的是公共交通。罗布泊市的交通非常便捷，90%的人出行依靠公共交通，公共交通体系非常发达；另一方面，政府对私家车进行限制，只允许三星级及以上的纳税人购买私车，这部分的人占到10%。

两人赶到罗布泊市政厅时，报告厅里已坐了上千人。演讲者是国会策划委员会的一名委员，叫朗格。听众是商会和民会的执行委员和监督委员，也有许多对此感兴趣的市民。这类活动通常都对公众开放，类似于中国的听证会。

旁听市政厅的报告会，对于楼兰国的国民已习以为常，对于唐汉来说，却是件新鲜事。今天的报告人朗格先生，长期从事税法研究，是这方面的权威。他报告的题目是《按税消费的发展趋势》。

朗格先生将按税消费的发展分为了三个阶段，即按税消费的电子货币消费阶段、按税消费的分级限额消费阶段和按税消费的分级按需消费阶段。朗格先生解释说："楼兰国1903年开始推行按税消费，其重要标志为，取消纸币，统一采用电子货币，公民的消费额是由国家税务机构按其缴纳的税额，换算成消费额，然后将信息分别发送到，他们持有的电子货币卡内，持卡人可以查询卡内的消费额度，并且可以按规定凭卡消费。按税消费体现了公民义务和权利的对等，采用统一的电子货币，并实行实名消费，杜绝了贪污受贿、偷盗等社会顽症。这是楼兰国历史上分配制度重大变革的第一个阶段……"

朗格先生近两个小时的演讲，令唐汉听得如痴如醉，耳目一新。丁香却表现得心不在焉，完全是一副陪太子读书的模样，其实，她对于楼兰国这一套把戏，心里跟明镜似的，透亮。

"丁香，我觉得楼兰国的电子货币跟地球上的银行卡差不多，都是凭卡消费，只不过地球上是双轨制，既可以用银行卡，又可以用纸币。"唐汉的声音很轻，生怕影响别人。

丁香摇摇头，不以为然，"楼兰的电子货币与地球上的银行卡，表面上都是凭卡消费，其实两者有着本质的不同。"

"有什么不同？你说仔细点。"

"我们来分析，从收入的确定到转变为卡里的消费额度这个过程，地球上的相关机构，对于进入银行卡的金额和渠道，没有严格的管理，不管是偷的、抢的、贪污受贿的，都可以进入银行卡，不管这钱的来路是正当的收入，还是灰色的收入，无人过问，只要不东窗事发，都可以消费，并且消费对象可以不确定，只要有银行卡的密码，任何人都可以凭卡取款或消费，在有的国家甚至不需要密码，阿猫阿狗都可以凭卡消费；楼兰国的公民从收入转变为电子货币卡里的消费额度，只有国家税务部门这个唯一的渠道，楼兰国的电子货币由于是指纹和芯片联合开启，是实名消费，惟有本人才可以使用。"丁香的话，滔滔不绝，说得有板有眼的，让唐汉听了，不得不信。

"你说得很对，从卡的输入和输出的不同，这两小点的差别，却形成了两个截然不同的收入和消费体系。实行电子货币本质，是要将灰色收入及其他不当馈赠等剔除出消费的范畴，这样就基本解决了贪污腐败、偷盗抢夺等社会顽症。”唐汉现在的理解，已经上道了。

“既然电子货币如此简单、干净，又解决了贪污腐败等社会弊端，地球人为什么想不到这种方法呢?”丁香疑惑地看着唐汉，好像地球的现状是唐汉主导的似的。

“是啊，为什么呢?”丁香的提问，一矢中的，唐汉不知道是什么原因，地球人会想不到这种方法。他想：我不是执政者，也不是他们肚子里的蛔虫，我怎么能知道他们是怎样想的?

台上，朗格先生继续着他的报告：

“按税消费发展的第二个阶段是分级限额消费阶段。这个阶段起始于 30 年前，是按税消费的电子货币基础上发展起来的。这个阶段保持了按税消费的原则和电子货币的形式，只是根据公民纳税额的数量分成了六个等级：基本税额级、一星至五星级，并对现场消费的场所按相应的级别进行了划分……”

丁香对这个阶段有所了解，楼兰国的消费有三种形式，当即消费、采购消费和以旧换新的消费。“楼兰国的消费还有这么多名堂，你先说说当即消费是怎么回事?”唐汉将丁香当成朗格教授的助教了。

“当即消费，就是不离开消费场所的消费，这些场所主要是餐饮娱乐、宾馆、球场、健身等，这些场所是按级分类的，团体消费是就低不就高。”

“当即消费，我明白了，采购消费和以旧换新消费作何解释?”

“采购消费分为两种，一种是特许消费品的采购，是按照税级的规定进行的，这些消费品包括汽车、手表、高档首饰和高档服装等；另一种是食物、衣物等普通消耗品，不限级、不限量。”

“楼兰国的消费体系还挺严谨的，即使纳税星级高的人，在家里消费食物，也只能与基本级的纳税人一样，如果要喝瓶好酒，也只好到饭店去消费了，是不是这样?”

“是的，别说了，好好听朗格先生的讲话，你还有什么问题，等会儿可以问他。”丁香对唐汉说。唐汉竖起了耳朵，开始认真地听朗格先生的报告。

“按税消费的第三个阶段，是分级按需消费阶段，”朗格先生在台上继续他的演说,"这是我们楼兰国下一步需要进入的阶段。在这个阶段中,不同的纳税星级的公民进入相应的星级消费场所,在不浪费的前提下,可以按需消费,各得其所。"

台下响起了一片掌声。这是多么鼓舞人心的目标,除了分级外,这应该也是地球人向往已久的终极生活形态。

"丁香,楼兰国的决策者很理智,在国民觉悟未达到一定程度之前,对他们贪婪、懒惰等劣根性有很好的把握,出台的政策大都是扬善抑恶,很有智慧。"唐汉佩服朗格这样的智囊人物,同时对袁明清总统充满了敬意。

"觉悟是虚的,体制才是实的。好的体制可以使魔鬼变成天使,差的体制可以使天使变成魔鬼。"

唐汉同意丁香的观点。他想起了一个天堂和地狱的故事:地狱的人个个骨瘦如柴,闷闷不乐,其原因是他们的筷子太长,要将菜夹到自己嘴里非常困难,吃饭的时间又有限制,尽管饭菜不错,可是他们无法尽情享受美味,地狱的制度是自己给自己夹菜吃;而天堂里的人个个白白胖胖,有说有笑,生活得非常快乐,他们的饭菜标准与地狱的一样,筷子也很长,不同的是,天堂的制度是两个人配对,用长筷子夹菜给对方吃,方便了别人,也惠及了自己。同样的条件,不同的制度,得到的结果却截然不同。楼兰国正构建着通往天堂的体制。

"到了按需消费阶段,如果人们到酒店里喝酒,随便喝几瓶,有点像自助餐的意思。"唐汉按自己的理解,解读楼兰国的分级按需消费的含义。

"应该是这样。"尽管唐汉的表述有些粗俗,丁香还是认可了他的想象。

进入交流时段,唐汉率先向朗格先生求教:"朗格先生,按税消费较之按劳分配、按需分配,缴纳消费税有哪些优越性?"

"社会的进步并不能从根本上改变人的某些本性,譬如说私欲,这就需要好的制度去化害为利,"朗格先生斯文地说,"按劳分配和按需分配,讲的都是分配,或者说是收入。收入的最后表现形式是消费,不围绕消费的收入和分配研究,其实是舍本逐末。"

"我还是没弄懂您的意思,您可以说得更明白一些吗?"

"当然可以。这么说吧,在收入转化为消费的过程中,看似增加了国家的税收,如果没有制度制约,会出现很多弊端。要知道收入是有许多种来源的,其中最突出的两类收入如果直接转为了消费，肯定对社会有害，即不当收入和大额的继承收入。我们现在采用的按税消费，就很好地解决了这两种收入对社会的负面影响。因为在楼兰，不当收入是无法上税的，无法上税的收入就不能转化为消费，不能转化为消费的收入对获得者毫无意义。”

“用按税消费原则下的电子货币制去杜绝腐败，这不难理解。可人们通过继承所得到了财产，毕竟有别于腐败，限制这部分收入转化为消费，至少在我这个地球人看来，不尽合理。”

“合法地继承收入，可以鼓励人们对财富的积累，但也增加了不劳而获的人群，造成社会不公。在按税消费的制度设计中，继承是继承了平台，继承者可以在这个平台上获取纳税额，然后才可以有效消费。继承的财富是不能够直接变现为消费的，这样就促进了社会公平。”

“这么说来，楼兰国真的解决了贪污腐败、偷盗抢劫及财产继承这三个大难题了？”

“那是自然的，不过还不全面，”朗格说，“按税消费同时还针对偷税漏税、福利过度等致人慵懒的弊端。你想呀，都按税消费了，大家必然抢着要交税，谁偷税漏税那才叫傻呢。”

唐汉点点头，暗想，楼兰国按税消费，的确不养懒人。小学生做手工，就开始交税了。国民满足基本生活需求，只要缴相应的税额就可以了。这税额既不是唾手可得，也不是高不可攀。如果他们要享受奢侈品，就得缴纳更多的税，实现对社会的更大贡献。

还有一个有趣的现象，就是楼兰国没有银行，更没有地球上花样繁多的金融衍生品，企业的发展是靠其自身资金的积累，而要投资的资金也须按税消费，有一定的额度，这样避免了企业的过度投资或者投机行为，使整个社会的财富得到了有效利用和合理分布。

“我知道你们地球上有一个理论，叫做消费拉动经济，”不料朗格先生话锋一转，谈到了地球，“我敢肯定，过不了多久，你们的孙子就会笑话这个理论的幼稚与粗浅。为什么呢？因为这个理论是建立在无视资源消耗、过度消费和重复浪费的基础之上的，完全缺乏可持续性。发展经济的目的是满足消费，既然消费已经满足，或者不可能超出现有水平给予无休止地满足，那么为什么还要人为地加大消费以拉动经济呢?”

唐汉看着这位受人敬重的老者，他尽管对朗格先生的诘问无言以对，却并未对朗格先生犀利的言语产生反感。他明白对方只是直言不讳，不掩饰自己的观点而已。

朗格先生最后说:“不择手段地去达到利益集团的私利，这也许就是地球人在自相矛盾中不能自拔的原因吧。”

唐汉陷入了沉思，不知道朗格先生是何时离开市政厅的。他想了很多，云里雾里，好像飘浮在现实与天堂之间。

“嗨，你在想什么?”丁香看着出神的唐汉问。

“我觉得以电子货币为基础的按税消费理论，如果在地球上，是应该获得诺贝尔经济学奖的。”唐汉越想越觉得，楼兰国的理论和商业实践像一盏明灯，照亮人类进步的路途。

“地球上有资本主义社会，社会主义社会，楼兰国是一个纳税主义的社会。”

“纳税主义社会? 这是一个新概念，也许这是一个更适合地球人类的理想社会形态。”唐汉充满了想象，仿佛飘浮于空中的梦想，在这里找到了土壤。他的思绪穿行在开满梦想之花的楼兰，大有不取到真经，誓不休的情势。

罗布的电话打断了唐汉的奇思妙想，罗布告诉他，将在海边请他们这对新人共进午餐。

2. 孔雀河畔

楼兰国的城市，大都是临海而建，一些以农业为主的城镇建在内陆。唐汉和丁香按照罗布提供的地址，很快就到达了海边。

眼前的海叫塔里木海，是为了纪念楼兰古国的塔里木河而命名的。阳光下的大海美丽而平静。海边洁白的细沙，轻抚着裸露的脚丫。忽近忽远的浪花，像零星的太阳雨，溅到脸庞和脖颈上，感觉凉凉的，痒痒的。略带腥味的空气传递着海的气息。

沿海边的沙滩上，是一长溜类似于地球上常见的大排档，大都主营海鲜。

这里没有消费的星级限制，又有情趣，是本地人和外来游人喜欢聚会的地方。

最具情趣还在于除了海景，另有一条宽20多米的淡水河，由这里注入大海。这条河叫孔雀河，是楼兰国为了纪念地球上古罗布泊的孔雀河而命名的。

地球上的孔雀河又称饮马河，相传东汉时班超曾饮马于此。孔雀河是地球上罕见的无支流水系，其唯一源头来自博斯腾湖，流经库尔勒、尉犁县，终点为罗布泊。

如今，地球上的罗布泊已经干涸了，而楼兰国塔里木海边的孔雀河，却依然碧波荡漾，从那里还传来了米兰深情而悠扬的歌声：

美丽的孔雀河
翻滚着层层浪波
像一只高飞的孔雀
从金色的塔里木流过……

循着歌声，唐汉和丁香看见罗布、米兰及哈雷在海滩戏耍。唐汉与哈雷在罗布泊有一面之交，两人再次见面热烈拥抱。罗布连忙招呼大家在露天的桌子旁坐下，准备享用米兰预订的丰盛海鲜。

只见大排档的老板将挑选好的海胆洗净后，用剪刀撬开黑色带辐射状芒刺的壳体，再用小匙挖出海胆卵，去掉内脏。海胆卵俗称海胆黄，在海胆体内的排列似五角星状，颗粒分明，颜色橙黄似小黄米。将海胆放入冰盐水，加上柠檬，浸上十分钟后捞出，然后将水排干，再将海胆黄放入黑色壳体内，就可以上桌招待客人了。

丁香最先动手，她将调味料浇到海胆四面后，小心翼翼地舀起一小勺海胆黄放入口中。海胆黄，没有筋骨，入口即化，鲜美无比，丁香连声说道："美味，美味！"

丁香不喜欢玛雅国的胶囊。塔里木海完全没有被污染，近海的贝壳类海产品和深海的鱼类都是美食，皆可生吃。

不知何时，米兰要了一瓶"龙舌兰"酒，是金黄"龙舌兰"。楼兰的"龙舌兰"与玛雅国有关。当年玛雅国派玛雅人到美洲去观测天文，发现墨西哥种植的

“龙舌兰”所酿制的“龙舌兰”酒很好喝，就将“龙舌兰”引种到玛雅国的墨西市，后来再由墨西市传播到楼兰国。

“丁香、唐汉，我和罗布真诚地祝福你们，并为没能参加你们在桃花源的婚礼表示歉意。来，我和罗布敬你们一杯。”米兰举起杯，热情地说。

“谢谢你们的诚挚祝福，也谢谢今天的盛情款待，干杯！”唐汉和丁香同时站起来，和主人共饮了第一杯美酒。

“各位，今天我和罗布非常高兴，不仅是因为唐汉和丁香远道而来，还由于我和罗布经过两年的努力工作，终于在今天得到了一套160平方米的公寓房，我们已成为楼兰国罗布泊市的基本级纳税人。因此我提议，大家再干一杯！”

唐汉发现米兰和罗布眼眶里闪着泪花。是啊，他俩原本要在罗布泊的大漠上，靠“米兰客栈”创业，阴差阳错，来到了楼兰国的这方热土。昨天，他们的税额达到了54 000元，并且得到了住房。他们通过两年的艰苦努力，终于在楼兰国有了立足之地，实现了自己初步的理想，这的确是一件值得庆幸的事情。

“不过，楼兰是一个商业高度发展的国度，有自己成熟的规则。当初对于我和罗布的不请自来，据说让总统袁明清伤透了脑筋，”米兰回忆道，“过去，有到楼兰国出差、旅游的南球和北球人，却没有像我们这样的地球移民。移民对于地球上的任何一个国家，都不是什么大问题，但对于商业不知比地球发达多少倍的楼兰国，却成了一个难题。”

米兰的话绝不是危言耸听，大有大的难处，小有小的难处。楼兰国实行按税消费的，罗布和米兰初来乍到，工作还没着落，更不要说是缴税了，在这种情形下，碰到新问题不足为奇。

楼兰国的人口非常稳定和平衡，国家政策的制订都是以此为前提的。楼兰国民享受的公共用品和私人消费是由等级限制的，等级的高低与其纳税额有关。政府依靠税金收入来建造住房，并免费提供给纳税人，这笔开支其实不大，由于楼兰国没有流动人口，人口数量变化很少，基本不需要建新房，每年投在住房建设上的资金很少。

楼兰国的住房是按纳税等级来分配的，基本纳税人、一星级纳税人、二星级纳税人住的是公寓，面积分别为160、240和320平方米，这些公寓按纳税级别隶属于不同的小区。三星级纳税人居住的是连体别墅，面积为400平方米；

四、五星级纳税人居住的是独立别墅，面积分别为 480 和 560 平方米。

罗布泊市备有部分空置的房屋，由于米兰和罗布不符合入住的条件，自然无法入住。规定是公平的，也是苛刻的。如果不是哈雷先生鼎力相助，这两个地球人要么露宿街头，要么打道回府，在楼兰国别无他路。仗义的哈雷说服了家人，使米兰和罗布有了栖息之地。

楼兰是税后高福利国家，这与地球上欧洲一些国家的高福利，有着天壤之别。楼兰国，天上不会掉馅饼，也没有平均主义的大锅饭，而是强制缴纳定额的养老保险和医疗保险。

公民缴纳了医疗保险，就能够享受免费医疗。国家强制每人缴纳 20 年的医疗保险，并提供终生免费医疗。楼兰国的养老金主要来自国家规定的个人强制储蓄，每个人的储蓄额在自己的账户内，但要等到 60 岁时，国家才允许退休的老人使用，每个月有最高的消费限额，如果前面几个月消费尚有余额，则在后面可以消费这部分的余额。国家是按照 85 岁的平均寿命，将其强制储蓄的退休金，分摊到每个月，来控制老人的开支。年龄超过 85 岁的老人开支部分，由国家承担；而 85 岁以前去世的老人的结余，则归国家所有。

米兰和罗布是半路杀出的程咬金，没有交过医疗保险和养老金，也就无法享受相应的福利。经过袁明清总统出面协调，并经国会的讨论，开了楼兰国批准移民的先河，给予了这两个地球人以相应的国民待遇，允许他们缴纳医疗保险和开设个人养老储蓄账户。

楼兰国对国有企业实行全民持股。楼兰国的国有企业形式有点类似中国的情况，国有企业分为中央国企和地方国企，中央国企由全国的国民持股，地方国企是由其行政区内的民众持股。楼兰国的股份是可以继承的，因此股份基本不变化，除非有新的国企成立。楼兰国也有民营企业，民营企业也可以上市。楼兰国的民营企业类似于中国以前的集体企业，是由员工持股的，只是经理人或创始人持的股份多一些。

米兰和罗布作为新移民，没有股份可以继承，更谈不上享受分红了，这又是一个新问题。在袁明清总统协调下，楼兰国中央企业的股份，按照米兰和罗布踏上楼兰国国土的第一时间的人口数，为计算基准，通过全国的国民对股份进行相应的减持，匀给米兰和罗布。罗布泊市的地方国企比照这一方法处理。

米兰、罗布因此各得到了 113 243 元的分属 23 家中央企业的股份和 32 162元的分属 37 家罗布泊市地方国企的股份。

罗布后来在哈雷爷爷开的酒店里做了调酒师，米兰也被哈雷的母亲介绍到罗布泊市的一所学校当了老师。两人努力工作，终于交纳到了 54 000 元税额，得到一套相应的公寓房。

海风轻拂着海边的人们，海边大排档的吃客们，还饶有兴趣。

“唐汉、丁香，这次对不住你们，因为我和米兰现在的税额是基本纳税级，按照楼兰国的规定，我们只能在这样的饭店请客。不过我保证，下次你们再来，我和米兰一定会到二星级的酒店请你们的。”罗布有些激动，也有些醉意。

唐汉能理解一个在外打拼的男人的心情。

“各位，今天我给大家展示一种原始的‘龙舌兰’酒的喝法，”丁香站起来对大家说，“唐汉，请协助一下。”

“没问题。”唐汉应道。丁香将小量的盐，抹在唐汉的脖子上，然后取来一片柠檬，在唐汉脖子上有盐的地方蘸了一下，把柠檬放在口里一吸，再将一杯“龙舌兰”酒一饮而尽。大家见状，哈哈大笑。只有唐汉搞不清所以然，闹了个大红脸。孔雀河欢快地流淌着，塔里木海不时掀起波浪，与年轻人的快乐心情遥相呼应。

米兰是教师，唐汉与米兰聊上了教育方面的话题。楼兰人四分之一以上的时间是在接受教育中度过的，其教育对社会负有最终的责任。楼兰的教育分七个阶段：基本知识教育、专业知识的基础教育、技能教育、专业知识教育、研究专业的基础教育、研究专业教育和继续教育。

米兰自豪地说：“楼兰的教育是很大的产业，楼兰教育集团的劳动密集型工厂占楼兰国的三分之二。我记得地球上有一位名人曾经说过：‘多建一所学校，就少建一所监狱。’楼兰的学校到处有，惟独没有监狱。如果你们不信，我可以马上带你们去参观的。”

“好啊，我也正想多看看呢。”唐汉立刻响应道。

“唐汉、丁香，下午你们跟米兰去学校，我就不陪你们了，晚上，别忘了到我们家作客。”罗布热情地邀请两位新人，说话的时候，舌头都大了。

“罗布，你今天太高兴了，好好休息一会儿。”哈雷说，“唐汉、丁香，晚上，我在蓝孔雀请你们,哎,米兰,到时候麻烦你把他俩带过来。”

“你们放心好了,我们先走了。”米兰爽快地答应了。由于米兰是基本纳税级的,没有私车,所以唐汉和丁香只好跟着她乘公共交通。他们去的第一个地方是罗布泊东区小学。罗布泊有四个区,每个区各有一所小学。

米兰说:“楼兰的学校教育从六岁开始,小学教育是六年制,教学内容为常识和基础知识。楼兰的学校教育通常为半工半读性质的,小学的工厂主要用于学生进行手工实践。学生有劳动实践,有劳动成果就有纳税额,一般是每月300元。”

东区的这个小学很大,在地球人的眼里,简直有点大得离谱。学校现有学生3 000多人,300多位教师,另有3 000多名志愿者。这些志愿者都是退休的老人,而且大半是这些小学生的爷爷、奶奶。他们是孩子的辅导员,辅导他们的功课和手工。

这所小学有一个很大的手工厂,可容纳3 000多名学生,3 000多位志愿者。米兰他们来到手工厂时,一部分小学生在上手工课,另一部分志愿者在教小学生做手工活,场面颇为壮观。

“楼兰的手工艺品都是小学的校办工厂提供的,”米兰说,“每件手工艺品上都有制作者的名字,因此制作者很有成就感。”

“是半工半读?”唐汉想起中国在过去的年代里,曾有少数学校实行半工半读,那是对犯了严重错误的孩子特设的工读学校。

“有那么点意思,主要是教会学生学以致用吧。学生们都是住校的,志愿者也可以住校。每个星期有一个‘亲子日’,学校举办各种活动,邀请父母来校参加。”

唐汉挥之不去的是,中国家长满街接送小孩的景象记忆,挥之不去的是家长在休息日为小孩补习,而匆匆奔波的景象记忆。饱经沧桑的家长天真地为了一个神圣的目标,几近残酷地对待自己,几近残酷地对待子女,为了一个梦幻中的未来,不惜让幼小的心灵过早地经受沧桑。

米兰告诉唐汉:“楼兰的中学为两年制,主要教授基础知识和生活技能。驾驶汽车、烹饪和料理日常家务等,都属于生活技能。中学结束后,就要选择专业了,进入专科学习。专科学校也是两年制的,专门学习工作技能的理论与实践；然后再到校办工厂实习两年，才能正式进入社会。如果有毕业生未被社会接受，或者接受了，在实际工作中不合格又被退回来，则需要继续在专科的校办工厂操练，直到真正为社会所用为止。”

“米兰，已经很感谢你了，中学和专科学校我就不去参观了。”唐汉惟恐给米兰带来更多的麻烦。

“中学和专科你可以不去，”米兰执拗地说，“但有一个地方，你是一定要去的。”

“什么地方？”

“汽车驾校呀。”

唐汉笑了，说：“好啊，开车可是我的拿手好戏。”丁香看出唐汉的轻视情绪，小声提醒道，“那里可不是你想得那么简单。”

“那好，我们走。”米兰说，“唐汉，你在楼兰国要住几天，了解一下这里的交通规则也是必要。”

米兰等三人乘了 20 分钟的公共交通，到达了东区中学的驾校。驾校规模很大，有各种道路状况的模仿路段。唐汉在地球上有好多年的驾龄了，熟悉地球上驾校的授课情况，什么交通规则考试、小路考、大路考、坡路停车启动、侧方移位等等，就算楼兰国的交通再发达，估计也翻不出什么花样。

米兰与校方打过招呼后，就带着唐汉和丁香进入了观察室。“你们看，那边有两个年轻人将参加模拟试验。估计他们在社会上违犯了交通规则，他们的错误多数是不按规定横穿马路。”米兰说。

“他们两个分别要接受时速 30 公里和 60 公里的车辆撞击，”观察室的老师补充道，“然后，学校还会要求他们在试验路上以 60 公里的时速驾车，以应对不按规定横穿道路的模拟人。一般情况下，他们都会撞飞行人，其景象相当逼真，可以让他们亲身体验血淋淋的后果。闯红灯的驾驶员也必须到这里进行模拟驾驶。”

从观察室的屏幕上，唐汉看到两个闯马路的人被穿上了防护服，在机动车道上行走。忽然横穿出一辆时速 30 公里的车辆，直朝这两名违规行人撞去，一个被撞飞十多米，另一个被甩到了汽车的引擎盖上，其整个身体将前车窗玻璃撞碎后跌落到路旁。两个年轻人被救到一边，尽管由于受到保护而未致伤，但早已吓得魂不附体，呆若木鸡。

“这俩小子，恐怕一辈子也不敢再乱穿马路了。”唐汉说。

驾校安排时速60公里的实况模拟时，两个年轻人打死也不干了，只好请他们到观察室看模拟人被车撞的情景。

唐汉和丁香，不想再目睹血肉横飞的模拟惨象了，希望尽快离开这复制恐怖后果的驾校。

“唐汉，你还有个自驾项目，”米兰看出了唐汉想溜的意图，“是绕试验道路一周。”

“没问题，中国驾驶员的水平在地球上是一流的，这难不倒我。”唐汉满怀信心。

“满口饭好吃，满口话不好说，试了再说。”米兰提醒唐汉说。

唐汉系上安全带，启动了车辆。开始时，他在试验车道上开得很好，很谨慎，他可不想将行人撞得血肉横飞。要改变自己的习惯是很难的一件事情，在开始的20分钟内，唐汉称得上是安全驾驶的典范，可是时间一长，他就恢复到自己的习惯驾驶状态，对路边的限速标志，也不是太在意。车速开始在加快，突然，前方30多米远的道路上闪出一个小孩。唐汉马上紧急刹车，随着轮胎发出尖厉的滑行声，在地上留下了一条长长的黑色痕迹，车辆巨大的惯性，驱使着汽车滚滚向前，将小孩给撞飞了。

唐汉不禁惊出一身冷汗，吓得脸色蜡黄，好在被撞的是一个模拟的橡胶人。

观察室的测试仪器给出的显示是，该车100公里时速的刹车距离为22米。唐汉将车速提至120公里时速，刹车距离相应变成了33米，结果将模拟人给撞了。如果他能按照100公里时速的限速行驶，则完全可以避免这起惨祸。

“唐汉，看来你的车技也不咋地。”米兰调侃道，“在公共场合的行为，遵守规则，遵守秩序，比其他的都要重要，看重良好习惯培养的国度，是值得尊敬的国度。”

唐汉无言以对，楼兰国多建学校而不建监狱，学校注重良好习惯培养而不需要后期过多的监督，这种务实的态度，引起了唐汉的深思。在地球上，警察多的地方，是社会秩序差的地方，警察少的地方，是社会秩序好的地方。

三人离开驾校，在去往“蓝孔雀酒店”的路上，唐汉问米兰：“楼兰国这样做，是不是有些残酷？”

米兰说:“训练得严格是为了培养良好的习惯,等他在路上撞了人,那才叫残酷呢。”

“你说得有些道理,那么半工半读,对学生是否残酷?”唐汉又问。

米兰笑道:“人要生存,就必须有技能。读书的目的就是为了让个人和人类更好地生存。读书是手段,生存才是目的。地球上的家长和老师常对学生说,社会是复杂和残酷的,什么意思?没有生存技能,只是考试机器,社会对他来说肯定是残酷的。地球人在小事上实用主义,在大问题上又信奉虚无主义,搞不清哪是手段哪是目的。”

“楼兰国不合格学生回炉的制度,对学校的压力很大,学校为什么还要坚持这个制度?”唐汉又提出了另外一个疑问。

“楼兰的学校就是企业,它为社会提供两种产品:学生和校办工厂生产的产品。是企业就得对自己的产品负责,不合格的产品就应该退货。你们地球上的汽车制造企业不是也有召回制度吗?企业对其生产的产品不是也要按合同法、质量法实行三包?难道学校用了十几年时间培养出来的产品,反而不需要保证质量?所以说,我们楼兰的教育系统肩负着常识、知识、技能、品德的教育,一点都马虎不得。”听米兰说话的口气,她已完全融入了楼兰国。

唐汉暗自点头,他很赞成楼兰国的教育体系,心想,在地球上,一个孩子从小学直到大学毕业,学校看似承担了许多责任,可最终能不能有益于社会、家庭乃至于学生个人,学校实际是不负任何责任的。如果,一个对其产品不承担最终责任的企业,其后果是什么?肯定是既不对其产品的质量负责,也不对用户负责。如此说来,地球上的学校是最缺乏责任意识的,同时育人的效率也是最低的单位。不对结果负责,就是不对未来负责。

唐汉对楼兰国的教育体系充满了敬意,对米兰、罗布选择了他们喜欢的生活方式,感到欣慰。他仰望蓝天,那里有一片游走的云,云下有起伏的山峦。

此时的唐汉,心随山峦起伏,随云朵游走。

3. 蓝孔雀酒店

当晚,哈雷做东,约请唐汉夫妇在“蓝孔雀酒店”聚餐。

“蓝孔雀酒店”就坐落在孔雀河畔，是一幢别墅式的建筑，有一片很大的花园和草坪，占地大约有十余亩。

唐汉和丁香牵着手，向“蓝孔雀酒店”走去。进门时，服务生礼貌地招呼道：“对不起，请两位出示税卡。”

“什么，进酒店还要检查税卡?”唐汉甚感奇怪，也许这就是楼兰国的按纳税星级消费。

“是的，先生。”

“我是桃花源的，从玛雅国来你们这，没有你们楼兰国的税卡怎么办?”唐汉两手一摊，耸了耸肩。

“对不起，先生，我不知道您是楼兰国的贵宾，您出示贵宾卡就可以了。”

“贵宾卡在我这里。”丁香取出了玛雅国办理的贵宾卡，她知道楼兰国的规矩，也许她是故意让唐汉了解楼兰国的星级消费制。

“谢谢，这边请，”服务生检查过贵宾卡后，引领唐汉和丁香进入酒店大门，“您的朋友已在那边等你们了。”

酒店的大堂入口处，是一个花环簇拥的拱形门，门是由藤曼类植物缠绕而成的，篱笆是由蔷薇等植物攀附装饰，算是界定了酒店的范围。院落里自然地散落着一些雕塑和陶制的器皿，路边的碎花烂漫地开着，高大成荫的古树和低矮翠绿的灌木相映成趣，一些供客人休息的木制长椅，摆放在草坪上。酒店是一座三层楼的建筑，由于是依坡而建，另外一层可以算作地下室，门窗从下面的山坡上显露出来。

地下室内有一个游泳池，有一小半立面与外界相接，落地的玻璃门，可以让人看到外面的景色；迈步出去，就是酒店的大草坪，草坪上植着几棵挺拔的树，几只不知名的鸟儿栖息在树枝上，间或发出悦耳的啼鸣。

孔雀河与酒店草坪的界线是由一些散乱的、被冲刷得没有棱角的石块充当。酒店的一楼是酒吧和咖啡厅，二楼是餐厅，三楼是客房。楼兰国流动人口不多，酒店的生意主要来自于当地人。

唐汉来到酒店的大堂，大堂是在二楼，餐厅也在这里，只是没有中国人喜欢的包房。大堂的屋角和空中，布置着一些古老的捕鱼网具，使酒店透出一些古朴的情调。唐汉喜欢这里的环境和情调，原来紧张的心情渐渐变得舒缓了。

他看见哈雷在向他们招手呢。

双方互致问候后，三人就入了座。哈雷替每个人点了一杯孔雀河咖啡，还特意为丁香要了一杯”龙舌兰“酒，凸现着主人的一片盛情。

“进酒店还需要验税卡，刚才差点进不来呢。”唐汉又想起几分钟前的那一幕。

哈雷解释说：“这不奇怪，楼兰国是按税消费的，酒店娱乐场所都有星级，消费者按其纳税等级，到相应的场所。”接着他又招呼道，“来，两位，品尝一下楼兰国的孔雀河咖啡吧。”

唐汉呷了一小口，觉得很是香醇，没有丝毫苦味。

孔雀河咖啡是楼兰国最具盛名的咖啡，它产自孔雀河环绕的山脉，因此得名。产区空气清新，气候湿润，终年多雾多雨。土壤和气候培育出口味浓郁香醇，集甘、酸、苦三味于一体，搭配完美的孔雀河咖啡。咖啡树全部长在崎岖的山坡上，采摘过程非常困难，只有当地熟练的女工才能胜任。采摘时，还要选择恰当的时机，咖啡豆未成熟或熟透了都会影响咖啡的质量。采摘后的咖啡豆当天就要去壳，然后让其发酵 15 个小时左右。清洗和筛选之后的咖啡豆，必须铺在厚厚的毯子上晾干，直至咖啡豆的湿度降低至百分之十三以下，方可进行储藏。

咖啡好喝，可唐汉现在对楼兰国的“按税消费”更感兴趣。他从上午朗格先生的演讲中，大致知道了楼兰国的消费方式。

有意思的是，桃花源采用“自给自足”的方法，玛雅国采用“按需分配”的方法，楼兰国则采用“按税消费”的方法，很难说这三种方法孰优孰劣，似乎都符合他们的国情。

“哈雷，蓝孔雀酒店是三星级，我和丁香为什么可以来消费呢?”唐汉对此不是很明白，他问哈雷。“唐汉，你问丁香好了，她来过好多次了。”哈雷正在点菜，把这事交给了丁香。

丁香熟悉个中的情况，“哈雷的纳税级别是三星级的，他可以在三星级的消费场所请客，但他请的对象的纳税级别最低是要三星级的才行，团体消费就低不就高，像米兰和罗布，哈雷就不能在这里请他们，因为他们的纳税级是基本级。”丁香说。

“我们为什么可以到三星级的酒店消费呢?”唐汉到楼兰国,满脑子都是问题,丁香觉得真有点吃不消了。

“楼兰国规定,外国人到楼兰国消费,最高允许三星级,所以今天我们在三星级的酒店消费是没有问题的;国家元首的公务宴请最高也是三星级,智囊团的公务员的公务宴请最高为二星级,执行署的公务员的公务宴请最高为一星级。”丁香极尽所能,将她知道的这方面的规定,竹筒倒豆子般,毫无保留地说完。

“有意思,太有意思了。”唐汉喃喃自语道。忽然,他远远地看见罗布在店里忙碌,又问,“哈雷,那不是罗布吗?”

哈雷说:“是罗布,这是我父母经营的酒店,罗布来到楼兰国后,一时工作没有着落,就到这里上班了。”

罗布也看见了唐汉和丁香,连忙上来打招呼:“晚上好,欢迎两位光临蓝孔雀。”

“罗布,我们就点你拿手的鸡尾酒吧,”哈雷说,然后又转向唐汉和丁香,“罗布现在可是本地出了名的调酒师呢,酒店里的许多客人都是冲他来的。”

“祝贺你,罗布,就按哈雷说的,我们品尝一下你的手艺。”丁香热情地对罗布说。

唐汉和丁香凭窗远眺,远处的塔里木海变得幽暗深沉,天空中繁星点点,闪闪烁烁。岸边的灯光倒影在水里,因为水的涟漪,形成一条曲曲折折的橙色光带。罗布泊的夜晚,总好像笼罩着一层神秘的面纱,恍惚游离而又变幻莫测。尤其是孔雀河的流水声,让人心情舒畅,感怀无限,仿佛不住地挑逗着楼兰人的感性细胞。

晚上八点,罗布提前下班了。他请唐汉和丁香去参观他的新居,唐汉和丁香愉快地答应了。

罗布的新居位于罗布泊市的中心,属于地球上上海人讲的“上只角”地段。

“罗布,罗布泊市怎么会将初级公寓安排在市中心区域呢?”唐汉感到奇怪。

“初级公寓的住户,出行都靠公共交通系统,工作时间相对较长,政府将初级公寓建造在靠近公共交通系统和工作场所的地方,这是非常合理的。”

“我想起来了，在楼兰国，三星级的纳税人才有权利购汽车，估计一星、二星公寓也在靠近公共交通的地方吧?”

“没错，”罗布说，“只有四星、五星的别墅才建在风景优美的城区边缘，哈雷的父母住的是四星别墅，他们的小区靠近孔雀河。”

“美国华盛顿也是这样，一到夜晚大部分人回到郊区住所，只剩下平民留在城里。”丁香到过几次地球，对美国也有所了解。

乘坐公共交通，15分钟便到达了罗布的小区。尽管是夜晚，小区的景色依稀可见。公寓完全不是唐汉想象的样子：高楼林立，密不透风。罗布的小区大都是三层楼的房子，六家一幢，设计新颖，外墙的颜色和材质各异。

其时米兰早就在新居里等候唐汉和丁香的到来。160平方米的面积，居住两个人还是相当宽敞的。米兰将唐汉、丁香引入了客厅，在沙发上坐下，面前的茶几上是散发着清香的果茶和咖啡。

“很温馨，很漂亮。”唐汉赞叹道。

“房间内的物品一应俱全，都是政府配置的，只有衣服、食品等日常用品需要自己购买，有点类似于中国的精装修房，净身就可入住。”米兰话语间透着自豪。

罗布喝了一口孔雀河咖啡，问唐汉：“今天听了朗格先生的报告，感觉怎样?”

“按税消费听起来是一个扬善抑恶的好方法，”唐汉说，“不知执行起来情形会如何。”

“你看这是什么?”米兰主动伸出右手腕给唐汉看，她的手腕上戴着一个环形的装饰物，既不是手镯，也不是佛珠。

“这个饰物也和按税消费有关?”唐汉有些看不懂。

“当然，这是一个芯片，比身份证科学多了，”罗布代为答道，“这里储存了个人的大量信息呢。”

唐汉发现罗布手腕上也有一个。“那会不会有人借用?”他又问。

米兰说：“芯片要和指纹连起来用，才起作用，所以这里没有空子可钻。”

唐汉有些脸红，也许是习惯了“上有政策，下有对策”的中国式的思维方式。他想起楼兰国实行的是实名制消费，不像地球上那样，好多见不得阳光的事情，都拿保护隐私来说事。

“在这里，每个人芯片里的信息会得到及时更新，纳税的星级会在芯片外的显示屏上显示出来，到星级的消费场所，都有像地球上地铁的入口处一样，凭芯片和指纹方能进入。你看，我的芯片显示屏上不显示星级的标志，就说明我是基本级纳税的。这样，消费场所为了多做生意，想故意放水也不容易了。”米兰继续介绍道。

“会不会有这种可能，两星级的纳税人买了二星级的手表，送给一星级的人呢？”

“首先，像手表这类产品，每人仅限购一只。购买人如果自己不戴，送给别人，这在理论上可以成立的。但是，如果一星级的纳税人戴二星级的手表，被人举报了，那么当事人会受到比较重的惩戒，比如说降低一个星级之类的。”

“我再举个例子，如果二星级的纳税人，在二星级的商店买了两瓶二星级的酒，带回家与家人共饮，是否可以？”唐汉费尽心机，想一些刁钻的问题。

米兰说：“生活必需品是不分星级的，可以随便购买，带回去与家人一起享用。上了星级的奢侈品，只能在消费场所消费，不能带回家，汽车、手表、高档服装等奢侈品例外。”

“电视机、洗衣机之类呢？”

“在楼兰国，居室里的家用电器都是由国家按等级配备的，如果坏了由厂家负责保修；不能修复的，送相关的物业部门调换，这有点像地球上的公寓酒店。”

“原来是这样。”

楼兰国的按税消费制度运行得已经很成熟了，很少存在缺陷。唐汉在地球上也经常看到有星级标志的商品，譬如说中国的金六福酒，就分成一至五星五个等级，但这个星级的作用，与楼兰国的星级，完全是两码事。

“唐汉，我看你成话唠了！我们还是听听罗布和米兰在楼兰是怎样生活的吧。”丁香冲唐汉笑笑。

唐汉也笑笑，“是啊，你看我老扯别的，罗布、米兰，快说说，在楼兰国这两年的时间里，你们是怎么过来的？”

罗布看看米兰，四目相对，一时无语。客厅忽然变得一片寂静，唐汉和丁香静静地期待主人来打破沉默，带着他们走进罗布、米兰的回忆……

4. 金色梦境

时间回到两年之前。

罗布和米兰乘着飞船，跟随哈雷先生，来到了天球楼兰国。到了楼兰国，他们一时没有去处，只好暂时寄居在哈雷先生的家里。

哈雷先生的家，坐落在罗布泊市的孔雀河畔，是一套依山傍水的连体别墅。房子的外形简约明快，室内温馨、典雅。罗布和丁香一踏进哈雷的家，犹如进了天堂一样。

“真是块风水宝地，”罗布赞叹道，“地段、地形、地貌和地脉四样都占了。”听这话，好像罗布对风水有些研究。

“我是沾了父母的光。”哈雷说。哈雷的父母经营一家三星级酒店，他们都是四星级纳税人，哈雷为三星级纳税人。

有了哈雷的关照，罗布、米兰慢慢适应了楼兰国的生活。两人在楼兰国罗布泊市安顿下来后，一时手里还没有工作，罗布不是游手好闲之徒，他觉得老这样闲下去也不是个事，脑子里有了找份工作的念头。

罗布将自己的想法告诉了米兰。“是不是楼兰按税消费、奖勤罚懒的政策激励了你？”米兰歪着头看着罗布。

“看你说的，我唐汉又不是好吃懒做之人，有胳膊有腿的，岂能久吃嗟来之食？”

“开始摆男子汉大丈夫的派头了？我看，还是先去办理好移民手续，再做打算，否则我们没有身份，也没有人敢用呀。”

“米兰，到底是女人的心细，行，我们先办好移民手续，再找工作。”

“这事还得靠哈雷先生帮忙，罗布，告诉我，你想找什么工作？”

“还没想好，”罗布心想，现在那里还有讨价还价的资格，先找份工作稳定下来再说，“你看我适合做什么工作？”

“我看，索性在罗布泊市开个‘米兰客栈’，也算完成我们在罗布泊未竟的事业。”丁香想着罗布泊的楼兰客栈，未开张就夭折了，心有不甘，现在也不知罗氏兄弟将它搞成个什么模样。

“怎么,想罗布泊的‘米兰客栈’了？你的想法很好,可是资金从哪里来？楼兰没有银行,也不兴借钱,你说怎么办?”

“我倒没有想得这么细,唉,罗布,你真的想在楼兰国长期住下去?”

“我们刚踏上社会,在国内是创业,在楼兰国也是创业,我想在楼兰国试试,说不定三五年后,我们就能混出个人样来了呢。”

“你想好了？我可是嫁鸡随鸡、嫁狗随狗的哦。”

“有你这句话,我一定得试试,今天我就把这个想法告诉哈雷,也请他助我们一臂之力。”

两人正说着,哈雷的父母从酒店回来了。哈雷的父亲叫哈立克,母亲叫梅尔,都年过半百。

罗布毕恭毕敬地叫道:“伯父、伯母,你们好!”

梅尔仔细端量着罗布,有些喜欢这个外星球上来的年轻人:“罗布,你来到楼兰国也有些日子了,今后有什么打算?”

“想找份工作先做起来,其他的事情以后再作打算。”罗布认真地说。

梅尔想了想,看看米兰,热情地问:“米兰,你愿不愿意当老师呀?”

“愿意啊,我是师范毕业的。”

“那好,罗布泊有所中学刚好需要一位老师,我明天就帮你联系。”

“谢谢伯母。”

“对了,”哈立克好像想起了什么,“酒店咖啡厅也有一位采购主管辞职,如果罗布想干的话,可以试试这份工作。”

罗布喜出望外,连忙说道:“我想干,一定会非常努力的。”

说曹操,曹操就到,想什么就来什么,两人都没想到工作的事这么快就有眉目了,真是踏破铁鞋无觅处,得来全不费功夫。找到了工作,生计就会有保障,他们才能够在楼兰国站稳脚跟。米兰将罗布从一楼,拉到了二楼的卧室,一进自己的房间,就顺手将门关上,自己依在了门上,好像怕罗布逃走似的。

“什么事,神神秘秘的?”罗布不解地问。

米兰摆摆手,示意罗布不要出声,然后拿出一张信笺递给了罗布,等待罗布的反应。

罗布接过信笺朗读起来：

当晨曦染红了大海时，
我想起了你；
当月色穿透了流泉时，
我又想起了你。
每当遥远的路上，
扬起来沙尘时，
我看到了你；
深沉的夜里，
迷路的人在歧路上忧虑时，
我也看到了你。

浪起来了，
在深沉的滔声里，
我听到了你；
万籁俱寂，
在我常去倾听大自然的幽林中，
我也听到了你。

我就在你身旁，
尽管你似乎在那遥远之处，
你离我是这样的近。
太阳落山了，
一会儿群星就会向我闪烁，
噢 你要是也在那儿，
该多好啊！

“什么意思？送给男朋友的情诗？”罗布读完，仍是一副不解的样子，“写得不错嘛。”

米兰有些恼羞成怒，一把抱住了罗布：“我叫你坏，叫你装糊涂。”边说边将罗布往床上摁。罗布感到了米兰急促的心跳，好像怀里揣了个小兔子。两颗年轻的心，紧紧贴在了一起。

第二天的黎明，比罗布期待的来得早。孔雀河的流水声好似乐曲，树林里的鸟鸣也来伴奏，清新的空气唤醒了梦呓的人们，远远飘洒的朝霞似一幅绚丽的油画。

“这是我选择的生活之地吗？”趁着头脑清醒，罗布不止一次地问自己。其实，罗布已没有了选择，没有选择往往是一种不错的选择。有时，随波逐流，顺其自然，也不是一件坏事，所谓顺势而为。

罗布和米兰直奔罗布泊市的户籍登记处，哈雷先生已将楼兰国外事部说明函件和袁明清总统的批示转到了这里。接待他们的工作人员是一位姑娘，态度很热情，递茶倒水，让罗布心里挺温暖的。

“米兰小姐、罗布先生，欢迎你们到楼兰国罗布泊市。由于你们的情况特殊，我只能按国家外事部的批示办理。”姑娘认真地解释道。

“就因为我们是外星人？”罗布直爽地说，“我们不需要特殊照顾。”

“罗布先生，你不要误解，楼兰国没有后门和关系可走，”姑娘似乎挺耐心，“由于你们提供不了从小学到大学的纳税记录，所以对你们纳税级别的确定存在困难。按照楼兰国对来访的外国宾客消费定级的规定，你们是三星级，那是针对短暂逗留而言的，可你们现在是定居，不能按外国宾客的标准执行。楼兰国外事部批示的是基本纳税级，相当于楼兰国正常大学毕业生的纳税级别。”

“这样做也算合理。”米兰在一旁说。

“小姐，你错了。其实这样并不合理，因为罗布泊市实际上没有收到过你们从小学到大学的一分钱的纳税，尽管楼兰国对你们从小学到大学的教育没有投资一分钱，但我们不知道你们外星人大学毕业后有哪些基本技能，是否能达到了我们楼兰国大学毕业生的要求；也许不到，也许会超过，我们无从得知。当然，由于有外事部的申请，又经过我们总统的特批，我可以执行。这里有三个小区的160平方米的公寓住房，供你们选择。”姑娘丝毫不讲人情世故，完全按章办事。

罗布沉思了会儿，说："小姐，很抱歉，我们目前不接受贵国供给的住房，等我们达到了基本纳税级后，再来办理领房手续。今天，你只要给我们办理好户籍登记手续就行了。"

"没有住房，怎么办理户籍登记呢？"姑娘耸了耸肩，两手一摊。

米兰说："先登记在哈雷先生的家里。"

"好吧，这是你们自愿的，请提供哈雷先生签署的同意你们寄居的证明。"姑娘说。

这个证明在罗布和米兰入住哈雷家的第一天就写好了，米兰连忙将哈立克先生写好的证明材料交给了对方。

户籍登记处的效率很高，手续很快就办好了，罗布和米兰留了指纹备案，并领取了相当于身份证又相当于银行卡的信息芯片。

出了户籍登记处，米兰问罗布："你为什么放弃享受基本纳税级的待遇呢？"

"我是个男人，我不愿意获取不属于我的东西。"罗布很男人地说。

"罗布，不管你作出什么决定，我都会支持你的。"米兰已将自己托付给眼前这个自己信赖的男人，罗布眼睛里闪着泪光："米兰，谢谢你，有你的支持，我们一定会成功。"

米兰乘公共交通去学校报到，罗布采用跑步的方式，去哈立克和梅尔夫妇的酒店报到。

酒店依山傍水，环境优美。罗布本可以明天去报到的，然而渴望工作、渴望改变自己的心情，不允许他有一天的懈怠。

罗布进入梅尔的办公室时，那位要辞职的矮个子员工也在那里，名叫廖亮。

"廖亮，哈立克先生已批准了你的辞职报告，现在有三件事情需要告知你，"梅尔客气地对廖亮说，"第一，你在蓝孔雀工作了五年，按照国家规定，你将被减少八个月的税额；第二，你知道没有原供职单位的工作评价或第三方的公证，新单位是不允许接受你的，这是酒店给你出具的书面工作评价，你看看是不是有异议；第三，你的工作需要移交给这位新来的罗布先生。"

罗布在一旁听着，梅尔的说法让他有些纳闷：辞职还要被国家税务部门扣税额？没有原单位的工作表现评价，新单位不能接受？这也太狠了吧！

其实罗布有所不知，楼兰国的《就业法》里有规定：员工由于个人的原因辞职，工龄一年及以下，扣税额一个月；工龄一年以上，两年以下，扣四个月；工龄两年以上，三年以下，扣九个月，以后每年扣一个月，上限为十八个月，税额以相应年数的月度平均数为准。由于企业原因而辞退员工的，员工工龄从第六年起，每年补贴一个月的税额，补贴累加也以十八个月为上限。

"我没什么意见，只是没想到我的继任者会是一个外星人，"廖亮很平和地说，又转向罗布，"不过请你相信，我会尽力办好移交的。"

廖亮与罗布握过手后，便出了梅尔的办公室。

"罗布，这是一份给你的试工合同，"梅尔接着说，"试工期为三个月，工资1 000元，转正后工资为 1 500 元，税费是 50%，其中医疗保险 10%，养老金30%，税 10%。"

"伯母，1 500 元工资是税前还是税后的?"罗布问。

"是税前的，你嫌少?"

"您误会了，我是想计算一下我什么时候能够成为基本纳税人。"

"只要你有才能，并且努力工作，这 54 000 元的基本纳税额很快就会实现的。"

罗布迅速签署了试工合同。

"这里还有一份股权转让协议，也需要你签署。楼兰国的私营企业都是全员持股的，廖亮离开了蓝孔雀，他的股份必须转让给酒店，由酒店再转让给新员工。"

"可我没有钱，怎么接受股份转让?"罗布有些为难。

梅尔说："酒店会每月从你的工资中扣除，你可以去与廖亮办理交接了。"

罗布来到了廖亮的办公室，廖亮正在等着他呢。"恭喜你加入蓝孔雀!"廖亮热情地说。

"谢谢，希望我也能像你一样，胜任这份工作。"罗布说。

廖亮说："你会的，我相信你。罗布，实际上我很喜欢这里，只是由于我爷爷的葡萄酒庄需要我去接手经营，才不得不离开蓝孔雀。"

"原来是这样，我还以为你，工作上有什么不开心呢。"

“不说这些了，我先把酒店的采购工作向你介绍一下吧……”

蓝孔雀是三星级，它的供应品大都是三星级的产品和少量的二星级产品，因为它采购的上限是三星级，同一类三星级的产品，也各有特色，所以在采购时特别需要关注客人的口感偏好，采购员也应该经常到二星级酒店去调查，适当购进广受欢迎的二星级的精品。罗布感觉到，成为一个称职的采购人员，有很多功课要做。

廖亮带着罗布去酒店的储藏区，向他直观地进行介绍：“这里有五种 A 类三星级的葡萄酒，价格都一样，产地不一样，厂家也不一样。检验我们采购员水平的，有三个指标，一是酒店的销量，二是库存量和周期，三是有否第二年被降级的产品……”

“要吃准顾客的偏好，又要准确掌握生产厂家的产品特点，才能采购进适销的产品，真不容易。”罗布感慨地说。

“对，你很有悟性。”廖亮夸奖罗布。

“那么楼兰国企业的产品，为什么要由国家物价局定价呢？”罗布对价格问题，提出了疑问。

“国家定价很有好处，物价不易波动，能较好地保证价格符合价值。国家将一种同级别、同价格的产品交由三家以上的企业制造，这几家企业间就存在着竞争，而这种竞争不是价格战，主要体现在质量和用户满意度方面的竞争；谁赢得了客户，谁就赢得了销量，也赢得了市场，反之就会被淘汰。制造企业不承担研发任务，研发部门的竞争原则与制造企业相同，分工很细。”

听了廖亮的介绍，罗布觉得楼兰国的一些制度怪怪的，既有竞争，又有管制。

接下来，廖亮带着罗布去跑市场。楼兰国的市场，没有中间环节，由于标价统一，标志统一，信息透明，一瓶 A 类的红酒，同一个星级的，全国各地都是统一的价格。酒店的服务费，也是有明文规定，全国统一，只是不同的级别间，存在差异。

三天很快过去了，罗布也很快上手了，特别是廖亮的采购记录，帮了罗布很大的忙。有了参照就不会出大的差错，然而这不是罗布的目标，他要做得更好。

一段日子里，米兰觉得罗布怪怪的，只要是罗布泊的酒厂，都被他跑遍了。他很注意消费者的特征。

三个月的试工期很快过去了，由于罗布的用心与勤奋，他胜任了采购工作，蓝孔雀酒店按时为他转正了。

转正的那天晚上，罗布约了哈雷到蓝孔雀酒店。“哈雷，为庆祝我提前转正，我有一件礼物送给你。”他说。

哈雷急不可耐地问：“是什么礼物呀？”

“你等着。”罗布拿来了一个高脚杯子、冰桃子汁、冰石榴汁和一瓶汽葡萄酒。

罗布将冰的桃子汁倒入高脚杯内，约有三分之一杯，然后在高脚杯内加入少量的冰石榴汁并混合均匀。粉红色的桃子汁，滴入了鲜红的石榴汁，像少女的一片红晕弥散开来，使桃子汁有了微酸的口感，让人觉得甜而不腻。

罗布开启了冰的汽葡萄酒，一连串的气泡从瓶底冒起，他倒满了高脚酒杯，经过充分地搅拌，一杯“贝利尼”鸡尾酒调制好了。

哈雷端详着这杯颜色奇异的鸡尾酒，端起来呡了一口，完全不同于过去原汁葡萄酒的味道，既有“发泡酒”的清爽口味，又有桃子汁的典雅甜味和石榴的奇妙的微酸。他从来不知道酒还有这种喝法，瞪大了眼睛，好像在琢磨最合适的表述语言。

“好喝吗？”罗布轻声问道，他对这种创新，能否被楼兰国的消费者接受，心存疑虑。

“嗯，好喝！好喝！”哈雷连声称好，“就是不知道你是怎么想出来的？”

“其实地球上的喝法更多，我是担心罗布泊人不接受，精选了两种进行改良。”

“我想，会接受的。要不然，让我母亲来品尝一下。”不一会儿，哈雷拉着母亲梅尔来到了咖啡厅。梅尔小心翼翼地喝了一小口，开始面无表情，过了少顷又喝了一小口，仍然长时间默不作声。罗布不禁忐忑起来，过了半晌，终于，他看见梅尔女士两眼放光，面带笑意：“此酒只应天上有，人间只得几回闻，五花马，千金裘，呼儿将出换美酒，此酒能消万古愁。”梅尔慷慨激昂，吟诵起赞美的诗章。

罗布和哈雷四目相视，击掌相庆，有了梅尔的肯定，在酒店推广的可能性大大增加。

“罗布，真有你的！”梅尔平静了一下自己的情绪后说，“你可以将这种调制方法程式化，从明天起就在咖啡厅和酒吧推出，肯定会受欢迎的。”

罗布说：“伯母，贝利尼鸡尾酒是适合女性饮用的，我还有一款名为草帽的浪漫鸡尾酒，适合于男士。”

“好啊，哈雷，快去请你父亲过来，让他品尝一下罗布的草帽浪漫鸡尾酒。”

“好，我就去。”哈雷立即去请他父亲哈立克先生。

制作草帽浪漫鸡尾酒，用料是“龙舌兰”和西红柿汁。罗布将冰块置于杯中，加入30毫升的“龙舌兰”和60毫升的西红柿汁，轻轻搅拌均匀；然后将一片柠檬剪开一口子，插在酒杯上，再用芹菜的根，绕了几个环形与柠檬片相连，作为装饰，便很有些草帽的形状了。

哈立克先生来到咖啡厅时，罗布已调制好一杯草帽浪漫鸡尾酒。“伯父，请。”罗布一边对哈立克先生说，一边将草帽浪漫鸡尾酒奉上。哈立克先生喝了一口，细细品味，然后摇了摇头说：“不行，我还要喝一口。”

三人耐心等待哈立克先生的评价。“呀，芬芳浓郁，闻香下马，言不为过啊！”哈立克先生笑着说，“罗布，我建议你尽快推出这款鸳鸯双骄，也让我的朋友们一饱口福……梅尔啊，我们明天就摆酒宴客，让他们尽享人间美味。”

哈立克先生将贝利尼和草帽称之为鸳鸯双骄，真是再贴切不过了。

翌日夜晚，华灯初上。蓝孔雀内，高朋满座。20多位哈立克先生的家眷和朋友，前来品尝罗布的鸳鸯双骄，美酒上桌，杯盏交错，一时间，惊叹声、赞誉声和笑声不绝于耳，咖啡厅变得沸沸扬扬的。罗布在“吧台”玩起了花式调酒，曼妙的音乐、迷离的灯光和表演者眼花缭乱的抛瓶动作，立时把现场的气氛推向了高潮。

花式调酒起源于20世纪的美国，是将一些花样的调酒动作和魔幻般的互动游戏结合起来，能起到活跃酒吧气氛，提高娱乐性，增强与客人亲和关系的作用。

理性的罗布泊人哪里见识过这般阵势：罗布正面翻转两周起瓶，正面两周倒手，一周半倒酒、卡酒、回瓶，手腕翻转酒瓶，抢抓瓶；又背后直立起瓶，反倒手，翻转酒瓶两周背接……

这是蓝孔雀的一个气氛热烈的夜晚。

这个夜晚，给到场的人们留下了难忘的记忆，许多人惊叹这种新的喝酒方式。这个夜晚，罗布泊市又多了一种时尚；这个夜晚，使得罗布这个外星人，在罗布泊市变得小有名气。

随着蓝孔雀的生意日益红火，罗布的工资也一涨再涨，离他实现在罗布泊自立的目标越来越近。

罗布知道，有了较丰厚的收入，他就能尽快成为基本级纳税人了；而一旦达到基本纳税额，他和米兰就不再需要打扰哈雷了，就可以名正言顺地享有公寓房，到那时，就可以与米兰共建爱巢……

5. 体验未来

唐汉和丁香离开罗布和米兰的新居，回到自己的住处时，已是深夜十一点钟了。

他们入住的酒店坐落在塔里木海岸，耳边不时传来海水冲刷岩石的声音，这是大海在夜空下的呢喃。岸边的灯光扑朔迷离。

“罗布和米兰在楼兰国一展才华，虽未圆他们的创业梦，至少实现了自食其力，真为他们高兴。”唐汉说。

丁香似有同感：“是啊，他们的职业生涯刚刚开始，从他们身上看到的是兴奋和激情，充满了蓬勃向上的感染力。”

“我感觉，罗布、米兰很满足楼兰国的社会形态，在这里他们找到了自我，也找到了自己的价值和人生目标，他们身上的那份淡定，很让人羡慕。”唐汉在他们身上看不到，地球上常见的，老老少少身上的浮躁和焦灼，哪种活法才是人生的真谛，也许每个人都有自己的答案，每个人都有自己的不同追求。

“你是不是又在和地球上的状态相比较了？”丁香从唐汉的神态上，猜出了个八九不离十。

唐汉笑笑，并没正面回答，而是反问道：“丁香，我到桃花源也是一穷二白的，你嫁给我后悔不？”

“有什么可后悔的,别想得太多。我们都有一双勤劳的手,会有属于自己的幸福生活的。”

这天,丁香陪唐汉去游览罗布泊市的体验园。

“丁香,罗布泊的生活已经很透明了,为什么还要建体验园?”唐汉对罗布泊的好多事情还有些茫然不解。

“虽然这里的一切都公开透明,可你不要忘了,罗布泊的消费等级森严,消费区域也对消费对象进行限制,”丁香说,“罗布泊的生活体验馆是按税消费现实生活的浓缩,体验园里有五个区,即一至五星税级生活区。在这里,以你的纳税级别为基础,你可以尽情体验高一个星级的生活。”

“政府花这么多钱建这个体验区,就是为了让人们在这里越级消费,享受未来?”

“应该可以这么理解。”

“如果是这样的话,楼兰国建立起来的按税消费的星级秩序,不是给打破了吗?”

“别把它当成你们深圳的世界之窗了。罗布泊的市民,一年里只允许一个周末到这里来生活,每年只可以带家人到这里度过一个节假日。”

“也就是说,罗布泊的人每年最多只能到那里两次?”

“当然,政府就是要让每个市民都知道,惟有努力,才可能实现更好的生活,而更好的生活,是实实在在的,是看得见摸得着的,而不是画饼充饥、望梅止渴。”

唐汉一听,觉得罗布泊政府有些意思,很有想法。楼兰国人努力的目标是活生生的,可以去真实地感知。在这里,只要你付出,就可以过上天堂般的日子。“如果我达到三星税级后,我也把政府要求的医疗保险金和养老金足额缴纳了,我是否可以去做自己感兴趣的事了呢?”他问。

“当然可以,你如果满足基本税额级的生活,你就可以更早地去做你喜欢的事情,”丁香说,“譬如廖亮的父母,就是达到二星税级并交足了政府要求的医疗保险金和养老金后,开始从事他们喜欢的绘画。”

唐汉和丁香很快就来到了罗布泊市的体验园。对于外星球的客人,按规定是可以凭贵宾卡进入体验园。其实他们只能走马观花,因为没有电子货币,所以无法实现消费体验。

“我达到基本的生活水准后，也想去做我喜欢的事情。”唐汉就自己的未来征求丁香的意见。他是个有自己明确生活主张的人。

“很好，到那时你想做什么？”

“做一个背包客，周游世界。”

“我一定会和你一起去，闲云野鹤，遍历天涯。”丁香坚定地说。其实，桃花源没有楼兰国那样机械，只要人们愿意，随时可以实现自己亲近自然的梦想。

两人从体验园出来，到了塔里木海边，漫步在细软的沙滩上。唐汉忽然想起了地球上流传甚广的故事：《渔夫的太阳》。

“丁香，我给你讲一个故事，怎么样？”唐汉说。

“好啊。”丁香为了躲避浪花，身子倾向了唐汉。他们在一处沙滩上坐了下来，丁香全神贯注倾听的模样，倒让唐汉不好意思开口了。

故事里说，有个渔夫，他在风光旖旎的海滩上悠闲地晒着太阳。

这时，来了一位度假的富翁，客气地对晒太阳的渔夫说：“这么好的天气，你为什么不出海捕鱼呢？”

渔夫懒洋洋地，乜斜着眼睛说：“今天我已出过一次海了，捕了好几条黄金鱼呢。”黄金鱼是一种名贵海鱼，肉质细腻鲜美，为众人所喜爱。

富翁听了，肃然起敬。“那么，你需要多少时间才能捕获到它们呢？”他又好奇地问。“大概两个小时吧，我知道这种鱼的习性和出现的区域，很容易捕获。”渔夫骄傲地回答说。

“既然这样，你为什么不多捕一些呢？你看天色尚早。”

“我为什么要捕那么多鱼呢？我这样已经衣食无忧了。”

“你应该每天多花一些时间去捕鱼，到时候你就会有一条大船，然后雇佣一些帮手，这样你就可以捕到更多的鱼，”富翁替渔夫出主意，“如此一来，你就能赚到更多的钱，买更多的渔船，拥有一个船队。到那时，你就不必把鱼卖给鱼贩子，而是直接送进加工厂，你就会获得更多的利润。”

渔夫不解：“你的设想看上去很诱人，可是，我要那么多钱干什么？”

“你真是一个土包子，脑子进水了，有钱还不会花？到那时，你可以开一个鱼制品加工厂，全面控制从捕鱼到加工再到市场营销之间的整个过程。随着经营规模的扩大，你就能够打败所有的竞争对手，造就世界上最大的渔业公司，成为全人类羡慕的富豪。”

“你说得很刺激，请问，实现这个目标大概需要花费多少时间呢？”

“大约18年。”

“然后呢？”

“然后……”富翁想了想说，“然后你就可以到海边建造一幢豪华的海滨别墅，悠闲地享受日光浴了。”

渔夫说：“你说得很有道理，可我现在已经在享受日光浴了，何必像你所说的，绕一个大圈子又回到原地？”

唐汉以为丁香会很好奇，结果令他失望了。

“其实，桃花源的生活就是渔夫的生活状态，而那个富翁就是楼兰国的四星、五星纳税级的人。”丁香是如此解读唐汉的故事的。对于丁香来说，这并不是个故事，而是两种生活态度。

“你的分析很有道理。”唐汉说。

“在楼兰国，可以有很多种生活选择，这是他们制度的精髓所在。同时，那些不以追求物质享受为终极目标，提前交足政府规定的基本费用后，提前开始自己喜欢的生活方式的人，是活得最自我的人，也许是最幸福的人。”

“人生短暂，人们却要将更多的时间花在路上，目标越远大，花在路上的时间就越长，相反，目标比较小，花在实现目标的路上的时间就少。有的人用一生在体验过程，而不知实现目标后的滋味；有的人并没有太大太多的目标，在实现目标的路上并没有花很多时间，而是享受实现的目标花去了他的大半生。”

在人生的路上，可以随时调整目标，也可以随时停下探索的脚步，而在这条路上，有的人挥霍生命，有的人升华生命；有的人在享受生活，有的人在赶路。

这是一个冬日的早晨，阳光强烈，却不刺眼。万物沐浴在冬日的阳光之中，感受着冬季放慢了成长的脚步。紧靠塔里木海的罗布泊市，呈现出温带的海洋性气候特点，只有海风吹来，才让人感到些许寒意。

“唐汉，快起来，”罗布的喊声忽然响起在宾馆的走道上，“今天我休假，我们一起去享受这里冬日的别样情调。"罗布、米兰将他们的假期要与唐汉夫妇共享。

实际上,唐汉和丁香早已起床了。"今天你想请客?"丁香将身子探出窗外问道。

罗布说:"嗯,我和米兰还要送你们礼物呢。"

丁香知道,冬天是楼兰国民众的收获的季节,以前她就曾收到过其他楼兰朋友所赠予的冬季礼物。因为在这个季节,楼兰国的上市公司陆续开始派发红利了。红利应该归于每个股民,楼兰国的所有公民都是股民,楼兰国的冬季是全民来分享花红的日子。

楼兰国有上市公司,有持有上市公司股份的股民,却没有专供股票交易的证券所。国家不提倡投机性的股票买卖,持股人如果因离职等原因,需要转让手中股票的,则必须由该上市公司按当日公司每股对应的净资产值予以回购。

地球上的股市,是赌场的另一种形式,是一种盛装下的贪婪和肮脏。

在多数楼兰国民看来,世俗的富人与穷人,存在于世俗的财富标准中。生活中大方的人才是富人,小器的人就是穷人,与其财富的多寡没有关系。楼兰人有用红利所得,购买礼物赠送给亲朋好友的习惯,以使更多的人分享他们的喜悦。

"有股票却不能交易,这多少有点寂寞吧?"唐汉还是以地球人的思维,理解着股票和股市的关系。

罗布说:"可楼兰国不崇尚投机和贪婪。"

"那么上市公司的质量和经营业绩有好有差,如果手里持有的股份并非优质,又不能转让,或者说没有可供转让的场所,岂不亏了?"

"那我们就通过炒鱿鱼的形式,对年终业绩不好、又无正当理由的公司经营层进行罢免。"不炒股,炒职业经理人,这也是一种思路。

说到这里,唐汉不禁想起一个故事:

据说有五个亚洲人和一个美国人漂流到一个荒岛上,迫于生计,他们决定分工协作:亚洲人负责打猎、捕鱼和烹饪;美国人占据了沙滩,负责吃饭和将吃剩的残羹再分给亚洲人。

当亚洲人每天辛苦忙碌的时候,美国人则辛苦地在沙滩上晒着太阳和用力地咀嚼着食物。

有一天，亚洲人决定不再无偿提供给美国人食物了，于是美国人就给亚洲人打了一张欠条，承诺亚洲人今后可以凭着这张欠条去兑现享受舒适生活的权利，譬如，在美国人的沙滩上散步。

亚洲人接受了这一交换条件，进而为赚取更多的欠条继续工作。

又过了一段时间，岛上的欠条越来越多，终于来了一位银行家，专门帮亚洲人收集和管理美国人的欠条。

银行家不断地暗示亚洲人：当这些欠条累积起来之后，亚洲人早晚有一天能够过上比美国人更幸福的生活。这似乎产生了更大的激励作用，亚洲人为了今后的幸福，更加拼命地赚取欠条。

那个美国人呢，除了让亚洲人更多地来自己的沙滩上散步外，还发明了一些有趣的把戏卖给亚洲人去玩耍，以此来收回原先的欠条。美国人告诉亚洲人，这些把戏今后会让他们得到更多的欠条。

就这样年复一年，美国人、亚洲人和银行家之间的游戏越做越大：亚洲人创造更多的财富供给美国人，美国人也发明了更加复杂的把戏教给亚洲人。亚洲人开始用手中积累的美国人的欠条，进行彼此间的交易；而银行家呢，他得到了更多的欠条业务并因此忙得不亦乐乎。

2006年，当华尔街的预言家彼得希夫写下这个"荒岛故事"的时候，整个世界都像那座荒岛一样处处繁荣，人人乐观。可是两年之后，美国次贷危机爆发，悲观情绪立刻弥漫全球，没人说得清楚那座荒岛明天又会变成何种面貌。

美国人说，这事不能怨他，当初要不是他开出欠条，亚洲人哪来的动力建设荒岛？

但毫无疑问的是，如今那五个亚洲人正在任劳任怨地为这场灾难埋单呢。

唐汉说完这个故事后沉吟道："地球人已经知道过度的金融产品的危害，可要彻底消除由此产生的后果，实在不易。我这里有一份地球人G20峰会的声明，罗布，你可以看一下的。"

罗布接过来，认真地看着：在世界经济和金融市场遭遇严重挑战时，20国集团领导人于2008年11月15日在美国华盛顿举行了一次初步会议。我们决定增强相互合作，努力恢复全球经济增长，实现全球金融体系的必要改革。

在经济高速增长时期,资本流动性日益增长,并且此前十年保持了长期的稳定性。然而,市场参与者过度追逐高收益,缺乏风险评估和未能履行相应责任;同时,脆弱的保险业标准,不健全的风险管理行为,日益复杂和不透明的金融产品以及由此引发的过度影响,最终导致了体系的脆弱性。特别在一些发达国家,决策者、监管机构和执行者,未能充分意识到或采取措施,来应对金融市场日益扩大的风险,未能及时实施金融革新或者未能考虑本国监管不力所产生的后果……

“呵呵,20国集团很庞大,但有时候参与的人越多,就越意味着想法的纷乱和利益的难以均衡。”罗布笑道。

唐汉似有同感:“是啊,在我看来,这样的会议作秀的成分更浓一些,谁知道这些领导人回到各自国家后,又会怎么想怎么做呢?”这大多是同床异梦的会议,声明也是这些肮脏政治家、金融家的梦呓。

三个人匆忙吃好早饭,就上街了。街上的人明显比平时多,是适逢假日的缘故。罗布带客人来到罗布泊的展示区,这相当于地球上的商业街,却与地球上的商业街有着天壤之别。展示区集中了楼兰各企业的展厅,展厅里展示着企业的产品和将要推出的新产品。

楼兰人的购物都是在网络上实现的,展厅是给人以直观和体验的场所。展厅并不销售。

“罗布,楼兰国商业这么发达,”唐汉看了企业展厅后问道,“企业还要涉足商业干什么?”

“商业发达不是商人发达,而是商业渠道的发达。商业渠道不发达,就会造成信息不对称,其结果是商人发财了,而不是制造企业的发财。商人的发达和商业的发达,在多种情况下,完全是两个概念,决不可混为一谈。”罗布说。地球上的商学院里流行着一条“微笑曲线”,这条曲线描述了设计和销售是高利润环节。罗布的话听起来拗口,其中包含的道理让唐汉有醍醐灌顶之感。

路过一家书画店时,罗布大方地说:“唐汉、丁香,你们可以挑选自己喜欢的一幅画,算是我和米兰送给你们的礼物,因为昨天我们拿到了上市公司的花红,心里高兴。”

“今年罗布泊市的分红比例大致在百分之十左右,我们得到了32 000元的花红。这还不包括蓝孔雀的花红，去除税费，到手也有16 000元，是不错的收益。”米兰补充道。

唐汉和丁香认真地挑选自己喜爱的画作，他们知道罗布和米兰这笔花红数量很可观。画店的商品是可以现场交易的，但都是实价。

店主介绍说：“画品的标价是根据画师的技能级别和耗时计算出来的，楼兰国的艺术作品不涉及拍卖，没有虚拟的价格，也归入普通商品的行列。”

“店主没骗你们，楼兰国不存在虚拟的商品和虚拟的价格。”罗布悄声告诉唐汉和丁香。

唐汉想起了地球上一只LV牌的手提包，是五头牛的价格，更别说那些艺术品，常能拍出令人咋舌的天价。就是那些文物，也被炒作。

米兰说：“这里没有升值、贬值的说法。商业高度发达的另一个标志，就是价格与价值的相符。”这里的一切是那么踏实，全然没有地球上的浮躁。地球上流行着这样一句话：官员让民众高兴，作秀；下级让上级高兴，做假；老公让老婆高兴，做饭。这也是一种生活状态的写照。

丁香喜欢楼兰的山水画，与桃花源的审美观相吻合。也许她在寻找能挂在小木屋的婚房里的精品。她选中了一幅描绘孔雀河两岸美景的山水画。

唐汉和丁香终于结束了楼兰国蜜月之旅，返回桃花源，正式住进了自己的小木屋。

第二天，嫁出去的女儿要回门了，丁家自然要大摆酒席，大宴宾客。席间，两位新人将玛雅国和楼兰国的趣闻轶事说给大家听。说完后，丁香仍有些不过瘾，撒娇着央求爷爷一起助兴：“爷爷，把你的八宝箱打开来，也给唐汉讲讲远古的传说吧。”

唐汉连连点头，众人也附和着。

“好好，爷爷今天高兴，就给你们讲讲桃花源是如何从地球迁徙到北球的。”丁爷爷借着酒劲，拉开了藏于内心的话匣子。

第六章　远古的传说

1. 好事多磨

具茨山伟岸挺拔，犹如生命之根，被阴水柔绕。

一个身材魁梧的青年携带弓箭，步出密林，来到了山巅。他拭目远眺，所见西边峰峰岭岭起波澜，重峦叠嶂山连山；北边芳草萋萋花争妍，九曲黄河入青天；东边阴水曼妙似银带，溪水淙淙入深潭；南边牛嘶马鸣羊成群，座座石屋起炊烟。这位身高马大，面貌奇异的青年不是别人，正是山脚下那个部落的年轻首领，人称少典。少典手持一张劲弓，有一手让族人羡慕的好箭法。

近些日子，少典有些心灰意冷，打猎的时候也提不起精神，屡屡失手，这不，今天又空手而归。少典几年前娶了有峤氏部落首领有峤氏的长女安登姑娘为妻，有峤氏部落就在具茨山北边。两人新婚燕尔，儿女情长，夜夜云雨，如胶似漆。可两年过去了，安登姑娘的肚子却平坦如初。

有峤氏过意不去，又将二女附宝许配给少典。附宝柔媚，少典多情，两人柔情似水，努力有加。可又过两年，附宝的肚子居然也不争气，连个屁大的动静都没有。

更让少典郁闷的是，嫁给少典弟弟的有峤氏家的三姑娘，却像圈里的母猪，一窝接着一窝地下崽。这不，眼下她的肚子又像吹泡泡似的鼓胀了起来。这不识相的三姑娘，不好好在自己的家里呆着，却偏偏喜欢三天两头地往少典家跑，和两姊妹谈天说地。

时间长了，族人的一些闲言碎语不时传到少典的耳朵里，连他也开始怀疑自己了。

这次出去狩猎，少典想做出一些英雄之举，让部落的老少爷们看看少典身上的男人光彩。他这次将目标放在了经常出没森林的熊群身上，他知道能够征服熊群，自然会让族人高看一眼，那些烦人的闲话也许就云消雾散了。

这时，安登也在离少典部落不远的山坡上，放牧着羊群。她美丽善良，可自从妹妹附宝嫁给少典后，原来幸福而平静的夫妻生活被打破了，原本亲密无间的姊妹关系顷刻化为了乌有，自己就像一个多余的人，经常在夜晚孤独地数着天上的星星，与之相伴的是挥之不去的无尽长夜。

少典外出狩猎，安登就去山上放羊。山上有一个幽深的古洞，放牧累了，她就到里面小憩片刻。

此刻，她坐在洞中，倚着洞壁休息。她常常觉得这里更能给她安全感，给她希望。她幻想着和少典重赴爱河，想着想着慢慢睡着了。她在梦里没有见到少典，却见到一个自称七龙子的英俊少年。少年与她相亲相爱，缠绵不已。

待安登醒来，很为自己的梦境而羞愧。可就是这石洞一梦，改变了安登的生理，一个奇异的生命竟然孕育。安登既对日日隆起的小腹感到不安，又因初为人母而觉得甜蜜和羞涩。

她终于在山坡上看见了狩猎归来的少典，少典骑在熊的背上，身后是上百只的熊群。族人看着昔日凶猛的野兽，这会儿温顺驯服地跟随着自己的首领，都啧啧称奇。

从那以后，少典便与熊群有了一种默契：当其他兽类侵扰少典部落的时候，熊群就会赶来相助。在少典的治理和熊群的相助下，少典部落开始鼎盛。大家开始改称少典部落为有熊国，少典顺理成章地就成了有熊国的国君。

农历四月二十六日，怀胎一年零八个月的安登分娩了。这本是有熊国的喜事，应该举国欢庆，然而事实并没有那么简单。

这天，少典家附近的九口井忽然冒出了九股泉水，九井彼此相通，汲一井而其余八井皆动，此现象颇为奇异。

随着安登一声撕心裂肺的呼号，接生婆慌慌张张地从产房里跑了出来，还边跑边喊："生了！少典首领，安登她生了！"

"好，好！带不带把？"少典非常兴奋。不过此时他更想知道，安登生的是男还是女。

"回首领，我不知道。"

"一派胡言，你接生婆不知道，谁知道？"

"回首领，安登生出来的是一肉球。"

"什么肉球？这怎么可能，快带我去看看！"

安登分娩出的确实是一个七斤重的肉球，少典一看脸色都变了："马上给我切开！"

接生婆颤抖着举起石刀，欲劈肉球。忽然肉球自动裂开，跳出一个带把的男婴。只不过婴儿外貌奇异，牛首人身，模样丑陋，微鼓的肚子呈透明状，可以看清里面的五脏六腑。

少典非常恼怒，重重地哼了声，拂袖而去。可安登却十分喜爱自己的孩子，给他取名石年，姓伊耆。

安登生下石年三天后，迷迷糊糊地听到有人在叫"妈妈"。她睁开眼睛，除了自己和石年，屋内再无别人。她不禁心生奇怪，暗想，这难道是错觉？

"妈妈。"

这回，安登听得真切，开口的不是别人，竟是出生才三天的石年。

"宝贝，妈妈的宝贝，你真聪明！"安登激动得抱起石年亲了又亲，直亲到石年的小脸通红通红。

安登产后不久，又得放羊和采摘野果度日。一次，她趁石年酣睡之际，将儿子放在向阳的草地上，独自找食物去了。等石年醒来，不见了母亲，饥饿难忍的他便嚎啕大哭起来。哭声被附近的母鹿和山鹰听见了，它们循声而来，母鹿躺在地上，给石年喂奶；山鹰张开翅膀，为石年遮风挡雨。

转眼石年就要满周岁了，他已长成八尺七寸的魁梧大汉，经常和母亲一起去牧羊。

“妈妈,爸爸为什么不喜欢我?是我长得丑吗?”在山上牧羊的时候,石年说出了久压在心底的疑惑。

安登笑着说:“傻孩子,爸爸只是因为忙,才把我们的石年给忽略了。你是我们有熊国最英俊最聪明的少年。”

“妈妈,我长大后也要像爸爸一样,为族人办好多事,一定让妈妈过上最好的生活。”

“妈妈相信你,你一定会像你爸爸一样,成为受族人尊重的英雄。”

事实上,自石年出生起,少典就不喜欢他。日子过得很快,尽管石年相貌丑陋,可随着时间的推移,人们看习惯了,也就接受了他的相貌;再加上石年聪慧过人,不时会有新花样出来,也给少典家族带来了些许安慰。

然而附宝呢,随着姐姐生下石年后,她好像有了心事。族人背后称她为不会生蛋的母鸡,这也陡增了她的心理压力。

不久,少典外出狩猎,附宝在家中心生郁闷,便沿着阴水河踯躅而行,沿途看见鱼儿在水里跳跃,花草在路边点头,鸟儿在枝头歌唱,一切都好像是在欢迎她的到来。附宝的心情开始变得愉悦起来。

不知道走了多远,眼前出现了一片芳草地,草地里布满了沼泽。

“莫非这里就是传说中的雷泽?”少典部落的族人对雷泽讳莫如深。因为进入那里的人少有生还,不是被沼泽吞噬,就是被雷电劈死。国人从古至今,都认为凡被雷电击死的,肯定是做了坏事才遭天谴。

虽说附宝嫁人多年,却依旧童心未泯。她发现草地上有一只六尺长的巨大脚印,就脱下兽皮靴,赤脚踩在那巨人的脚印之上。忽然间,一股暖流直入附宝的心扉,仿佛云雾之中,有一道彩虹围绕着她。

这时,天空猛然暗淡下来,顿时星光满天,和晚上完全一样。附宝抬头仰视,只见天空中有一道闪闪发亮的电光,像蛇一样不时绕着北斗星。刹那间,四周罩上了一层青光,附宝就觉得腹部有什么东西倏地一动。

刚才黑暗的天空,瞬间又变成白昼,光亮如初。附宝惧意顿生,急忙穿好靴子,返回少典部落。

自少典部落有记忆以来,附宝是涉足雷泽生还的第一人。

附宝回到家中，就感觉浑身不对劲，心想，莫非自己叫雷震子给种上了种？她胡思乱想起来。一会儿，她有了主意：姐姐安登是过来之人，何不去问她！

附宝三步并作两步地来到了安登的房间。安登早与少典分居了，她目前和石年住在一起。附宝来到安登房间的时候，安登刚放羊回来。

“阿姐，我去了一趟雷泽，回来就觉得肚子里怪怪的，会不会是怀孕了？”

“傻妹妹，要验证这件事情，只要一个月就会见分晓。别人不知，你自己肯定会知道。”

女人的事情，女人知。附宝将信将疑地点了点头。果然，一个月后，附宝怀孕的事得到了证实，爱好酸口，小腹微凸，生理的变化都是例证。

少典也变得勤奋了，狩猎更多的动物给附宝增加营养。

对于少典和附宝来说，时间过得特别慢。俗语说“十月怀胎，一日分娩”，附宝这肚子真是异于常人，要么像漏了气的气球，三四年也吹不胀，可一旦鼓胀起来，却是两年不泄。

是年二月初九，阴水的上空出现两条巨龙，腾跃半天都不愿离去。彩霞映红天际，凤凰如云一般在空中飞舞，百鸟和群兽欢快地鸣叫。草儿开始变绿，花儿也早早地绽放。

经过 25 个月的怀胎，附宝生下了一个男孩。孩子出生时，一片紫气弥漫于周围。孩子长得“河目龙颜”，随天生丽质、楚楚动人的附宝。孩子的奇异之处是有四个脸，少典国君只看了孩子第一眼，就喜上眉梢，那是喜不自禁。

“妈妈，你怎么这么早就把我给放出来了？”附宝很惊奇，孩子刚生下来就会说话。

“好孩子，别人家的小孩在妈妈的房间里只呆 10 个月，你都呆了 25 个月，还赖在妈妈的房间里不肯出来。”

“妈妈，他是谁？”孩子指着站在旁边，身披草叶，腰围兽皮的威猛男人。

附宝被儿子的问话逗乐了：“乖儿子，他是你的爸爸，少典国君。”。

“儿子，过来让爸爸抱抱。”少典一把将儿子抱了过来，没头没脑地一阵乱亲。

“少典，我们给孩子起个名字吧，”附宝说，“孩子都能满地乱跑了，还没有名字，会被族人笑话的。”

“就叫轩辕吧，姓公孙。”少典说话的时候，手里还逗着自己的宝贝儿子。

“轩辕，这个名字好。妈妈，我喜欢这个名字。”儿子接口道。

轩辕即天鼋，神龟也。自从轩辕出生后，附宝母子备受少典宠爱。安登和石年则愈加被少典所冷落。

安登受不了这种被别人白眼的生活，在石年五岁那年，母女俩悄悄地离开了少典，离开了阴水，离开了有熊国。

此时石年已能耐非凡，母亲骑一只麋鹿，石年坐一匹快马，那只为他遮挡风雨的苍鹰紧随其后。

性格刚烈的少年石年，决心要给母亲幸福快乐的生活。麋鹿和骏马沿着阴水，一路狂奔，不时惊起一群群的飞鸟……

2. 牛 首 山

这是一个阳光明媚的中午。

石年和母亲风餐露宿，经过三天三夜的奔波，来到了渭水之滨。渭水有一条支流，古称姜水。石年决定与母亲先在姜水边安顿下来，然后再作打算。

石年将自己的那匹枣红马拴在了树上，然后再将母亲从麋鹿身上扶下来。苍鹰落在了附近的树上，麋鹿紧挨着安登，露出询问的目光。也许它太累了，希望在这里休整，哪怕一夜也好。

石年开始勘测建屋的地点。在那个年代，建住宅已有两大流派，一是在树林里，腾空建屋，空中住人，屋下面圈养驯化的家畜；另外一种方法是落地，挖一坑，这种方法适合在山坡上建屋。为这个石年还与弟弟轩辕有过争论。

姜水是一条东西走向的河流，河面宽约两里，河水冲刷着岸边的巨石，不时飞溅出洁白的浪花。姜水的北面，是一座兀立的山峰，高约 160 米，很有些拔地而起的意味。

石年沿着江水溯流而上，来到了这座山的正面。不知何时，苍鹰也尾随而至，盘旋在瓦蓝的天空中。石年看着眼前这座山峰，总觉得有些蹊跷，可一时半会儿找不出其中的原由。

再仔细打量，石年发现山峰的半山腰上有一个洞口，他急速地向那里奔去。只见洞口的上方是悬崖峭壁，峭壁上凌空生长着一棵碗口粗的大树，随他而来的苍鹰已经栖息在这棵大树的枝丫上了。

洞口前面略显平坦，洞口的东西两侧怪石林立。石年摸索着走进洞口，洞里很高挑，外面的阳光毫不吝啬地透射进来，这真是个天生的栖息之地。

在洞壁的西侧有一个耳洞，里面有些昏暗，石年小心翼翼地前行，不一会儿就发现前方有些光亮。正当他准备加快步伐的时候，忽然发觉脚下被什么绊了一下。他弯腰摸了摸，感觉是个绳状物。他慢慢地拖着这个东西向光亮处移动，眼前出现一个更大的洞口，阳光穿过悬挂在洞口的藤蔓缝隙，斑驳地洒在了石洞的地上。

借助亮光，石年看清楚自己手中拖着的竟是一根赭色的长鞭。他走出洞口，回头望去，原来这里是两个并行的洞口，中间通过一个小洞相连接，只是后来发现的这个洞口被青藤覆盖，难以觉察而已。

石年觉得这是个极好的栖息之地，决定就把自己的家安在这里。他挽起鞭子，带着苍鹰，向母亲歇息的山林飞奔而去。

"妈妈，我已经找到了住的地方了。"石年远远地看到母亲，就急于把这个好消息告诉了她。

安登也很高兴："那我们就收拾东西走。"

母子俩骑上快马，带着苍鹰和麋鹿，很快来到了山脚下。安登看了看山峰，又看了看儿子，忍不住"扑哧"一声笑出了声。

"妈妈，为何有此一笑？"石年疑惑地看着母亲。

"儿子，你看看这座山峰上两块高耸的岩石像什么？"

"像……像……对了，有些像牛角。"

安登又问："那你再看看整座山峰像什么？"

石年看着那两块岩石，感觉就像两只矗立的牛角，而刚才发现的那两个洞，就像牛鼻子下的两个鼻孔，整个山峰俨然是个牛头，活灵活现，栩栩如生。

"像个牛头，"石年脱口而出，"不用说，这里就是牛首山了！"

"我的儿子，这是天意啊！这牛首山是上苍赐给你的礼物，你还不下马叩谢！"

石年很孝顺，立刻下马行过大礼，然后将手里的长鞭呈给母亲："妈妈，你看，这是我在山洞里捡到的长鞭。”

安登接过长鞭，定睛细瞧，忽见她神色凝重：“石年啊，这是一条用天河里的九翼天龙的皮浸泡蛤蜊精油后制成的神鞭。九翼神龙是天上的神兽，威猛无比。你一定要珍惜上苍对你的厚爱。”

石年连忙点头称是。

说话间，母子俩来到了洞里。石年把从少典部落带来的山魈毛皮铺在了干爽的石板上，供母亲歇息。苍鹰也将自己的家安在悬崖中凌空而立的古树上，麋鹿则在洞口处找到了自己的安身之处。

石年拿着神鞭，骑上了他的枣红神驹；随着一声哨响，苍鹰也凌空而起，他们要去狩猎，以解决吃饭的问题。

安登将两个石洞打扫一遍后，来到了洞口。山脚下，姜水滔滔，波澜壮阔。她用情看着不远处的麋鹿，它已成为她生活的一部分。这头褐色的雌性麋鹿体长两米，重约 200 斤，脸像马，角像鹿，颈像骆驼，尾像驴，因此族人又称它为“四不像”。它水性极好，以青草和水草为食，有时也到海中衔食海藻。它已经十一岁了，还可以有 30 年的寿命。

麋鹿看见安登走出洞去，就乖乖地跑到了她的身边。

石年赶在太阳没下山之前回到了山洞，这次狩猎，共收获三只野鸡和一头山猪。“妈妈，这条神鞭真是威力无比，一鞭出去，这山猪立时毙命。”他得意地说。

这神鞭确实了得，安登见儿子猎回来的山猪足有 200 多斤重。

安登说：“好啊，以后再也不用为豺狼虎豹担惊受怕了。”

安登开始钻木取火，一堆篝火在洞口熊熊燃烧，架在篝火上的山猪被烤得肉香四溢。石年将一只半生不熟的野鸡丢给了苍鹰，野鸡是苍鹰的战利品。

袅袅炊烟伴着阵阵肉香，弥漫了山林，升腾到高空，引来一群人驻足洞外，前面是小孩子，大人离得稍远些，他们的眼里充满了好奇。石年并不觉得奇怪，周围山林里大都有人居住，他们为了躲避野兽，不敢到空旷的平地上生活。

善良的安登见状，连忙将烤熟的山猪肉切下来，分成小块，送给眼前饿坏了的孩子。这些小孩子一下子兴奋起来，争抢着烤猪肉，这可能是他们有生以来吃到的最好的食物了。

“可以给我一块吃吗?”一个半大的孩子凑过来,怯怯地问安登。

安登没言语,只是切了一块肉给他。

那半大的孩子名叫石头,他细细地嚼着香美的猪肉,半天不舍得咽下去。平日里,他都是靠野菜裹腹,即使运气好能狩到野兽,也是茹毛饮血,哪里知道火的用途;偶尔看到火,那是山火,惟恐逃之不及,怎么想得到兽肉经过火的烤炙后,味道竟会如此之好。

“这附近有一只裂天兕,晚上你们可不要住到这里啊。”石头讨好似的告诉安登。

安登没有见过裂天兕,但她听说过,那是天下三大凶兽之一,是成了精的犀牛。它的角可以把天划开,厉害得不得了。安登看了看儿子,似乎在等他拿主意。安登觉得儿子已完全可以信赖。

“假如裂天兕今天晚上来,我明天就请你们吃它的肉。”石年头也没抬,继续往火堆里添柴。

是晚,石年留着燃烧的篝火,拿着神鞭和衣而睡。栖息在树丫上的苍鹰,在黑夜里闪动着警惕的目光。

太阳如期出现在东方,石年和母亲一夜平安。

很早躲在山崖后、树林里偷窥的山民们,看到石年和安登完好如初地出现在他们的视野里,竟一哄而上,欢呼着只有他们听得懂的话语。

山民们陆续搬迁到姜水河畔,牛首山的南坡,围着石年住的石洞,开始建造木屋和石屋。为了安全起见,他们还合力在外围筑起了一道厚厚的石墙,然后在靠近姜水河畔的地方,开了一个寨门。

仅仅三个月的光景,牛首山寨集聚了50多户人家,200多号人。石年自然是他们的寨主。

安登始终没有忘记山民关于裂天兕的传说。白天,石年带领年轻力壮的男丁去山里狩猎,安登安排妇女和老人构筑山寨的猪圈、牛栏和羊栏,对狩猎来的野猪、野羊、野牛进行驯化;夜晚,石年组织山民在山寨围墙外,搭建更高更厚的防护墙,新增的山寨门设立了吊桥。

山民在石年的领导下,进行了分工,狩猎的效率也明显提高,生活状况有了改善。远处的山民也投奔过来,牛首山寨的人口很快增加到300多人。

这天和往常一样，石年领着山寨的壮丁，一大早就到山林里去狩猎。

“安登娘娘，不好了，裂天兕来了！”突然，石头边喊边跑，冲进了寨门。他身后跟着一大群孩子，都是连滚带爬地进了寨门。

人们看见，远处有一巨兽正追赶而来，离他们越来越近。

“快，拉起吊桥！”安登大声喊道。

那些被突如其来的巨兽吓懵了的老人及妇女，听了安登的话，才回过神来，立即手忙脚乱地将吊桥升了起来。

这也就是一刹那的事情，吊桥刚刚升起，裂天兕就奔到了护寨河前，冲着寨门直喘粗气。

寨里的老人、妇女和小孩顿时乱成了一锅粥。以前只听说裂天兕每年都要吃食一二十人，都知道这家伙厉害。现在，裂天兕真的到了山寨门前，还恼羞成怒地来回兜圈子，这可把众人吓得腿都发软。万一裂天兕破门而入闯了进来，后果实在不堪设想。

有几个少不更事的小孩，居然还奋力向裂天兕投掷着石块。然而这样做的结果，非但没能吓跑裂天兕，反而更激怒了这头凶恶的巨兽。

“快去点狼烟。”安登冲石头吩咐道。

呼啦一下，有六七个小孩向山顶上奔去，跑得比兔子还快。他们有的堆狼粪，有的钻木取火，不一会儿，牛首山上升起了一柱狼烟。

安登希望石年看到山寨发出的救援信号后，能够迅速带人回来，以解山寨的燃眉之急。她把从父亲身上继承下来的临危不惧的组织才能发挥到了极致：“留下三个老人准备火把，石头你带五个大小孩跟我来，其他人撤到第二道围墙内，抓紧时间加固围墙。”

裂天兕见从寨门突破无望，便开始用它坚实的身体撞击山寨的围墙，试图撞开一个口子。

安登带着五个小孩，耳闻裂天兕正撞击围墙，就居高临下地往裂天兕头上投掷火把。她知道，这种办法只能延缓裂天兕攻击的速度，却无法真正驱赶走这头发了疯的恶兽。

裂天兕的每一次撞击，都像撞在了安登的心上。谁也不敢保证，围墙的任何一处都是那么坚实可靠。

时间在一分一秒地过去，安登的额角开始渗出了汗珠。她无法知道石年是否已接到她发出的信号，是否正在往回赶的路上。她为全寨人的生命安危而心急如焚。

就在这时，安登看到天空急速飞来了一只苍鹰，这是她再熟悉不过的那只苍鹰。她的眼睛开始变得模糊起来，两行热泪挂在她那俊俏的脸颊上……

3. 少年救母

这边，石年与山寨的男丁们正在围猎一头山猪，目的是要活捉回去驯养。突然有人发现山寨方向燃起的狼烟："寨主，山寨出事了！"

狼烟是石年和母亲事先约定的救急信号。燃烧的狼粪，烟直而聚，风吹不斜，容易被远方的人望见。

众人开始议论纷纷，猜测起山寨可能发生的事情。

"你们一起回去，不要走散。我有快马，先走一步。"石年吹了声口哨，招呼苍鹰先飞回牛首山，自己策马扬鞭赶往山寨。

由于山民长期狩猎，山兽的数量明显减少。为了能狩猎到山兽，人们不得不到更远的地方去狩猎。这次石年狩猎的地方，实际离牛首山寨大约有60多里的路程，人走的话，起码需要数小时。

石年座下的枣红马是一匹神驹，脚力绝佳，只是山路险峻，或多或少影响了它奔驰的速度。待石年快到山寨时，远远地就看见苍鹰斗裂天兕的壮观场面。

裂天兕身长五米，高逾两米，重约四吨，体型健硕，皮厚肉糙并在肩腰等处成褶皱排列，皮上无毛呈黑色，耳朵像两只竖立的喇叭，头大而长，颈短而粗，长唇延长伸出，一对小眼睛分列左右，特别是头上的独角硕长坚硬，构成它攻击的利器，几乎无往而不胜。

再看那只苍鹰，身长半米，体重不过数斤，展翼也才一米多，两只利爪和带钩的喙的确让一般的对手胆寒。苍鹰尖锐的叫声，几里外都能听到。

然而此时，苍鹰面对的是不对称的庞然大物，正常情况下，它不可能有一丝取胜的机会。苍鹰有情有义，为了向主人表达它的忠诚，硬是将这场本无悬念的战斗，演绎得悲壮惨烈，令山寨观战的老老少少无不为之动容。

裂天兕貌似不可战胜，但它一样存有软肋。它的软肋就是皱褶掩盖下的皮肤，那里的皮肤细软得不堪一击。苍鹰看准了，从空中俯冲到裂天兕的背部，一只利爪撩开其皱褶，另一只利爪倾力一击；如此反复，击打得裂天兕哇哇乱转，一时竟全然无应对之策。苍鹰给了裂天兕皮肉之痛，却伤不了裂天兕的元气。

很难想象，号称天下三大神兽之一的裂天兕，被一只苍鹰玩弄于股掌之中。它恼羞成怒，急红了眼，恰见石年快马加鞭赶到眼前，像一下子找到了足以发泄全部疯狂和恼怒的对象。它一个直立，然后向立足未稳的石年扑去。石年哪能轻易让对手占了便宜，他将座下神驹一带，闪过巨兽的有力一击。

裂天兕一击落空，庞大的身躯来不及调整，径直向十米开外的三棵盆口粗的大树撞去。只听得三声巨响，三棵大树，像割韭菜似的，轰然倒地。

石年见状，拍马便走。裂天兕好不容易找到了可以发泄的对象，岂肯善罢甘休。它调转方向，昂头追击。石年见裂天兕追来，忽然心生一计，故意卖了个破绽。裂天兕不知是计，仍紧追不舍。就在裂天兕离石年一步之遥时，但见这位英勇的少年反手一鞭，使尽了全力，然后迅速拨马闪到一边，没了踪影。

站在围墙上的族人看得真切：裂天兕那引以为傲的独角被石年的赭色神鞭从根部劈下。裂天兕顿时疼得腾空跃起，侧翻在地。这一刻它好像在喘息，又好像在寻找对手，以期最后一决。

可对手哪里去了呢？

刚才还在那棵大树旁的，会不会就躲到树后了……

裂天兕用力站起来，想以庞大的身躯撞倒那棵障眼的大树，然后一口吞下那个可恶的对手。

说时迟，那时快，一直隐蔽在大树上的苍鹰猛地朝裂天兕的脑门俯冲下来，只听得一声撕心裂肺的哀号，裂天兕的两只小眼睛已落入苍鹰的利爪之中。失去双目的裂天兕在原地连转了三圈，腾起四蹄，漫无目标地左右乱窜。

这时，石年也从树林间腾空闪现，他手里的神鞭在半空中划了个弧形，直奔裂天兕两条扬起的后腿而去。族人们又听到两声闷响，裂天兕的后腿硬生生地着了地，半个身子弹入墙中，被随之倒塌的围墙压得严严实实，再没有了动静。

这头危害姜水流域十几年的巨兽,终于被石年击毙了,令在场观战的所有人欢呼雀跃,兴奋不已。当晚,牛首山寨的寨民燃起一堆堆篝火,痛快地饱尝了裂天兕的肉,同时,也对石年敬佩不已。

第二天,石年吩咐山寨里的男丁将裂天兕的肉分出几份,送给附近的山寨和部落,包括姜水南岸的部落。

石年智取巨兽的消息,传遍了渭河流域,连长江流域、黄河流域的人们也有所耳闻。牛首山寨开始热闹起来,前来投靠的山民络绎不绝。牛首山寨很快成为了一个2 000多人的部落,四周的其他部落都愿意和它缔结姻缘契约。

可随着部落越来越大,人口越来越多,部落民众的温饱问题也越来越突出。仍有许多人是靠猎物和野果野菜来维持生计的。问题还在于天上的飞禽越打越少,地上的走兽越打越稀,就算他们再努力,终日所得的食物还是难以裹腹。石年为此绞尽脑汁,也未寻找到有效的解决方法。

忽然,石年看到一只鸟儿从朝霞里飞出,它周身通红,衔着一棵五彩九穗谷朝他飞来。石年不知飞鸟到底是何意,略有些诧异。当飞鸟掠过石年的头顶时,九穗谷也跟着掉在了他的面前。

石年拿起谷穗,放在手里揉搓后得到了谷粒。他用嘴尝了尝谷粒,感觉很好吃。可好吃归好吃,总不能叫全部落的人们像自己一样,每天早晨起来,在这里等候天上掉谷穗。这件事情很快就过去了,石年也没将它放在心上。

一天,石年偶尔看到地上长出了好多九穗谷,这也许是那日,他搓谷穗时掉到地上的谷粒生了根、发了芽、成长起来的缘故吧。

"有救了,部落的人有活路了!"石年兴奋地跑回部落,将这个好消息告诉了母亲,也告诉了部落里的男女老少。

后来,石年又广尝百草,发现稻、黍、稷、麦、菽五谷也可以种植,能定期收获,于是向人们传授五谷的种植技术,并发明了多种农具。

受益的人们开始尊称石年为神农,牛首山部落,被人称为神农氏部落。奇怪的是,更多的人愿意称石年为神农氏,石年这个名号,慢慢变得不为人知了。

这一年,石年,也就是现在人们称呼的神农氏,已满十二岁,而归顺神农氏的部落已有70个之多。

安登看着石年小小年纪就能担纲大业，受到众人的推崇，倍感欣慰。回想自己不幸的婚姻和遭受少典冷落的苦楚，她觉得该为儿子考虑婚姻大事了，并且有责任让儿子和媳妇生活得幸福。

“石年，你已经长大了，需要考虑婚姻之事了。”在石洞里，就着篝火的光亮，安登向石年谈起了她的心愿。

“石年全凭母亲做主。”石年是一个孝顺的孩子，从来没有忤逆过母命。

“好儿子，话是这么说，可你毕竟是部落的首领，你的婚姻可能会影响整个部落的将来，为娘的希望你幸福，整个部落有美好的未来。”

“您放心，孩儿一定谨记教诲。”

4. 年少春心早

神农听了母亲关于男婚女嫁之事后，不禁春心荡漾。按照族规，男子十二岁便可行成年礼。神农已到十二岁了，对男女之事也懵懵懂懂地略知一二。

神农躺在兽皮上，翻来覆去睡不着。过去，他将全部精力都用在狩猎和农事上了，根本没有意识，也没空去想儿女私事；如今经母亲一提醒，倒有些心辕意马起来。他尽力回忆、搜寻着对他表示过好意的妙龄女子和他曾倾心过的纤纤少女，这么想着想着，慢慢地就进入了梦乡——

神农大清早就出门，在太阳出来之前爬到了山顶。山上的树木千姿百态，鲜花五彩缤纷，泉水叮咚如歌，动物和小鸟活泼可爱。神农在一块岩石上坐下，他听部落里的一位老者讲过，情窦初开的少年，只要诚心地在这块岩石上，从日出等到日落，就一定会等来他心仪的少女。

现在，太阳从东方冉冉升起，眼前云蒸霞蔚，绚烂如画。神农要告知天地日月、山川湖泊、鸟兽鱼虫和花草树木，他的心仪少女将在太阳落山之前，赶来和他会面。

太阳在天上转悠着，从东边飘过神农的头顶，慢慢向西滑落。神农由满怀希望渐渐变为心灰意冷。“她会来的，一定会来的。”他尽力鼓励着自己。

就在太阳快落山的时候，神农等来了一位银发银须的老者。神农想，老者也许是替姑娘来报信的，姑娘可能什么原因赴不了约会了。他用热切的眼光期待老者说出他想听的话。

“石年啊，在等一位姑娘吧?”老者慈祥地问。

神农点点头，暗想，你是怎么知道我的名字的?

“你的姑娘不在这个方向，她在赤水，总有一天你会碰到她的。”

“真的?”

“千里姻缘一线牵，有缘千里能相会。”

“是那个姑娘请你来告诉我的吧?”

“不是，我要告诉你的是另外一件事，这件事对你同样重要。”

“老人家，你说吧。”

“知道你的透明肚子有什么用途吗?”

“不知道。”这是真话，神农还没搞清楚。

“知道你的那条赭色神鞭有什么用途吗?”

“我知道，是用来打野兽用的呗。”

老者笑笑说:“你是只知其一，不知其二。且听老夫为你慢慢道来。”

“晚辈洗耳恭听，愿闻其详。”

“人间有疾苦，需要百草医，”老者捋了捋胡须说，“你的肚子透明，是为了让你看清楚吃了各种草药后的反应，你那神鞭既可以帮你驱赶野兽，逢凶化吉，又可以帮你观鞭色，识药性。”

“原来是这样。”神农恍然大悟。

“石年啊，你若碰到困难，自会有神人相助，你可不能辜负上苍的托付啊。”

“石年一定尝百草，救苍生。”

“悬壶济世，天降大任于斯人也。”老者留下这句话后，腾云驾雾而去……

神农揉了揉自己的眼睛，醒来了。哦，原来是个梦！此时天光渐亮，雄鸡报晓，梦里的情景历历在目。他仔细回味老者的话，感觉肩上的分量不轻。

长时期以来，部落里的人主要靠兽肉、野果及五谷杂粮度日，得病死亡的概率很高。当时不知医药，一旦得病，只能听天由命了。现在神农知道了自己肚子的特异功能和神鞭的功能，就开始潜心研究草药医病。那个半大的孩子石头和苍鹰成了神农翻山越岭，搜寻草药的伙伴。

神农做事非常投入，加之有神鞭的相助，他已发现了十几味草药。神农对各种药性的寒、热、温、平有了自己的见解，将它们采摘下来，分门别类地贮藏在石洞中，以备治病之用。

一天，神农到牛首山深处采药，忽听头顶上“嗡嗡”直叫，原来是一只黄蜂被缠在蜘蛛网上了。就在花蜘蛛冲上去准备活擒黄蜂的时候，却被黄蜂伸出毒刺刺中，花蜘蛛疼痛难忍，坠于长满青苔的石头上翻滚弹跳。神农看在眼里，心想，这只花蜘蛛肯定性命难保了。

让神农料想不到的是，不一会儿，蜘蛛竟安然无恙，又攀丝而上重新与黄蜂较量。神农氏凝眸注视，沉思良久，青苔能治蜂毒的秘密就此被神农获悉。

回家路上，下起了大雨，神农还没到达部落，就在半道碰上了一位前来找他的老人。

“神农，安登娘娘淋了大雨后，头晕目眩，额头发烫，你快去看看吧。”老人着急地说。

等神农赶回石洞时，安登已躺在兽皮上，四肢无力，气短胸闷。

神农冲石头吩咐道：“快取生姜来。”

生姜取来后，神农将生姜掰成小块，送进母亲的嘴里。安登慢慢咀嚼，就觉得辛辣难忍。可只过了一会儿，她便开始浑身冒汗，胸中的闷气渐消，直至顿感神志清醒，四肢轻松自如，精神倍增。

“儿子，这是什么神药，如此神奇，这么快就给为娘治好了病？”

“这是孩儿新发现的，我给它取名为生姜。”

在场的人无不惊得目瞪口呆，愈发觉得他们的首领有能耐，是个神人。

的确，牛首山已基本被神农跑了个遍，为了寻求更多的草药，他决定到黄河中下游一带去采药。他想到那里有大山，一定能找到一种治疗骨折的药。

神农于是带着石头和苍鹰，手持神鞭，翻山越岭地来到黄河下游的一座高山上。这里是山高林密，豺狼虎豹时有出没。

神农远远地看到一群人在山坡上狩猎，过了一会儿，他们就乱成一团。

“石头，快走，我们过去看看。”主仆二人一路小跑，来到那些人中间。只见有大汉躺在地上，扭成一团，旁边是被杀死的两条胳膊粗的毒蛇。

“是中了蛇毒？”神农问。

那些人纷纷点头，却又手足无措，看到有人过来，不约而同地投去求援的目光。

神农立即检查了大汉的伤情。此人的手臂上有两处咬伤，还留有明显的蛇牙印，伤口周围的皮肤已呈紫色。

“快，将延龄草拿来。”神农对石头说。

延龄草又称头顶一颗珠，是神农发现的一种治蛇毒的特效药。神农将延龄草塞进这个大汉的嘴里，让他吞下。接着，神农又用嘴拼命地从大汉的伤口处吸毒。他吸一口，吐一扣；最先吸出来的全是黑颜色的毒液，直到有红色的液体被吸出来时，他才停了下来。

石头发现神农嘴唇的颜色有异，惊呼道：“神农，你的嘴唇也紫了。”

“拿过延龄草来，我吃下一颗就没事了。”神农喘着粗气，看着自己透明的肚子，将药丸吞了下去。

“什么，你是神农氏？”众人听说眼前的这位就是威名远扬的神农氏，都还有些不敢相信。

神农氏点了点头。

“那我们首领有危险吗？”说话的也是个大汉，名叫刑天。刑天是九黎部落的一员大将，别看他外表粗壮，却是文武双全，还通晓乐理。

神农说：“救治得及时，问题不大。只要吃三天药丸，估计他会恢复过来的。”

刑天进一步请求道：“神农氏，你就好人做到底，我想请你和我们一起回九黎部落，索性等到我们蚩尤首领的伤好了以后再走。”

“他是战神蚩尤？”这回轮到神农吃惊了，他没想到竟会在深山密林里和蚩尤不期而遇，难道这就是缘分？

神农氏部落居姜水为源，顺民遍布黄河、长江中游之间。神农之治天下，务利之已矣，不望其报；不贪天下之财，而天下共富之；不以其智能自贵于人，而天下共尊之。

神农致力农耕，潜心医术，德行天下。殊不知天下已悄然形成三足鼎立之势，除牛首山的神农氏部落外，九黎部落扩张势头正旺，其部落首领蚩尤有兄弟 81 人，兽身人语，铜头铁额，食石喷火，刀锋戟利，威振天下，诛杀无道。

九黎部落主要盘踞山东、河南、河北一带，并辖现在的贵州、湖北区域，占据黄河、长江流域大部。九黎部落与有熊国时有战争，往往胜多负少。

此时的有熊国，已由少典次子轩辕执掌权杖，雄踞于以陕西为中心的西北地区。轩辕也招兵买马，迅速扩张，大有吞并天下之野心。

蚩尤的部属艰难地抬着他们的首领，打道回府。神农和石头与他们一路同行，苍鹰在天空高高飞翔。来到九黎部落，神农一行被九黎族民视为贵宾，优待有加。神农一边给蚩尤排毒疗伤，一边传授医道。

蚩尤迷迷糊糊地沉睡了三天，才慢慢睁开眼睛。“这一觉好长啊。”他只当自己睡了一觉。

“首领，你已睡了三天三夜了，多亏了神农氏的相救。”刑天说。

“神农氏救了我？”当蚩尤听刑天讲完事情的原委后，一骨碌地起身说，“快带我去拜见恩人。”

其实蚩尤久闻神农的大名，很佩服他的品德。这次能有此奇遇，也算是命中注定。蚩尤和刑天大步流星地赶往神农的住处，见神农正在屋内整理药材。

“神农，蚩尤看你来了。”人未到，蚩尤的声音已到。

神农也连忙迎了出来：“首领，这么快就起来了？”

“这可要感谢你，是你帮我捡回了一条命来啊。”蚩尤知道咬伤自己的那两条蛇为七步蛇，又称金环蛇，其色赤，长如练，毒甚烈，若中其毒，所行不过七步，必毒发身亡。

神农自谦地说：“也不尽然，一是首领身体健壮，二是施药及时，神农不过行了举手之劳，首领万不可太当回事。”

“哎，神农仁心仁术，救了人还客气，真是佩服，佩服啊。”

“盛名之下，难符其实，应该说是蚩尤首领命不当绝。”

“蚩尤乃一介武夫，我这条命是你的了。神农，你什么时候要，就什么时候来取，蚩尤决不说半个不字。”蚩尤也是快人快语，直来直去。

“蚩尤首领言重了，神农受上苍之托，悬壶济世，不图回报。”

“神农，你这不要那不要的，这样好了，从今天起，我九黎部落就归顺你神农氏了。来来，刑天，我们一起拜过新首领。”

蚩尤说罢，拉过刑天跪地就拜。神农早闻蚩尤的英名，可没想到蚩尤还是这么个义盖云天的汉子。神农推辞不过，也只有扶起两位英雄。

“首领，我看以神农德行天下，仁心仁术，应该称帝才是。”刑天对蚩尤建议道。

“巫师，巫师！”蚩尤听刑天说得有理，立马扯开嗓子大声招呼巫师过来。

巫师气喘吁吁地跑来，问：“首领有什么吩咐？”

蚩尤说：“今日我九黎部落归顺了神农氏，以神农氏、九黎部落的实力和神农的贤德，我们应该推举神农为帝，你看取什么帝号为好？”

巫师沉思了半晌，说道：“回首领，依我之见，神农以火行德，取帝号炎帝为佳。”

“炎帝，这帝号好！神农，我们就推你为炎帝了，你可千万不可推辞啊。”蚩尤大声说道。刑天也连声附和。

“这事不急，待我寻得接骨之药后，再行计议。”神农说。

“也好，”蚩尤笑道，“巫师，寻块风水宝地建都，选个良辰吉日请我的恩人称帝。”

大家又说又笑，其意融融。

神农盘桓几日，将一些农耕之道传授给九黎民众后，便决定告辞蚩尤，继续去寻找接骨之药。

蚩尤念念不舍，送了一程又一程，临别还赠予神农一把铜制利刃，说是遇险时可用以防身。

神农和石头来到长江的一条支流，眼前奇峰竞秀，云游雾绕，林间野花竞放，山中溪流纵横。

“这幽谷清溪，香花遍野，真是灵秀之地。”神农情不自禁地赞叹道。

“首领，你看那里躺了个人。”

神农顺着石头指的方向看去，在离自己50米开外的地方，果真有一人躺在峡谷的溪水边。待两人走近，发现是一少女晕倒在地，手里还攥着一束怒放的野花。

“看来这位姑娘是从上面跌到峡谷里的。”石头说。

神农将少女扶起来，见对方长得身似扶柳，面如桃花，气若幽兰，美丽非凡。神农是第一次与少女肌肤相触，难免有些脸红耳赤。他知道少女只是昏迷，并无性命之忧，便连忙将少女抱到溪边的平坦处，将自己身上的兽皮铺在地上，再小心翼翼地把少女放在上面。

“石头，你在这里看好姑娘，千万不要走开。我去采药，一会儿就回来。”

“首领，你自己也千万小心。”

神农要去采的是一种叫“薄荷”的植物，土名叫“银丹草”，全株散发着清凉芳香的气息。不一会儿，神农拿着一株开满小白花的植物回来，又将植物在小溪里清洗干净，捣成汁，给姑娘服下，然后再用一些叶子放在姑娘的鼻前。过了一会儿，姑娘终于苏醒过来了。

“我怎么会在这儿?”姑娘问。

石头赶紧回道：“那要问你自己了。我们过来的时候，你就在这儿了，是神农首领救了你。”

“神农? 就是那位尝百草，识五谷，仁心仁术的神农?”

“是啊，这天下难道还有第二位神农!”

“他在哪儿?”

“远在天边，近在眼前。”石头用手指了指身旁的神农。

姑娘惊呆了，没想到名震天下的神农，竟是一位翩翩少年。“神农，谢谢你的救命之恩。”姑娘欲起身叩谢。

“不用谢，不用谢，”神农一手扶住对方，不让她起来，“请问姑娘怎么称呼?”

“我叫听訞，我家离这儿不远，我想请你们今天就住到我家里去。”姑娘说罢，手牵神农沿溪而上。

“听訞姑娘，你是怎么走到这个峡谷里来的?”在去姑娘家的路上，神农问。

“我是……”姑娘欲言又止，索性笑而不答。

其实听訞姑娘今年芳龄十一，正属春心涌动之时，前天晚上还做了个奇梦，梦见自己一大早到芳草地去采野花。春回大地，万物复苏，少女手持鲜花，脑海里构画着自己如意郎君的英俊形象。

恰巧这时，一位银发银须老者飘然而至。“姑娘，你在想什么?”他问姑娘。

听訞也不羞涩：“我在等我的白马王子。”

“姑娘，你的白马王子 300 年前就跟你订了终身。”

“老爷爷，你是如何知晓的?”

“月下老人是我的朋友，你们的红线是他牵的。”

“那你一定知道那位少年长得什么样子了？”

“要说他的模样嘛，可是非常神异，他头长犄角，身材魁梧，儿时就懂稼穑，少年便知医术，是谓奇才。”

“那我怎样才能找到他呢？”

“有缘千里来相会，无缘对面不相识。”

“你还没告诉我怎么才能找到他呢。”

“心诚则灵，不出三日。”老者说完，飘然离去。

听訞姑娘显然不能将此梦境告诉神农。不过这时，她已认定神农就是她等待的那个白马王子。她很相信梦中老者的话，今天已是她春梦后的第三天，白马王子果真来到了她梦中的芳草地。

那边神农见了听訞，也是喜不能禁。他感觉听訞正是他苦苦寻找的那个少女。于是两个情窦初开的男女，在路上便眉目传情，犹如神交已久的伴侣，恨不能马上私订终身。

神农忽然想起梦中老者的指引，他的少女应该在赤水方向，这是不可以弄错的，以免触犯神灵。

“听訞姑娘，你家在何方？”神农不安地问。

姑娘答道：“就在前面的赤水氏部落呀。”

5. 祭 盟

赤水氏的首领是听訞的母亲，赤水部落早有归顺神农氏之意，现在神农即将成为自己的女婿，赤水还有什么话好说呢。

接着，神农带着听訞回到牛首山，安登见儿媳贤惠可人，心里很是欢喜。婆媳俩相处甚好，神农更是一心扑在农耕和医术上。

日子在日出而作，日落而息中平静地度过。有一天，石头匆匆忙忙地跑来报告：“神农首领，蚩尤带了一帮人来拜见你了。”

神农停止摆弄手里的草药，从石洞里走出来：“那就快快有请。”

“蚩尤是不请自到啊，哈哈……”蚩尤说话间，已来到了神农的面前，“我这次是来接你去登帝位的。”

神农早将在九黎部落被蚩尤拜帝的事抛到九霄云外：“什么，登什么帝位？”他只是自己不觉，归顺的部落南至岭南，北至河北西部，东至山东阳谷，西至甘肃敦煌，范围占了大半个中国。

“我已在承留修好了都城，只等你去登位。”蚩尤请巫师选址，巫师认为承留是风水宝地，蚩尤便命人在那里修建了都城。

神农见推辞不了，便和母亲、听訞略作收拾，将牛首山神农氏旧部安排给石头管理，跟着蚩尤前往承留。神农氏旧部送出十里尚不肯留步，场面异常壮观。

是年，神农已满十六岁。

神农称帝后以仁德治天下，四海宁静，万民安乐。神农作琴，琴上有五弦，曰宫、商、角、徵、羽，并命刑天作《扶黎》之乐，制《丰年》之咏。神农倡节俭，不奢华，居室是普通草房，平生只娶了听訞一人。听訞生子曰炎居，生三女分别叫女桑、女娃、女尸。

当时的民众依赖以物易物，由于没有计时工具，交易时间难以确定。炎帝发现在太阳当顶时，人走动才没有身影，就以此时为集拢之时，人们聚居的中心为交易之地。于是太阳当头之时，人们便从四面八方赶来，五花八门的东西摆了一地，热闹异常。现在“赶集”的民俗，据说也是来源于此。

一日，神农正理朝政，忽听有人来报，说是有熊国的使者前来求见。“请他进来吧。”炎帝说。

等一位身材中等的男子进来时，神农一看，原来此人竟是儿时的玩伴。炎帝不拘帝王之礼，热情相待。

“炎帝，黄帝想请你六日之后，也就是二月二日，赴邙山相聚，共商结盟之事。”

炎帝笑道：“石年与轩辕本是兄弟，既然小弟相约，为兄定会赴约。”

炎帝从来使的口中，对有熊国的近况略有了所知：轩辕长大以后，因他为人仗义，很受部族民众的尊崇，现已继承了少典的职位，成了有熊国的首领。他利用阴水两岸天然的地理优势与丰富的矿产资源，鼓励部族民众发展农牧业生产，并亲自教导族人广植草木，驯养生畜，使有熊部落很快富庶强盛起来，周围弱小部落纷纷投奔与归顺，有熊国逐渐成为中原地区最强大的部族。巫师说轩辕“以土德王天下”，土是黄色，所以称轩辕为黄帝。

然而，蚩尤却对此不屑一顾。因为近些年来，九黎部落与有熊国时有争端，战事频发，和宿敌有什么好结盟的呢？

二月二日很快就要到了，蚩尤、刑天带了一干人马，护卫炎帝奔赴邙山。炎帝宅心仁厚，胸无城府；蚩尤号称战神，必有计谋，除了随身的精兵强将外，还埋伏了一批军马于邙山附近，有雨伯统领，以防不测。

炎帝在蚩尤等一干精兵强将的簇拥下，来到了黄河北岸。黄帝喜不自胜，亲自率众到岸边迎接。兄弟俩久别重逢，分外亲热。他们携手登上邙山山顶，接受众人的朝贺。

炎、黄二帝在石凳上并排而坐，蚩尤、刑天和有熊国的人马分列左右，周围百姓的欢呼声经久不息。炎黄结盟已无异议，问题是谁当盟主，一时难以定论。炎帝仁德，黄帝仗义，从品德讲，两人都无可挑剔。推举黄帝的理由是，轩辕出身正宗，继承了少典的首领职位；推举炎帝的理由是，同出一宗，炎帝为长。双方的拥戴者僵持不下。炎帝已无心争雄，但蚩尤等人却不肯相让。

“轩辕，我炎帝仁德，又是你兄长，你要一统天下，先过我这一关。”蚩尤率先向有熊国挑战。

“石年兄长，你意下如何？”轩辕征求神农的意见。

炎帝无奈地说：“既然要决一雌雄，也只能如此，只望双方手下留情。”

“好，蚩尤，我们今天就一比高低，哈哈哈……”轩辕仰天大笑。

蚩尤也大笑，笑对方不自量力。其实他有所不知，自轩辕连败蚩尤之后，一直心有不甘，也一直在做决战的精心准备。一方心高气盛，一方有备而来，两雄相争，结局的确难说。

黄帝先派大将应龙出战。应龙善飞，能从口中喷水，他一上阵，就飞上天空，居高临下地向蚩尤阵中喷水。刹那间，汹涌的波涛直扑蚩尤。蚩尤忙命风伯、雨师上阵。风伯和雨师一个刮起满天狂风，一个把应龙所喷的水收集起来；接着两人又施出神威，边刮风边下雨，狂风暴雨不停地砸向黄帝阵中。那应龙只会喷水，不善收水，结果应龙大败而归。

黄帝于是亲自出阵迎敌，率兵冲入蚩尤的阵中。蚩尤施展法术，喷烟吐雾，转眼天昏地暗，狂风大作，黄帝的军队辨不清方向，看不见敌人，被围困在烟雾之中。

上一次，黄帝的军队也曾被蚩尤的烟雾困住，当时黄帝是靠天上北斗星所指引的方向，才突出了重围。如何在迷雾中辨别方向，成了战后黄帝费尽脑筋思虑的问题。经过多次考察访问，黄帝终于在自然山下发现了一种磁石，可以指南定位。黄帝就命人制作了一辆指南车。

所以现在，黄帝依靠指南车的指引，很快冲出了迷雾阵。

蚩尤见状大惊，便与 81 个兄弟施起神威，凶悍勇猛地杀向黄帝的阵营。两军杀在一起，直杀得山摇地动，日抖星坠，难解难分。

突然鼓声大振，黄帝命军士以雷兽之骨，大击八十面夔牛皮巨鼓，一击震 500 里，连击震 3 800 里。整个战场颤动不已，天旋地转。黄帝的军队由此士气大振，蚩尤的兵卒却因此惊恐万分。蚩尤的士兵被杀得尸横遍野，血水漂杵。蚩尤的头似铜铸的一般硬，他以铁石为饭，还能在空中飞行，在悬崖峭壁上如走平地。只是这会儿，他心神大乱，无意再战，最终被黄帝生擒。

黄帝命人给蚩尤戴上枷梏，便举起了玄冰剑……

“剑下留人!”炎帝见状，大喊一声。

不知是黄帝心意已决，还是手法太快，瞬间，一代战神已是身首异处。

面对这残酷的杀戮，炎帝悲痛欲绝。刑天见到蚩尤身亡，暴跳如雷，一手提着战斧，一手提着盾牌，直奔黄帝而去。刑天知道，他将走向生命的尽头，他要用勇气和热血向天地证明，炎帝不可侮，蚩尤不可侮。他孤身杀入黄帝军中，黄帝的兵士还沉浸在杀死蚩尤的兴奋中，没想到半路上杀出个程咬金。刑天势如破竹，直杀到黄帝面前，指名道姓要与黄帝单打独斗。

黄帝暗自思忖，蚩尤部下个个桀傲难驯，此人独闯兵阵，如入无人之境，若不斩杀，恐南方臣服无日。他舞动玄冰剑，或智或勇地迎接着刑天的挑战。他们剑斧交加，各自使出平生本事。剑起如闪电破空，天为之变色；斧落似流星坠落，地为之动摇。两相大战了三百回合，仍不分胜负。

黄帝见一时赢不了对手，便示意手下击鼓。鼓声起，刑天果然心旌摇动，手中的战斧也有些迟钝了。说时迟，那时快，黄帝的玄冰剑已斩向刑天的脖子，就听得一声巨响，刑天硕大的头颅应声落地，将坚硬的山地砸出了个大坑。

刑天一摸颈脖，上面竟然没了头颅，心中大骇。他慌忙放下斧和盾，弯腰伸手，在地上乱摸。那高挺的大树，突兀的岩石，在他那双巨手的触摸下折断了，崩裂了，直弄得尘土飞扬，木石横飞。

黄帝怕刑天摸着自己的头颅，再接上，赶紧手起剑落，将邙山一劈为二，那头颅骨碌碌滚入山内，大山又合二为一。

找不到头颅的刑天捡起斧和盾，挺身直立。他还有足够的勇，足够的力，只不过被黄帝的剑偶然砍去了头颅，怎么可能甘心认输。他赤裸着上身，将自己的乳头当做双眼，肚脐当做嘴巴。他的乳头似乎冒出了凶光，肚脐似乎唱起了战歌。他挥舞盾牌，抡圆战斧，与黄帝在无物之阵中，进行殊死拼杀。

炎帝看不下去，缓缓离开了邙山，自言自语道："我教民耕种，尝草试药，为的是使天下苍生摆脱饥饿、病痛。今诸多生灵因我而死，与我初衷已背道而驰，我何忍再驱众生以赴死地？"

这时，身后传来黄帝即位的欢呼声。那欢呼声热烈而响亮，在充斥血腥的空气里弥散开来，震彻至很远很久……

6. 迁 徙

宅心仁厚的炎帝无心于部落纷争，他有些不喜欢炎帝这个称号了；也就是这个称号，才导致蚩尤和刑天相继搏命而亡。他觉得还是被人叫作神农更好，更令他安心。

可神农已无法找回本属于他一生的那分平静。苍鹰不那么喜欢飞翔了，它伏在主人的肩上，时时感受到主人内心的纷乱；枣红神驹也尽量不让主人感到颠簸起伏，也许它知道，这是它唯一能为主人做的事情。

神农到达承留后，并未停留，而是带着母亲和妻儿，迅速返回牛首山的神农氏部落。

一路上，安登见神农满脸忧伤，便开导道："儿啊，人自有天命，母亲不想母仪天下，也不希望大富大贵，更不愿看到你为天下纷争而痛苦。"

"母亲，孩儿并非追名逐利之徒，只是有那么多英雄好汉因我而死，实在令我寝食难安啊。"神农说。

“蚩尤虽死得可惜，可在九黎未归顺神农氏之前，他和少典氏就有数十次交战，所以他们之间的这场生死之决，迟早是会发生的，你不必太自责。”

“不过我终究是一国之帝，如果我不轻率地去邙山，一切很可能不是这样子了……”

一旁的听詨也忍不住劝慰道：“神农，我们还是过从前的男耕女织的生活吧，那样你又可以潜心农耕，钻研医术，救治苍生了。”

这或许就是神农所愿。“夫人说得极是，只愿炎居能早日成人，承担起料理神农氏政事之责。我也好尽责农耕，医治苍生，不辜负上苍好生之德。”他点头道。

说话间，一行人回到了牛首山，回到了那熟悉的石洞。石头等神农氏族人见安登和神农回来，都很高兴。这里的空气是那样的清新，这里的民风是那样的质朴，神农像鱼儿回到了水里，精神大振。赤水氏得知神农回来了，索性带自己部落的300多人，前来加入了神农氏部落。在他们心里，神农才是他们的首领。

这天，神农来到牛首山上欣赏西边的落日，不料那位皓发银须的老者又飘然而至。

老者问：“神农，上苍很赏识你救济苍生之德，现在天下太平，不知你有何愿望？”

神农答：“我厌倦了世间杀戮纷争，很想带着族人到一个世外桃源，去过男耕女织的生活。”

“这也不难，三日之内，必有一群仙鹤，送你和族人去一个叫北球桃花源的地方，那里有你需要的生活。”老者说完，就飘然而去，没了踪影。

果然，在老者离去后的第三天，太阳尚未升起，漫天的仙鹤飞临牛首山。神农和他的族人骑上仙鹤，飞向了天空。血色的晨曦很快被他们甩在了身后……

那边，黄帝自打败蚩尤后，炎黄结盟，统一了大小部落，黄帝被推举为天子。各部落都有自己的图腾，有熊国是熊图腾，西南地区的部落是虎图腾。统一后的国家该用什么图腾好呢？黄帝提议以蛇为身，以鱼鳞护体，以狮首为头，生鹿角，长鹰爪，拢合各部落的图腾，形成新的图腾，取拢合之意，称为“龙”

图腾。龙能腾飞，善潜水，会爬行，汇聚了各种动物的技能，又代表了多家部落的特征，大家听后，都很满意。

黄帝知人善任，命仓颉造字、伯高采矿炼铜、宁封子制陶器、赤将做木器、和釜灶、邑夷制车、共鼓制舟楫、容戎定历法、隶首兴算数、令伦选音律、荣猿铸钟、羲和与常仪观察日月星辰、歧伯与雷公编医经……

中华一体，幅员辽阔，惟治理国家的能人贤才难觅，黄帝于是四处访贤问道。有一年春天，黄帝照例出巡，途中看见一位养蚕的少女，她身穿金色彩衣，夺人眼目，这在当时以树叶、兽皮为衣的人们的眼里，真是煞是稀奇，连黄帝都不例外。

黄帝问少女身着何物？少女答曰，乃蚕丝所织。黄帝听了少女植桑养蚕、抽丝织绸的道理后，就让她向百官和百姓传授育桑养蚕的技术，并娶这位少女为妻。是年，黄帝已三十岁。

这位少女叫嫘祖，后来被黄帝封为正妃。嫘祖婚后，引领众多女子育桑养蚕织丝。她们养了很多蚕，蚕结了不少茧，但抽丝和织帛却有了困难。一个身材矮小、皮肤黝黑、面部丑陋的女子极其聪慧，她发明了缠丝的纺轮和织丝的织机，解决了这一难题。

黄帝得知后，对此项发明赞赏有加，并让她向众人传授技艺。后来在嫘祖的撮合下，黄帝又娶了这位丑女，作为次妃，这位次妃被后人尊称为嫫母。黄帝选妃重功德，而不重容貌。他一生娶有四妻，数嫘祖和嫫母对世人贡献最大。在嫘祖和嫫母的倡导下，百姓逐渐告别了树叶、兽皮遮体的生活，开始穿上柔暖、华丽的衣裳。

黄帝还听说，有个叫大隗的很有治国才能，就带领属下方明等六人前去拜访。黄帝一行在具茨山下一条山沟里迷了路，方明见近侧有一位牧马童子，就问道于他："童子，你叫什么名字？你知不知道有大隗住在哪里？"

"我叫力牧，是大隗的牧童。"童子回道。

"听说大隗有许多治国见解，你能叙述一二吗？"

"治理天下和我牧马的道理一样，唯去其害马者而已。"

黄帝在一旁听着，心想，大隗的牧马童子都这么有见识，大隗的学问就可想而知了。黄帝立刻翻身上马，按照牧马童子的指点，终于找到了大隗。黄帝委大隗以重任，使其成为自己身边的重臣。

黄帝求贤若渴，朝思暮想，不久得一梦，梦见大风吹尽了天下尘垢。梦醒之后，黄帝自忖道："风动，土去，垢去土留后，难道天下真有姓风名后者，是我所思之人？"

黄帝又派人四处探访，终于在龙门沟访得了风后。风后遂制五旗：东方是青龙，南方是朱雀，西方是白虎，北方是玄蛇，中央是黄龙，用以区别各部，打起仗来井然有序，攻守自如。此时的黄帝是兵强马壮，坐镇中央，拜风后为丞相，力牧为大将军，中华一统，天下太平。

晚年的黄帝，以仙人广成子、容成公为师，顺其自然，功成名就，遂生退隐之心。他派遣夫役采铜铸鼎，待宝鼎铸成之时，天外飞来一条巨龙，垂下龙髯相迎。黄帝将天子之位传曾孙颛顼，自己乘龙飞往九重天外，风后、力牧等老臣伴随而去。

黄帝得道，不忘人间疾苦，遂派风后、力牧巡视人间。俗话说：天上一日，地上一年。风后、力牧降临昆仑山，世间已过千年。两人云游至罗布泊一带，昔日烟波浩淼的罗布泊，已变成了一片干涸的盐泽，看着衣不敝体、食不裹腹的人们在楼兰城内沿街踯躅，他们遂生恻隐之心。

力牧建议道："风后，带他们走吧。看这情形，估计他们支撑不了多久了。"

"带他们去哪里呢？"风后问道。

力牧不假思索地说："随便什么地方，只要生存条件比这里好就行。"

"还是去天球吧。"风后想了一下，说。

世界生四仪，天南地北球。地球上生存的人最多，时间也最长，环境也开始变得最为恶劣。南球上是玛雅族人栖息之地，他们曾屡屡到地球上串门。北球上有桃花源，那是炎帝所选的理想之地。天球原本是人类备用的一个生存场所，上面暂时还没有人类居住，现在，风后打上了它的主意。

"我看行，就这么定了。"力牧同意风后的想法，觉得天球本来就是人类的避难所，此时不用，更待何时？何况楼兰城原有4万多居民，如今死的死，逃的逃，仅剩下四五百个命大的男男女女，再不搬迁，就只留一座死城了。

风后双袖一甩，那四五百号楼兰人还没回过神来，就被一股飓风送到了半空。力牧再双手一推，一片彩云已将他们托上了天球。

风后、力牧也呼啸而去，他们要回去复命……

第七章 和平使命

1. 危地声明

一阵电话铃声，将丁爷爷一段演绎得惟妙惟肖的历史传说给打断了，众人一下子从历史的云雾里回到现实。

电话是米拉打来的："丁香，回到桃花源了吗？"

"回到桃花源两天了，有事吗？"

"请你明天过来，与香慧一起执行天使行动。"

"好的，只是唐汉怎么办？"

"你们新婚燕尔，当然是你和唐汉一起参加了。"

"谢谢了，还是米拉姐善解人意，我们明天就过去。"

丁香是天使行动成员，她接到了行动命令。唐汉虽不知道天使行动的具体内容，但只要能和丁香在一起，自然满心欢喜。两人如期到达玛雅国，与米拉和香慧见了面。

"唐汉、丁香，你们离开玛雅国去楼兰国的那天上午，我就接到通知，玛雅国长老要接见我。"香慧说。

丁香点头道："是有这回事，我还记得呢。"

玛雅国长老接见香慧的事，虽然过去了好几天，但是对于香慧来说，那场面依然历历在目。

因为香慧是第一个到达玛雅国的地球使者，玛雅国长老对香慧的来访很重视，听说经过这一段时间的沟通和联络，地球方面与玛雅国地球司就2012年地球问题达成了共识，长老非常高兴，决定接见香慧这位地球使者，安排双方代表见面。

接见的时间安排在上午十点。上午九点，玛雅国长老在议事厅召开了长老办公会议，会议的主要议题是与地球可能的合作，在危地市的长老理事会理事出席了会议，其他理事通过视频参加会议。

正常情况下，玛雅国的国事是由长老理事会管理并决策的。理事是按照条块、行业选举产生的，前任者一般不能连任；新候选人超过三分之二票当选，如得票低于三分之二，则落选，空缺的位置由前任者继续担任。

玛雅国的长老办公会议，计划是50分钟。

米拉陪同香慧，提前来到了国事厅。

国事厅位于危地市的市政广场南侧，与北侧的金字塔遥相呼应。国事厅是一幢三层的石材建筑，拱形门，与拱形门相连的是好多根石柱，上面雕刻着玛雅国的象形文字，门两侧的石柱分别雕刻"雷公"、"闪母"的形象。整个国事厅看上去古朴庄严，唯一有些奢侈的是，飞船停泊场不是设在屋顶上的，而是在地面，飞船停泊场里停满了各式飞船。

门警检查了米拉和香慧的证件后，就将这两位访客安排到输送带上，她们被直接送到了外事接待室，玛雅国的长老已经开完了会议，和分管外事的理事从外面走了进来。

香慧很吃惊，出现在面前的长老，看上去也就30多岁，和自己想象中的步履蹒跚、满头白发、满脸慈祥的长老形象大相径庭，眼前的玛雅长老身材适中，年轻帅气。

"香慧小姐，我是玛雅国第2101任长老大卫，"长老自我介绍道，"我代表玛雅国，对你的到来表示热烈的欢迎，并对你为地球与玛雅国之间的联络做出的贡献，表示感谢。"

香慧见长老这般热情，也恳切地说："谢谢长老先生。我能有幸来到玛雅国，是地球的幸运，非常感谢长老和玛雅国地球司，在这一段时间里给予我的帮助和支持，您知道，2012 年地球人面临着生存危机和劫难，我以地球星联组织的名义，恳请您出手相援，拯救地球上的人类。"

"香慧小姐，我很喜欢你的坦率，我也坦率地告诉你，玛雅国是一个爱好和平的国度，玛雅国愿意联手楼兰国和桃花源，共同帮助地球人渡过难关。我今天把你请过来，就是要告诉你，玛雅国决定正式邀请中国、美国、欧盟、俄罗斯、南非等国的代表来玛雅国，一起讨论地球 2012 的问题。"长老热情地说，他将欧盟也看成了一个国家。

"是吗？太好了，我都不敢相信自己的耳朵了，谢谢您长老先生，地球上的人们知道了这个消息，不知该有多高兴呢。"

坐在长老旁边的也是一位三十多岁的年轻人，他起身将五份由长老签名的邀请函交给了香慧。接见仪式仅用了五分钟，便结束了。香慧得知长老愿意帮助地球人，心里很是激动。她不知道自己是怎么跟着米拉离开国事厅的。

"香慧，还在回忆呢？"米兰拍了一下香慧的肩头，香慧一愣，好一会儿才明白过来，刚才自己走神了。

米拉带着丁香、香慧和唐汉去取一艘可以乘坐八人的"捷成"号飞船。飞船配置了五颗"气膜弹"，可用于对付有害的太空垃圾和敌意的飞行器；操作台上的一号按钮是发射最大型号的"气膜弹"，自然，五号按钮是控制最小型号的"气膜弹"，旁边是瞄准器，有自动跟踪功能。"丁香、香慧，你们来熟悉一下这艘飞船。"米拉说。

经过这一段时间的驾驶实践，香慧的驾驶技术已完全过关，丁香本来就有丰富的驾驶经验，为了保险起见，米拉还是耐心地陪同丁香、香慧飞行了一程，她知道这次行动，意义非同小可。

"米拉，你替我们想得真周到，够姐妹儿，谢谢你！"香慧说。

米拉说："不用谢的。这次是丁香陪你去，唐汉随行，你们一定要小心，特别注意不要被地球人误伤。相信你们能圆满完成玛雅国长老交付的任务，祝你们好运。"

"我会的，我知道这次出行，意义非同寻常，米拉，你放心好了，我们会小心的。”

经历了漫长的飞行，“捷成”号飞临了太平洋上空，不一会儿，飞船就进入了黄海海域的上空，飞船的导航仪上显示出“钩鱼岛”的标识。香慧知道，这个小岛自古就属于中国，而今，隔洋的扶桑国却将它居为了己有，一艘悬挂扶桑国国旗的巡逻船还在钩鱼岛旁转圈。香慧见此情形，顿时气不打一处来。“看他们胡搅蛮缠的样子，真想给他们吃颗‘气膜弹’！”香慧说着，就打算按动“气膜弹”的四号发射钮。

唐汉一把拦住了香慧的手，说：“算了，真的假不了，假的真不了，该是谁的就是谁的，钩鱼岛迟早是要回到中国人的手里的。”唐汉知道此时孰轻孰重，他不想节外生枝，耽误了大事。

中国就在眼前了，香慧的心跳在加速。她拨通了联合国驻北京办事处的电话，将情况作了简要通报，并要求他们协调中国军方，为“捷成”号飞船开放一个军用机场。十分钟后，香慧得到了北京办事处的回复，她降低了飞船的飞行高度，朝指定的军用机场飞去。

联合国星际联络部北京办事处连夜将香慧的报告，加密发往了联合国总部。联合国总部于第二天凌晨五点半，将其决定通知了北京办事处：联合国星际联络部，三天后，在北京召开中国、美国、欧盟、俄罗斯、南非等赴南球玛雅国会晤的代表会议。

这三天里，不知有多少人要度过不眠之夜。

香慧利用这三天的时间，去看望了自己的父母，这么多时日没有音信，她只能声称自己是在出差。唐汉带着丁香来到上海，公婆看到这个外星球的媳妇，自然是喜出望外。父亲做梦也没想到，唐汉能娶个外星人做太太，只是没能见到“黑虎”，流露出些许惆怅。

第四天，唐汉夫妇准时归队，香慧驾驶着“捷成”号飞船，载着中国、美国、欧盟、俄罗斯、南非的代表，从北京某军用机场升空。这五位代表都是第一次乘坐飞船，显得很兴奋，特别是南非的卡罗，他东张西望，感觉到处是新奇。飞船的座位是环形布置的，五位代表，利用飞行的时间，明确各大洲民众迁徙时，前往的集聚地点。香慧通知了他们，罗布泊、南极和北极是地球人迁徙的集聚地。

“我看，罗布泊比较适合亚洲国家的集聚。”中国代表高强建议道。另外四个代表表示赞同。

“欧洲国家的集中地设在北极。”俄罗斯代表托拉季斯基发言说。欧盟的代表，德国人汤姆表示同意：“可以。”

“美洲、非洲和其他地区的民众，可安排在南极集中登船。”美国代表约翰和南非代表卡罗商量后做出了决定。

玛雅国确定这三个集聚地时，已对地球上的人口分布，进行了考量，所以在这个问题上，五国代表不会有什么争议。

“唐汉，地球有多少人口？”丁香悄悄地问唐汉，她的手在唐汉的手里攥着呢。自从丁香见过了公婆，对唐汉更加柔情蜜意。

“大概有65亿。”

“这么多人得多少艘飞船呀？”

“是啊，这么多人，就算被送到了外星球，衣食住行又如何解决？”

唐汉和丁香的担心，并不是多余的。事实上，类似的难题也使五国代表陷入了沉思，其中中国的压力最大，因为旁边还有个邻国印度。中印两国的人口近25亿，差不多占到地球总人口的一半。平时说，孩子多了好打架，现在是人口多了，烦事多。这么多人在外星球，吐口吐沫，地球上也要下半天的雨。

当“捷成”号飞船到达南球的玛雅国首都危地市的时候，米拉亲自来迎接五国代表。

晚上七点，玛雅国长老大卫在代表们下榻的香樟园酒店，举行了招待酒会，热烈欢迎地球上的五国代表。楼兰国总统、桃花源国佬应邀出席了酒会。

“尊敬的地球客人，我代表玛雅国，对各位的到来，表示热烈欢迎！”大卫长老手举一杯“龙舌兰”，等大家的掌声稀落下来时，又继续说，“我们玛雅人，在1 000多年前，曾在地球上设立过26处天文观测台，打扰过地球。现在地球即将遭遇前所未有的灾难，玛雅国不会坐视不管，楼兰国、桃花源也不会袖手旁观。我提议，为了天南地北球，天下是一家，干杯！”

“干杯！”

“干杯……”

五国代表和在场的贵宾都积极响应。可干杯声还未完全消失，南非代表卡罗就声泪俱下地开始了他的恳求："大卫长老、楼兰国总统、桃花源国佬：今天我一踏上玛雅国的土地，就哭了。作为一个成年人，这很难启齿，但我的国家的命运，就掌握在各位的手中，希望大家帮帮我们，谢谢了！"

玛雅国长老、楼兰国总统、桃花源国佬，都为卡罗的恳求动容。

第二天，在玛雅国外事厅，玛雅国长老大卫主持召开了，《天南地北球八国代表会议》，地球上的欧盟被视为一个国家。会议开得友好而热烈，并达成了意义深远的《危地声明》：

一、天南地北球建立一种联盟互助的关系，不论哪个星球遭遇重大危机，其他星球都有义务和责任，有偿或无偿地进行援助。

二、无论2012年是否是地球的末日，天南地北球将于2012年联合举行代号为"和平使命"的星球人类迁徙演习。

三、玛雅国负责建造3 000艘"拜诺"号"万人飞船"，分批运送地球上的人类和各国为自己的人民准备的生活物资，并承担接纳安置美洲、非洲和大洋洲的人类；桃花源国承担接纳安置中国、印度两个国家的人类；楼兰国则承担接纳安置欧洲和其他地区的人类。

四、如果2012年12月21日真是地球末日的话，天南北三球除承担暂时接纳地球人的义务，还有责任积极帮助地球寻找新的适合人类居住的星球，并协助地球人建设新的家园。

五、如果地球末日的预言未能成真，地球人应返回自己的家园。

六、地球人承诺，在2012年12月21日之前，由玛雅国派人将地球上的核弹头和核材料集中到南球，改为和平用途。地球上的其他常规武器，届时不能有一枪一弹带往玛雅国、楼兰国和桃花源。

……

卡罗先生再一次流下了激动的热泪。五国代表与玛雅国长老、楼兰总统、桃花源国长老热情相拥，米拉、香慧和唐汉夫妇，共同见证了这一动人的时刻。

2. 天使行动

翌日清晨，玛雅国长老大卫在金字塔上的神庙设祭坛，为天南地北球的百姓祈福。

玛雅的金字塔看起来与地球上埃及的金字塔不太一样，埃及金字塔呈四角锥形，历经数千年的风吹雨打，堆砌的巨石表面已经风化；玛雅的金字塔相对矮一些，也是由巨石垒成，整个金字塔呈灰白色，不完全是锥形的，顶端建有一个用于祭神的庙宇。

玛雅金字塔四周各有四座楼梯，每座楼梯有 91 级，四座楼梯加上最上面的一阶，共计 365 级，刚刚好是一年的天数。

玛雅人非常重视对天文学数据的研究，其建筑外部处处彰显着关于天体运行规律的数字。除了富有寓意的阶梯数量外，金字塔四面各有 52 个四角浮雕，表示玛雅的一个世纪为 52 年。

玛雅国、楼兰国、桃花源和地球的四方面代表，应邀参加了金字塔的祈福仪式，玛雅国的祭司主持了仪式，米拉、香慧、丁香和唐汉在一旁观瞻。

神庙在金色的霞光中显得庄严肃穆。大殿上供奉的是雨和闪电之神"特拉洛克"，两条大蛇缠绕盘旋而成了他的面容，蛇的尾部勾画出他的眉毛，蛇身环绕成了他奇特的眼睛，继而扭曲成为他的鼻子，两只蛇头形成了他嘴的轮廓。"特拉洛克"神，头上戴的是环形纹路的绿色的玉石冠，颈上戴的是弓形的像褶纸状的饰品。

大殿两旁供奉了水、风、山等诸神的石雕塑身。

上午八点，玛雅国的长老理事会的理事们和神庙祭司准时来到神庙大殿。祭司面对冉冉升起的太阳，大声宣布祭典仪式正式开始。接着他诵读"祷语"："不参与战争，勤奋诚实，与自然共生。戒贪婪、戒投机、戒暴力。为天下众生祈祷和平。"三国元首和地球上的五国代表也面向太阳，跟着祭司祷告。

祭典仪式神圣而庄严，天南地北球的代表，在这里共结同心，为民祈福。

仪式结束后，米拉告诉唐汉，他已被吸收为天使行动的成员。米拉向"天使行动"小组成员香慧、丁香和唐汉宣布，他们已受命送五国代表返回地球，并实施"天使行动"。

"天使行动"是玛雅国策划已久的一个针对地球的特别行动。唐汉几次问丁香"天使行动"的确切含义，都没能得到正面回答。他只知道米拉是"天使行动"的负责人，至于具体任务，由米拉根据行动的进展情况，分阶段告知行动组成员。不过,唐汉相信“天使行动”一定是关于和平的行动。

这次去地球,玛雅国派出了两艘飞船,香慧和唐汉驾驶的是“捷成”号飞船,负责运送五国代表返回地球;米拉和丁香驾驶一艘更大的特制飞船一同随行。两艘飞船相继离开了玛雅国的危地市,相伴飞行在茫茫太空。

“唐汉,米拉为什么要将你和丁香分开,是不是其中另有隐情?”香慧觉得米拉这种安排有悖常理。

“难道是米拉对我们两个地球人还有什么保留?”唐汉看着不远处另一艘飞船上的丁香,说,“我看,米拉和丁香对那艘新飞船神神秘秘的,其中必有文章。”

“我开始只是觉得有点不对劲,想不出什么原因,经你这么一说,问题可能就出在那艘新飞船上。”

“我认为米拉还有许多事情没对我们说,天使行动有些诡秘。”

香慧点了点头,同意唐汉的说法。由于飞船上有地球的五国代表,唐汉与香慧关于“天使行动”的谈话,也只能蜻蜓点水。两人经过这几日与五国代表的接触,彼此已经熟悉了。唐汉想起最近发生在中国周边的一个敏感的问题,就问中国代表高强:“高先生,据说美国‘华盛顿’号航母要参加黄海军演,这个消息备受外界关注,正好美国代表约翰也在这里,你能谈谈对这一事件的看法吗?”

“美国‘华盛顿’号航母进入黄海、东海,是醉瓮之意不在酒,中国会根据实际情况,做出合适的反应。”高强的话直截了当。

约翰表示反对:“中国没有理由反对这一军演,航母是在黄海的公海海域进行的,中国反对美国航母参加黄海军演是没有依据的。”

“中国有句古话,叫做‘卧榻之侧,岂容他人酣睡’,何况你们是在我们身边舞枪弄炮,居心何在?中国是一个有历史记忆的民族,1894 年的甲午战争就发生在黄海,这一地区留存着非常敏感的历史伤痕。美国在黄海地区搞军事演习,正应了中国的另一个典故,叫做‘城门失火,殃及池鱼’。我想提示约翰先生,1950 年发生的那场战争,美国应该有深刻记忆的吧。”高强继续陈述,有利有节,不卑不亢。

约翰辩解道:“美国与韩国是同盟,有保护韩国安全的义务。朝韩天安舰事件，明显是北方挑起的事端。美韩的这次军事演习并不针对中国，中国大可不必如此敏感。”

“现在美国宣布的演习区域，距离中国的心脏北京只有500公里。在这么近的距离内，任何国家在这一地区进行演习，中国都会感到威胁。‘华盛顿’号航空母舰的作战半径为600公里，如果加上它的舰载机，能达到1 000公里以上。所以，美国在这一地区举行军事演习，势必直接威胁到中国首都周围和环渤海经济带的安全。”高强驳斥道。

约翰并不这样认为：“这次军事演习是在公海，尽管离北京只有500公里，可美国并没有违反国际法呀。”约翰的意思，不管你中国怎么反对，美国就这么着了，看你怎么样？更有甚者，坊间盛传美国国防部放出狠话，如果中国对“华盛顿”航母黄海军事演习采取过激行动，美国将让中国落后100年，这几十年，美国将丛林法则演绎得淋漓尽致。

闻此逻辑，高强反而轻松地一笑：“好啊，如果有一天，中国的航空母舰巡游大西洋，也在离华盛顿500公里的海面上举行军演，我希望约翰先生届时也能有这样的好心情，也作这样洒脱的解读。”中国此刻正在加紧两艘航空母舰的建造，高强说这句话并不是空穴来风。

“约翰先生，美国一名学者预测，中国的DF-21弹道导弹所携带的穿甲弹头，完全可以穿透‘华盛顿’号的十四层甲板，将其击沉，”唐汉也忍不住向约翰发出询问，“你认为中美会在黄海海域发生冲突吗？”

约翰回答道：“唐汉先生，我很愿意回答你这个有意思的问题，这种冲突是不可能发生的，现在最不愿发生战争的是中国。中国正在加速发展经济，非常珍惜来之不易的和平环境，所以中国应该有足够的忍耐力。你希望发生战争吗？你会对以卵击石的结果抱有想象吗？”美国人感觉，吃定中国人了。

“也许吧，约翰先生，你的想象力很丰富，我很敬佩你，不过我要请教你，如果美国和中国都变成了无核国家，两国之间的战争胜负概率会有多大？”唐汉对于美国的核欺诈，十分反感。

“这怎么可能？这种假设是不成立的，如果这两个国家都成了无核国家，就不会发生战争。”约翰将《危地声明》这回事忘得一干二净。

在场的人都会意地笑了。

两艘飞船降落在美国华盛顿五角大楼的广场上。米拉和香慧根据《危地声明》，在五国代表的协助下，于华盛顿召开了为期两天的《核武器安全转移峰会》。中国等47个国家领导人或他们的代表，以及联合国、国际原子能机构和欧盟等国际和地区组织负责人，出席了这次峰会。

在峰会召开之前，米拉先聚集了天使行动小组成员。“丁香、香慧、唐汉，我现在宣布‘天使行动’正式启动。天使行动的最终目标是要消除地球上的核武器，其第一步行动就是先确定每个有核国家的核弹头数量。此前，我们已进行了很长时间的调查，掌握了一些基本情况。‘天使行动’小组要努力使这次峰会取得成功。”米拉说。

“米拉，尽管五国代表签署了《危地声明》，如果他们中有国家不按声明执行怎么办?”唐汉问。

“是啊，如果那些未参加危地峰会的有核国家中，有个别不愿意进行核弹头安全转移，那我们又该如何应对?”香慧也有类似的担忧。

米拉胸有成竹地对大家说：“这个你们尽可以放心。‘天使行动’准备工作做了五年多，有关地球上的核武器分布，早已在我们玛雅人的掌握之中，而且‘天使行动’有多套备用方案，会有相应对策的。”既然米拉这么说了，大家也就不再说什么了。

“虽说我们掌握了比较详细的情况，但地球上有核国家的确很复杂。譬如美国和俄罗斯的核武器状况相对透明，这两个国家在实行核裁军时，曾透露过家底。不过，有的国家事实上有核武器，却从未对外明确承认；相反，有的国家事实上没有，却又对外宣布是有核国家，其目的在于摆脱核大国的核欺诈。像这两类情况就需要我们作进一步的甄别，以期去伪存真。”为了让小组成员清楚“天使行动”的复杂性，米拉尽一步解释道。

在华盛顿举行的核武器安全转移峰会，是由香慧主持的。五国代表将香慧如何与玛雅国取得联系，又怎样说服玛雅国长老联手楼兰国和桃花源国一起援手地球的过程，报告给了所有与会代表，大家都对这位美女主持十分钦佩。

米拉在大会上率先发言：“各位元首、各位代表，根据玛雅国掌握的地球核武器、核原料分布情况，我们将美国、俄罗斯列为核大国；其他有核国家分别是法国、英国、中国、印度和以色列等，这些国家拥有核技术、核电站和一定数量的核弹头;准有核国家为巴基斯坦、日本、朝鲜、伊朗等,这些国家拥有核技术及核电站,只有少量核弹头或没有核弹头,但他们想要拥有核武器易如反掌,譬如日本……”

“米拉为什么举日本的例子呢?”唐汉小声地问丁香。

“日本是战败国,日本的宪法不允许它拥有军队,更不允许它拥有核武器,”丁香对唐汉耳语道,“日本以和平利用核能为由,在建造核电站时,他们舍易求难,提炼出核电站运行根本不需要的高浓度铀,由此具备了储备制造核武器的技术。”

对于米拉的核分类,多数与会者并无异议。这是大家知道的现状,不是本次会议的焦点。本次会议的焦点是确定有核国家的核弹头数量,这里一进一出,讲究会非常大。

米拉继续说:“现在请允许我代表有关方面,公布相关国家的核弹头数量:美国有 6 007 枚战略核武器和 2 321 枚战术核武器,俄罗斯有 5 512 枚战略核武器和 3 625 枚战术核武器……”

米拉的话音刚落,美国代表约翰的脸马上变了颜色,他很难想象玛雅国的情报竟然如此准确,包括俄罗斯代表也对此难以置信,两人面面相觑,不由自主地点了点头:两个曾不可一世的核大国,此时,完败于米拉的石榴裙下。

“法国有 384 枚战略核武器和 72 枚战术核武器,英国有 185 枚战略核武器,以色列有 128 枚战术核武器……”

场下又是一片哗然。

地球上的科技水准,比玛雅国至少落后 500 年以上,当年美国总统里根曾制定过星球大战计划,现在看来,地球就这水平还好意思去迎战外星人?

实际上,米拉这样安排是有她道理的。她想借助这些精确的数字,震慑地球上有核国家,警告他们不要耍小聪明。

“中国有 130 枚核弹和 80 枚预备核弹,印度 65 枚核弹,巴基斯坦 32 枚核弹,朝鲜有 2 枚,但还在制造过程中……”

被米拉点到的核大国、有核国家及准有核国家的与会代表,个个如瞎子吃馄饨,自己心里有数,并且都觉得天外有天,玛雅人的确厉害。会议进行得比想象的顺利,并形成了公报。

公报确认了高浓缩铀和分离钚需要采取特别防范措施，同意在适当情况下推动采取措施并加强此类材料的安全、衡算和集中存放；同时，在技术和经济可行的情况下，鼓励各核大国、有核国家及准有核国家，将使用高浓缩铀的反应堆转化为使用低浓缩铀，并最大限度地减少使用高浓缩铀。

公报强调了维护有效的核安全，需要各国在国际合作下持续努力，并在自愿的基础上采取行动。各核大国、有核国家及准有核国家将通过与所有国家开展对话和合作，在地球出现危机的时候，确保全球核材料的安全转移。

公报还就在国际原子能机构的协调下，各核大国、有核国家及准有核国家和玛雅国努力达成《核材料实物委托玛雅国转为和平利用合约》一事，作出了原则性的限定。

“天使行动”的第一步计划，大功告成了。

“如果有的国家不参加或不实施核原料安全行动，玛雅国、楼兰国和桃花源将不提供2012年地球危机的迁徙和援助，这势必引起其国家人民的不满，没有一个决策者敢冒这个风险来对抗核原料安全转移的实施。”这时，米拉才向唐汉介绍“天使行动”的预备方案。

“如果有独裁国家倒行逆施，怎么办?”

“那不是我们小组的事情。天使行动还有第二小组，他们会采取强制手段的，”米拉朝唐汉笑笑，“很抱歉，目前我只能告诉你这么多。”

华盛顿是一座美丽的城市，人口约55万，是世界上目前第一强国的首都。美国代表约翰以东道主的身份，详细地向米拉他们介绍着华盛顿总统和华盛顿市的由来：“地球上的开国元首，多为‘马上皇帝’，华盛顿也不例外。他是美国人民的骄傲，是战争中的第一人，和平中的第一人，他的同胞心中的第一人。1789年，美国联邦政府成立，乔治·华盛顿当选为首任总统，当时，为定都在哪里，国会在纽约召开了第一次会议，会上，南北方的议员发生了激烈的争论，双方都想把首都设在本方境内。最后他们达成了妥协，由总统华盛顿选定南北方的天然分界线——波托马克河畔，一块长宽各为16公里的地区作为首都的地址，这里灌木丛生，只有一些村舍散落其间。只可惜新都尚未建成，华盛顿便于1799年去世了。为了纪念他的功绩，这座新都在翌年建成时被命名为华盛顿市……”

唐汉仰望着高 169 米的华盛顿纪念碑，缅怀这位富有民主精神的伟人。当年，华盛顿主动辞去军队职务的行为，奠定了西方民主价值的基础，的确令后人敬佩。

乘电梯登上华盛顿纪念塔，华盛顿市的景色尽收眼底。远处的国会大厦非常抢眼，国会大厦建在被称为“国会山”的全城最高点上，它是华盛顿市的象征。这座乳白色的建筑由一幢圆顶的主楼和相互连接的东、西两翼大楼组成，美国国会参众两院都在国会大楼里办公。

约翰告诉兴致勃勃的米拉说：“我刚接到通知，今天下午三点，总统要在白宫会见你们。”

“好啊，那我们现在就过去，时间也差不多了。”米拉说。

白宫是由白色大理石建成的圆形建筑。约翰引领米拉和香慧进入白宫，来到位于白宫西厢房内的总统办公室，办公室的房间呈椭圆状。

美国总统是位黑人，40 多岁，一头短发，他将欢迎仪式安排在白宫的总统花园里。“米拉小姐，各位，欢迎你们到美国来，尤其感谢玛雅国、楼兰国和桃花源国的三位元首在地球出现危难之时，及时伸出援助之手。”总统的话说得非常客气。

“我也感谢总统先生积极支持地球核武器、核原料安全转移的实施，这是移交文件，请总统先生过目。”米拉将与约翰共同准备的文件交给了美国总统。

总统大致浏览了一下文件，问约翰：“这些文件你都确认过了？”

约翰毕恭毕敬地答道：“是的，总统阁下，这份核武器、核原料移交文件是我与米拉小姐共同起草的，并经我方参谋长联席会议和国防部审核确认。”

“米拉小姐，这些核弹和核材料足够毁灭地球 10 次，甚至 100 次，请玛雅国务必慎重处理。”总统又转向米拉说。

米拉说：“总统先生，我们玛雅国有很先进的核技术，会很快将它们转为和平用途的。”

“看来我只能相信。我还要感谢地球危机带来的这次机会，要不然，我就无缘见到玛雅国这么漂亮的美女使者了。”总统的脸上挂着他那招牌式的幽默的笑容，然后在移交文件上签了字。

约翰拿着总统的手令，带领米拉一行前往美国空军战略指挥中心。一路上，约翰告诉米拉本属美国国家绝密，然而这会儿已无必要的美国“核按钮”的情况。“总统外出时是从不只身独处的，身后除了保镖、护士外，还有一名身穿军服、手提黑色皮包的人，此人虽看上去不太起眼，但手中的黑皮包却是美国保密程度最高的物品。”约翰说到这里，停了下来，故意卖了个关子。

香慧从电视上经常看到这样的镜头，一直弄不明白是怎么回事，今天碰上了明白人了，她岂能放过这个机会。她急切地问约翰：“那只黑包里到底装了什么宝贝？”

约翰要的就是这个效果，他嘿嘿一笑，接着说：“这只体积为高 45 厘米、宽 35 厘米、厚 25 厘米的黑皮包，被美国人戏称为‘橄榄球’，里面存放着启动美国核武库的密码。只有美国总统可以下达发射核弹的命令，并保证总统随时随地都能对核攻击部队实施指挥。”

“美国人太小题大做了，一个密码还要装这么大一个箱子。”香慧对约翰卖关子不满，借机调侃道。

“这只黑包可不是你想的那么简单，黑皮包里收藏了四种重要文件，一是黑色手册，里面罗列了四种打击力度不同的行动方案，记录着美国的核弹数目、部署地点及发射预定路线等；二是机密基地的名单，以便在发生紧急事态时可供总统使用；三是紧急广播程序，当美国被炸后，可以启动总统向全国广播的程序；四是认证卡，上面有总统的认证号码，此卡不被确认时，以总统名义下达任何命令都无效。”约翰说。

“准备得可够充分的。”唐汉惊叹美国人做事的严密。

约翰进一步解释道：“黑皮包是用复合锁锁住的，开锁人仅限于那位和它形影不离的军事助理和总统。”

“问题是美国遭遇攻击时，总统将如何处置？”唐汉问。

约翰回答道：“当美国遭到核攻击时，军事助理会从橄榄球中取出黑色手册，将记载着选择多种报复方案的那一页交给总统。同时，军方会迅速向总统报告敌方的攻击规模及弹落目标。总统在选定报复措施后，将搭乘直升机飞往机密避难处。”

丁香感觉不可思议，就插了句：“原来衣着光鲜的总统，被置身于这么严密繁琐的程序里，也真够累的。”

“累的恐怕远远不止这些……白宫特勤小组还要准备两辆总统专车，以备气候恶劣，直升机无法飞行时紧急支援。以上行动须在接到核攻击警报后25分钟内完成。在总统与参谋长联席会议主席做出核攻击的决定后，核导弹使用程序就会立即启动，首先发出行动指令密码，然后逐级传达命令，最终执行命令的是美国空军战略指控中心，稍后大家就可以到达那里了……”约翰喋喋不休，多少有些炫耀的意味。

几分钟后，约翰带着米拉一行来到了位于美国北部南达科他州一片农田里，让人们意想不到的是，美国空军战略指挥中心，就在这块看起来不能再平常的农田下面。在这片170公顷的农田下面，隐藏着一个深46米的地下密室，密室由一道130吨重的石门把守着，打开石门后还有一道11吨重的钢门。约翰办完手续后，卫兵才允许众人进入密室。约翰指着密室内的两位控制员，告诉米拉说：“发射核弹的开关必须由这两名控制员同时使用各自保管的钥匙才能操作。”

“那么何时才能发射核弹呢？”米拉问约翰。

等来到密室的走廊时，约翰才答道：“控制员必须从电脑、电话、高、低频无线电等通讯系统得到相同的命令，才能将钥匙取出，进而发射核弹。”

“谢谢了，约翰先生，”米拉表示了谢意，“我们可以开始移交核弹头和核原料了吧？”

“当然，可以开始了。”约翰略微有些失落地点点头。

这时，米拉和丁香驾驶的那艘飞船才正式派上了用场。船舱的内壁具备防辐射功能，是玛雅国专为运输核原料而特制的。香慧、唐汉负责与约翰清点核弹头，米拉、丁香负责将清点过的核弹头和核原料分批送往玛雅国在地球的秘密基站，然后再由其他特制的飞船运往玛雅国。

米拉一行在约翰的协助下，花了整整五天时间，才将美国的核弹头和核材料集中发运完毕。这五天是导致历史转变的五天，地球上第一大有核国家，在五天的时间里变成了无核国家。

唐汉感慨道：“山姆大叔，我看你现在还有什么本事，派航空母舰到黄海去军事演习。”美国的核威慑被解除，就像被人抽了筋。

“唐汉，你刚才的话是什么意思？”米拉笑着问唐汉，明眼人一看就知道，她是话里有话。

“我是说，美国没有了核武器，就变成了软柿子，那还不是谁愿意捏就捏，谁叫他平日里飞扬跋扈，目中无人呢？”唐汉兴高采烈地回应米拉。

“唐汉，你静下心来想一想，你能这么想，与美国有过节的国家和组织也会这么想，你说对吗？”

“他们又不比我傻，自然会想到的，问题是谁会先动手。”唐汉心里有些幸灾乐祸，他知道美国现在是一只纸老虎，不管是俄罗斯还是中国，只要出手，必胜无疑，现在的美国，只有招架之功，绝无还手之力。

“其实，这也是‘天使行动’要防止发生的事情，如果我们‘天使行动’保证不了先去核国家的安全，还有哪个国家愿意先实施去核行动呢？唐汉，不要小看了‘天使行动’。”

“我原来觉得，‘天使行动’看起来并不复杂，我们只用了五天，就解决了地球上最大的有核国家的核武库，现在听你这么一说，其中大有玄机呢。”唐汉说。

“唐汉，‘天使行动’是玛雅国筹划了五年的行动，表面看只有我们四个人在行动，可帮助我们将这些核弹头转运到玛雅国去的，是不是还需要其他行动组成员？”

“当然需要。”

“如果个别有核国家不实施核弹头及核原料的安全转移，我们要采取安全的强制措施，需不需要其他行动组成员？”

“也需要。”

“我们今天将美国的核弹头和核原料全部转运走了，其他国家借这个机会对美国发动战争，我们需不需要其他行动组成员来预防和制止此类行为的发生？”

“需要，你刚才已经提到这一层。”

“我们在转运核弹头、核原料过程中，突遇地球或外星人劫持，需不需要其他行动组成员提前做好防范措施？”

“这个……当然。”唐汉说，“米拉，你不用说了，‘天使行动’要取得成功，确实不易。”

米拉一行的的第二站是俄罗斯，俄罗斯代表托拉季斯基在国家航天中心，举行了隆重的欢迎仪式，然后由庞大的车队护送他们前往莫斯科。沿途风景如画，绿树葱郁。

俄罗斯这个民族，是一个矛盾的民族。前俄罗斯的领土横跨欧亚，俗话说，一方水土养一方人，俄罗斯民族骨子里认定自己是欧洲人，而欧罗巴洲民族对其的排斥，让其摇摆在欧亚之间。

中国人民与俄罗斯人民之间存在着复杂的感情，友好的历史就好像在昨天，而彼此的伤害隐隐作痛。中国在70年代开始了经济改革，俄罗斯则在90年代开始了政治体制改革，两个曾经的盟友，在不同的改革突破口，探索实现自己的价值追求。

“唐汉，我觉得，俄罗斯民族与中华民族有着根本的区别，中国与俄罗斯的关系很微妙。”丁香对看着车窗出神的唐汉说，“两家是过不到一道去的。”丁香觉得，中国与俄罗斯是不能成为夫妻关系的，不能同舟共济共患难，也不能同心同德共富贵，充其量算得上情人关系。

“不是一家人，不进一家门嘛。”两个大国，各自孤独地前行，就像两条平行的火车轨道，看似并肩前往，却始终走不到一起。

托拉季斯基好像听到了丁香与唐汉的对话，他看了这对新人一眼：“唐汉、丁香，你们说得很对，我完全同意。俄罗斯人有着独特的价值观，一面承受着欧洲人投来的不屑的眼光，另一方面，又将这种不屑在不经意间，不自觉地传递给亚洲人。俄罗斯人，对于自身苦难的表现形式更婉转或含蓄一些，人们大都不愿意大声说出来，更不会以牺牲人格的方式去换取施舍。这也从另一个侧面，体现了俄罗斯民族的隐忍与坚韧……呵呵，你们是第一次来我们国家吧？如果这次方便的话，我建议你去圣・彼得堡看看，那个城市并不大，却在二次大战中成为了俄罗斯最坚强的堡垒，城内军民面对力量悬殊的德国侵略者，硬是坚守了900多天，直至胜利……”托拉季斯基说这些的时候，脸上充满了自豪和自信，尽管这一页早已翻过去了。

唐汉边听，边频频点头。忽然，他想起什么，笑着说：“我记得圣・彼得堡在相当长的时间内，被叫做列宁格勒市。你说的那段往事，也是发生在过往的体制中。”

托拉季斯基想了想，也笑着沉吟道："是啊，那些东西，现在都不存在了，我们期待的东西，可惜还没有来到。"唐汉这个年龄，他很难理解为民族价值观探索带来的痛苦，和长期等待中的滋味。

车队到达了莫斯科的克里姆林宫，托拉季斯基直接引领米拉一行去见总统。

俄罗斯总统也就 30 出头，他谈笑风声，眉宇间透着睿智，就算超级大国的地位已成为历史的烟云，却仍不失大国领导人的风范。"欢迎你们远道而来，"总统浅蓝色的眼珠放着光彩，说完又问，"美国签署移交文件了？"

"是的，总统先生。"米拉彬彬有礼地回答总统的询问，"我们已经完成了美国的核弹头和核原料的转运任务，美国现在处在玛雅国的安全警戒范围内。"

总统像是问米拉，更像是问自己："看来，两个顽皮孩子间的游戏到了结束的时候了。"

"是的，总统先生，有开始就有结束，我觉得这个游戏的结果，尽管有些戏剧性，可还算一个不错的结果。"米拉知道总统说的游戏，是指俄罗斯、美国间的核竞赛，她友好地说，"总统先生，您可以在移交书上签字了吗？"

俄总统看了看托拉季斯基递给他的移交书，没有马上表态，而是将移交书放到了一边。

米拉猜不透俄总统此举的用意，心想，他不至于反悔了不签吧？"总统先生，难道移交书有什么问题？这可是我与托拉季斯基先生一起核对过的。"米拉询问道，她担心事情有变，一种不祥的阴云笼罩着米拉。

"这份移交书没有问题，"总统的语气突然变得柔和了，"可我担心美国的移交书有问题，您方便给我看看吗？"

米拉听了俄总统的话，悬着的心放了下来，原来他是不放心别人。大人物在很多时间是在彼此的猜忌中度过的，缺乏信任是地球上国与国间，人与人之间的关系变得复杂起来，"请看，总统先生，"她指着美国的移交文件说，"这里是美国总统的签字，我相信您的签字一定会更漂亮。"

俄总统表现得很大度，看似轻描淡写地翻阅着美国签署的文件，而他那浅灰色的眼睛不曾离开过文件，他轻轻地合上文件，如释重负地说："这是自然的。"说罢，俄罗斯总统爽快地签署了俄罗斯核弹和核材料的移交文件。

“天使行动”组仅花了四天时间，在托拉季斯基的协助下，便将俄罗斯的核弹头和核材料集中发运到玛雅国在地球的秘密基地。

“米拉，我们可以松口气了，搞定了美、俄核弹头和核原料的移交，我们就算完成了‘天使行动’百分之八十的任务。”唐汉有些兴奋，俗话说，擒贼先擒王，杀鸡给猴看嘛。

“唐汉，中国有句古话，叫做‘行百里半九十’。只要地球上有一个准有核国家的核弹头和核原料存在，对地球的安全都是致命的。”香慧开始了她的发言。

米拉对唐汉笑笑，说：“安全转移核弹头和核原料是‘天使行动’的手段，建立一个没有战争的和平地球，才是它的最终目的。”实际上“天使行动”背负着和平使命。

米拉一行离开了俄罗斯的莫斯科，洋葱头式的建筑在飞船下，由清晰变得模糊。这是一个情感丰富而复杂的民族，即使往昔的盛景不再，他们仍有地球上最广阔的领土，地域横跨欧亚，他们拥有极其丰饶的各类资源，他们不甘心沦为仰人鼻息、看别人脸色行事的二流国家，他们的内心深处，始终残存着大国崛起的梦想。

飞船抵达了“天使行动”的第三站法国巴黎。由于时值夜晚，米拉给大家一个顺水人情，集体“放风”一个晚上，明天早上八点，在凯旋门集合。唐汉和丁香是这一“大赦”政策的最大受益者。结果，唐汉和丁香就将二人的巴黎之夜，完整地挥霍在了香榭丽舍大街上。

香榭丽舍大街东端的起始点是协和广场，广场正中心矗立着一座高 23 米，重 230 吨，有 3 400 多年历史的埃及“方尖碑”，这块碑石是由一块巨形的玫瑰色花岗岩雕琢而成，碑身的古文字记载着古埃及拉美西斯法老的事迹。1831 年，埃及总督穆罕默德・阿里将其赠送给法国。

唐汉和丁香漫步其间。唐汉对这里有些熟悉，曾随父母到这里游览过。丁香是第一次来到这里，地球上著名的法兰西第一街，远处的埃菲尔铁塔火树银花，辉映着静静流淌的塞纳河水。

“地球上的人类，有一个特质，越是强调的往往是越缺乏的。”重游协和广场，唐汉忽然有感而发。

“听不懂，说直接些。”丁香不喜欢拐弯抹角，她的手指扣着唐汉的手指，与唐汉徜徉在巴黎的夜景里。

“这个协和广场有一段很不协和的历史，说的是很久以前，牛群走到这里都望而却步，绕道而行。”

“为什么？”

“这里建有路易十六亲自设计的断头台，让他始料不及的是，1793 年他被共和军在这里断了头，他和 1 100 多名皇室成员在这里体验了自己杰作的滋味。”

“这么血腥的地方，牛群自然会绕开……我看还是快些离开这个地方为好。”丁香觉得，阴森的气息让她窒息。

“丁香，说得极是，正合我意，南边就是塞纳河，我们到河边去。”

香榭丽舍大街几乎与塞纳河并肩而行。岸边繁茂的梧桐树，蓊蓊郁郁。树林的后面，是具有鲜明特征的建筑群，展现出和谐的华美风格。河北岸是大小皇宫，南岸是大学区，河西面是埃菲尔铁塔，河东段城岛上是巴黎圣母院。

“看啊，那里有自由女神！”丁香有了惊奇的发现。

果然，在一个犹如半岛的地形上，矗立着一座举着火炬的“自由女神”像，其造型与美国纽约的那座一模一样。

唐汉说：“那是美国女神的妹妹，你看，它明显比纽约的要小一圈。”唐汉心想，法国有埃及送的“方尖碑”，美国有法国送的“自由女神”雕塑，中国有的却是被别人抢去的宝贝，和外国人留下的见证殖民印记的建筑。

两人漫步到一座有着 400 多年历史的古桥，它的名字却叫“新桥”。新桥是巴黎塞纳河上历史最长的桥，桥上雕塑着无名壮士的头颅，神态各异，有的怒目圆睁，有的闭目沉思。

“最古老的桥，何以叫新桥？”丁香不解地问。

唐汉说：“我也不知道，也许是一个沿用了 400 年的名字。在中国，再老的女性结婚，都称为新娘，大概是一个意思。”

“唐汉，我有些饿了。”

“你早说啊，走，我带你去吃法国大餐。”

唐汉、丁香又回到了长 1 800 米、宽 100 米的香榭丽舍大街。大街的东段是700米长的林荫大道，以自然风光为主，路面是平坦的英式草坪，绿树成行，鸟语花香，是闹市中一处不可多得的清幽之地；大街的西段是长1 100米的高级商业区，雍容华丽得宛如盛装出行的贵族，这里也是全球商业名牌最为密集的所在。

法国也许是地球上唯一能与中国齐名的美食王国。法国菜以选材精细、制作考究而闻名。松露、蜗牛、鹅肝酱等，都是法国名菜，配以香醇的葡萄酒，其美味着实令人陶醉。

唐汉熟门熟路地将丁香带到一个名字叫 Le Tambour 的小酒吧。

“唐汉，看这个样子，你对这里很熟。”

“来过一次，感觉这家店价格公道，口味也不错。”

他们在一张空的桌子边坐了下来，唐汉叫了羊腿、蜗牛和法式杂碎，外加两杯啤酒。丁香看着眼前的酒杯和刀叉发愣。唐汉说：“没关系，我们点了啤酒，服务生会将红酒杯、烈酒杯收走的。”

“可这么多刀叉派什么用场？”

“刀叉的多少，表示你点了几道菜，一道菜配一副刀叉，刀叉使用的顺序是从外边向内使用，用好了的刀叉须并排放在餐盘里，服务生会收走的。”

“吃西餐还蛮复杂的。”

“讲究是挺多，不过我们在酒吧里可以随便些。别听是法国大餐，就认为量很大，其实不然。”

“我还是喜欢桃花源的生活方式，简单。”

“偶尔体验一下不同的饮食文化，也未尝不可。”

唐汉夫妇在香榭丽舍大街的酒吧内，边观赏美景，边品尝美味，感受着这个美妙的巴黎之夜。

当霞光映照在位于香榭丽舍大街尽头的戴高乐广场时，凯旋门已赫然耸立眼前了。凯旋门的外墙上饰有四幅巨型浮雕，分别是《马赛曲》、《胜利》、《抵抗》与《和平》。唐汉夫妇与准时到了的米拉和香慧汇合。

第三站的工作开始了。

法国没有“黑皮包”之类的东西，“核按钮”是隐藏在一个地下室内。这个神秘的地下室位于巴黎爱丽舍宫的地下，它的改建经过了漫长而秘密的过程。

步入地下通道，两个出入口被厚厚的装甲门防护着，门板具有防辐射、冲击波等功能。

这个特殊的地下室是一个方形的小房间，房内幽静阴暗，没有窗户，一条秘密通道将它与总统的私人房间连接起来。地下室内的墙上，装有两扇滑动大门，打开门，便可看见三块接收屏幕和一组雷霆“开关”——这就是法国的“核按钮”。一旦遇到紧急状况，决定发动核袭击时，总统会打开这组“开关”，随即向核弹部队下达命令。

浪漫的法国人处理事情并不像有的国家那样繁琐。法国总统在核弹和核材料移交书上签完字后，还觉得意犹未尽，又在签名旁，画上了自己的肖像。

欧美有核国家交接完毕，接下来就是亚洲了。高强代表中国政府向米拉转交了由国家主席签署的移交文件，以色列、印度和巴基斯坦的核弹头和核材料也通过罗布泊基地运抵了玛雅国；至于朝鲜的 2 枚核弹，由于未制造完成，被他们自行拆解，就地销毁了。

地球上核战争和核污染的隐患终于没有了，可那些常规武器也是战争杀手，“天使行动”并没有结束。

3. 和平使命

地球上核弹头、核材料安全转移到玛雅国，“天使行动”小组成功地完成了第一阶段的任务。

丁香悄悄地对唐汉说：“我们可以休整一个阶段了吧，我真想现在就回到我们的小木屋。”

“嗯，不知不觉，已出来这么长的时间了。”

“唐汉，这几天我常常在想，地球上的事过于复杂，好多情形是画地为牢，自寻烦恼，像桃花源似的多好！”

“桃花源，对于地球而言，过去是一个梦境，现在依然是一个梦境。”地球人太过于现实，对于人性的弱点，不以为耻，反以为荣，唐汉说，“过去，欧洲的一些富人，在山上建城堡，防止强盗的抢劫；现在，一些富国，到处建军事基地。人富了，却感觉缺乏安全感，国家富了，就对世界指手画脚招惹对手报复，变得也没有安全感了。”地球上的人类，富人在获取财富的过程中，伴随的是占有的快感和害怕失去的恐惧；穷人对财富最初是仰慕，接着是嫉妒，继而是仇恨。心态坏了，眼睛看到的，心里感觉的，都变了形。人性贪婪的弱点催生人们扭曲的心灵，满眼盛开罪恶之花，终日盘点丑陋滋生的恶果。

地球是一个满眼红尘的世界，尘世里充满了美好与丑陋的抗争。

唐汉和丁香得到的结果，与期待的大相径庭。

米拉并没有宣布返程，而是决定在中国北京休整，说是为了表示对大家的感谢，请大家到全聚德吃烤鸭。

北京之夜是安静的。阳光从天安门城楼上升起，金水河泛着波澜。“天使行动”小组的人们，沐浴着灿烂的阳光。

“唐汉，中国与法国有很多相似之处。”丁香看着眼前的北京，想起了法国巴黎。

“是的，都是一个以自我为中心的国家：法国排斥其他语言，中国极力推广自己的语言。”

“北京和巴黎的城市建设也有相似之处。”

“都有轴线，北京的中轴线从景山上俯瞰，一清二楚。”

“地标建筑也很相似。”

“没错，古建筑。巴黎有爱丽舍宫，北京有故宫；现代地标都是用钢铁堆积而成的，巴黎有‘埃菲尔铁塔’，北京有‘鸟巢。’”

“也许是一个人设计的。”

“是的，我给你讲一个坊间流传的有关北京现代建筑的故事。”

有一只鲲鹏，翱翔在美丽的北京上空，它盘旋几周后，发现这座古老的城市竟然为它建造了一个硕大的鸟巢。鲲鹏喜不自禁，很感谢北京人在人性化之余，还实施“鸟性化工程”。

鲲鹏降落到鸟巢内的草坪上，欢呼雀跃，兴奋不已。这是几千年来，它发现的人类为鸟类做的第一件有益的事。

一阵撒野，鲲鹏的羽毛沾满了泥土。鸟类惜羽毛，这是天性，它需要对自己的羽毛进行梳洗。

它再次飞临北京的上空，这次它又有意外的发现：位于鸟巢不远处的水立方，不就是一个量身定制的鸟儿浴池吗？

鲲鹏欣喜万分。

然后鲲鹏又来到了中央电视台，脱下了它那硕大的大裤衩子，往地上一丢，一座裤衩楼拔地而起。

光着屁股的鲲鹏急急忙忙跳到水立方里，在碧波荡漾的泳池中，舒展它那优美的身姿。

鲲鹏的羽毛又变得艳丽可人，它重新腾空而起。忽然，它觉得肚子胀疼，便迫不急待地降落在国家大剧院的建设工地上，在那里捣腾了近两个小时，这只鲲鹏竟然产了一只硕大无朋的椭圆形的鲲鹏蛋。

鲲鹏享受着生产的愉悦，拔地而起，飞向天际……

丁香微笑道："好在我看过你们北京奥运会，否则我才听不懂你这云里雾里的胡话。"

"你的意思是说，你听明白了？"

"你的意思不就是北京为奥运会建了个鸟巢形状的体育场、水立方游泳馆和中央电视台的裤衩状的大楼？当然，还在景山脚下建了个椭圆形的鸟蛋状的国家大剧院吗？"

"嘿，你什么时候变成北京通了？"

"得了吧，不就是地球上的那点事，还能难倒本姑娘！"

米拉安排"天使行动"组成员在北京休整几天后，她把大家召集起来，很严肃地宣布道："接下来，'天使行动'进入第二阶段——和平使命。地球面临一场前所未有的大迁徙，这关系到65亿地球人的命运，和平使命就是将65亿的地球人，安全转移到天、南、北三个星球，我们的行动务必认真仔细，不能有丝毫疏忽。"

接着米拉布置具体任务：丁香和唐汉为一组，任务是考察南极的集聚点；她自己和香慧考察北极的集聚点。"罗布泊的集聚点不需要考察了，前面我们已经考察过了。我们完成任务后，在南极汇合，然后返航。"

两艘飞船几乎同时起飞，唐汉与丁香四目相对，为二人世界的空间获得，感到兴奋不已。

南极面积1 200多万平方公里，气候极端恶劣。要在茫茫冰雪里，寻找一块适合人类集聚登船的地方，谈何容易。南极的大部分地区常年温度在零下60度到零下80度，经常有风力高达12级的暴风雪，在这片陆地上肆虐。南极只有冬季和夏季，4月至10月是冬季，11月至3月是夏季。现在是夏季，气温稍高些，唐汉与丁香要在靠海岸线或者火山附近的地方宿营。

飞船在南极上空盘旋，可以看到冰上的企鹅和水里的海豹。丁香打开飞船上的信息系统，查询南极的资料，她可以连线到玛雅国的信息库。“我将目标设定在南设得兰群岛，它位于南纬61度零分至63度37分、西经53度83分至62度83分的范围之内，距离马尔维纳斯群岛以南约1 200公里，距离南极大陆约150公里。”她说。

“为什么要选择南设得兰群岛？”唐汉问。

丁香说明了她的理由：“这里温度比较高，夏季气温平均1.5摄氏度，冬季也只有零下5摄氏度。”

“我同意你的选择，气温很重要。”

“南设得兰群岛由11个大岛和一些小岛组成，总陆地面积为3 687平方公里，百分之八十五左右的土地终年被冰川覆盖。群岛的最高点是位于史密斯岛的福斯特山，海拔高度为2 105米。群岛从西南偏南的史密斯岛到东北偏北的象岛，绵延约450公里。”玛雅的信息系统采集了地球上的众多数据，丁香查找起来很方便。

“今天我们就在那个岛上宿营？”

“如果想舒服些，我们可以到智利或阿根廷；但如果为了工作方便，我建议住到梦幻岛，那里可以泡温泉。”

唐汉说：“那就住到梦幻岛好了。”

没有恐惧的寒冷，又可以泡温泉，唐汉对梦幻岛充满了向往。飞船快速朝那里飞去。

“丁香，那个岛为什么叫梦幻岛？”

“大概100年前，几个捕鱼的人在南极海域遇到了大雾，蒙蒙眬眬看到一座小岛，涨潮的时候，小岛又不见了，潮落了，小岛又梦幻般地出现在人们的视线里，于是，人们便将这个岛称为梦幻岛。”

“潮可以漫没的岛，估计也大不到哪里去。”

“开始的时候，岛很小，现在也蛮大了，大概有18平方公里的面积。”

“仅仅100年的时间，梦幻岛会长这么快?”唐汉对梦幻岛的成长速度感到惊奇。

“梦幻岛是南设得兰群岛中比较大的岛屿之一，也是南极洲的一座活火山。1967年12月4日，烈焰突然从岛内福斯塔湾北端的海底喷发，炽热的岩浆和浓烟升腾到几百米的高空，震耳欲聋的响声打破了这块白色大陆的宁静。顷刻间，岛上所有的建筑物被摧毁，火山喷发了13天后才停止。火山爆发过的梦幻岛已面目全非，并且在福斯塔斯内隆起了一个长900米、宽300米、高出海面约62米的小岛。福斯塔湾内因此有多处温泉喷涌，陆上的地热带处处有水蒸气升腾。”

“梦幻岛是一座活火山，住在那里不会有危险吧?”

“火山爆发前会有征兆的，譬如企鹅、海豹等动物都会提前逃离。它是目前地球上唯一能开进轮船的活火山口。最近几次爆发的时间分别是1967年、1969年和1970年。”

唐汉与丁香很快飞临了梦幻岛的上空。如果在海面上看过去，想必梦幻岛与周围的岛屿并无二致，但从空中俯视，梦幻岛的秘密就显露无遗了。

这是一个明显的马蹄形状的岛屿，岛的宽度约8公里，岛内有一个天然港湾，或者说是内湖。独特的环形火山口上，部分倒塌的火山口形成了一条天然航道，通往火山口内部湖区。水道非常漂亮，水道不长，宽230米左右，沿途景色十分迷人。

这个豁口形成的水道被叫做“海神的风箱”。水道中间的海面下两米处隐藏着大量暗礁，非常危险。船只安全通行的宽度只有100米，一边是陡峭的山崖，另一边是隐藏的礁石，不时还会有强劲的阵风刮过。

飞船终于降落在梦幻岛一块平地上。整个小岛似人间仙境，有洁白的冰川、成群的企鹅和从地热带升腾起的缕缕蒸汽，犹如进入了童话世界。唐汉在临近海边的火山岩上开始挖掘，很快就挖出了一个一米见方的温泉。

“怎么样，想不到会在南极有温泉吧?”丁香见唐汉卖力地挖掘着，心里不无得意:“这里非常适合作为人类集聚地。”

唐汉很努力，甚至已经有点出汗了，“是啊，还是你有先见之明。我想把这个温泉的开口挖得大一些，这样就可以和你泡鸳鸯浴了。”他朝丁香做了个鬼脸，面露笑容，丁香觉得他笑得有点邪恶。

“去你的，想得倒美。”

“难道你不想和和美美?”

丁香虽然嘴硬，最终还是受不了温泉的诱惑，结果两人一起泡在暖暖的海水中，水蒸气弥漫在他们身边。南极的年平均气温约为零下 25 摄氏度，而在梦幻岛，却可以到海里游泳，泡温泉，尽情享受大自然的恩赐，实在令人难以置信。远方的冰山雪岭，在阳光照耀反射下，泛着刺眼的银光，偶尔可以看到巨鲸从海中跃出，多节的鱼鳍拍打在脆弱的冰面上，冰面发出“咔嚓”的声响。

“丁香，尽量不要将皮肤裸露在水面上，这里有一个巨大的臭氧洞，紫外线照射特别强烈。”

“是的，我感觉到了。眼前的美景太吸引我了，我是情不自禁地将身子探出水外的。”

皑皑雪山晶莹剔透，水面清澈如镜，水中的浮冰受了阳光的反射，有碧绿，有青蓝，形态各异，摄人魂魄。

“轰隆隆——”一阵雷声滚过。

“丁香，你看，对面的冰山发生了冰崩。”

“太壮观了!”大块大块的碎冰滑落到海里，雪和冰屑弥漫在空中，犹如白色的烟尘。

“在这壮丽的自然景观的背后，是人类破坏自然产生的悲剧。人类破坏了臭氧层，导致全球气温上扬，南北两极冰山迅速融化，海平面升高，可供人类居住的陆地在不断缩小……”唐汉面对此景，陡生感慨，“地球上的人口越来越多，而可供居住的陆地和可供支配的资源却越来越少，怎么办？人类解决这个问题的历史，就是瘟疫和战争的历史。”

丁香也听得一阵唏嘘，半晌才说：“地球上的人类用瘟疫和战争来解决这个问题?”

“瘟疫和战争的结果是一样的，那就是减少了人类的数量，相对增加了人均资源的拥有量，只不过，这两种方式，一个是主动，另外一个是被动。”

人类的脚步从诞生走向死亡，这个进程的快慢，取决于人类与自然的友好程度。

冰山伴随着雷鸣声啪啪地坠落海中，一片巨大的烟尘冲天而起。栖息在裸岩上的海鸟受惊而起，漫山遍野的企鹅惊恐地游走，甚至正在围捕海豹的六头鲸鱼也放弃了猎物，扬长而去。这一切，是对地球上人类破毁自然环境的抗议和控诉。

两人离开温泉，继续考察着梦幻岛。这里的确是理想的人类转运之地，但这里存在活火山，以防万一，必须另有备用的转运地。

第三天，米拉和香慧如也约来到了梦幻岛。丁香问："北极那儿的事情办得如何？"

"北极好办，我们已将坐标定好了。"米拉答道。

"你看梦幻岛的选址怎么样？"

"很适合，旁边的乔治岛也可以，那里有智利的弗雷机场。"

"那么，我们的任务算完成了？"唐汉插话进来。

"完成了选址的任务，意味和平使命行动才刚刚开始，"米拉认真地说，"接下去还有很多工作要做哩。"

唐汉一下子变得最为积极："你说吧，需要我们做什么？"

"和平使命行动的工作分为三个阶段，第一阶段是运送地球上的各国的工兵和特种部队去桃花源、楼兰国及玛雅国，并需要陆续运送搭建临时住所的材料，他们必须先行做好迁徙的准备工作；第二阶段是运输迁徙人员一年的生活资料；第三个阶段是运输迁徙的人类，所有运送都得在 2012 年 12 月 21 日前结束。"

"这么多的事情呀？"丁香叫了起来。

"可能还不止这些呢，如果 2012 的预言是子虚乌有的话，我们还要将地球上的人类送返地球……"米拉有条不紊地将和平使命行动的具体内容告诉大家。

四个人没有更多的时间沉浸在这天堂般的梦幻岛上，他们又开始奔走于罗布泊、南极和北极之间，将不断集中到那里的物品发往玛雅国、楼兰国和桃花源。

时间离2012年12月21日越来越近，玛雅国已有3 000艘万人飞船陆续投入使用。

日月如梭，光阴似箭。

2012年12月21日凌晨，米拉接到了玛雅国的情报，说是停靠在扶桑国的盟国“总统”号航母开始离港。这是一个有悖常理的举动。

在前期的“天使行动”中，米拉他们已将盟国“总统”号的200万加仑的JP5核燃料安全转移了，但是，后来扶桑国将其核电站一个机组的核燃料加装到了“总统”号航空母舰里。地球上和平用途的核电站也受到了“天使行动”相关人员的严密监视。盟国“总统”号用它的傲慢的姿态，从太平洋出发驶往黄海。

米拉用密码通知了丁香和唐汉，并命令他们按照“天使行动”的预定方案执行。

2012年12月20日凌晨5点12分22秒，当“总统”号驶入黄海海域时，丁香和唐汉的“捷成”号飞船向“总统”号航母发射了一颗一号“气膜弹”。

航母的一切仪表立刻处于瘫痪状态。唐汉从飞船的监视器里，清楚地看到了航空母舰上的官兵的混乱场面。

5点13分11秒，突然从海底又飞来三颗弹道导弹，“总统”号中弹后断裂成两半，仅20分钟便沉入海底，4 000名将士不得不弃船逃命。

唐汉将情况报告给了米拉。5分钟后，在罗布泊基地待命的海空两栖飞艇到达黄海，并潜入海底处理核原料。

“太奇怪了，我查看了飞船上所有的监视器，都无法判断三枚导弹的发射位置。”丁香不断调出监测记录。

“难道‘总统’号也像‘天安’号一样，是被莫名其妙地炸沉的?”唐汉问。

丁香很自信地说:“不会的，周围海域都在我的监测范围之内。”

“也许……”唐汉心里猜想着。

“找到了，这三枚导弹是来自黄海底部，”丁香兴奋地叫起来，“你看，这个图像很清楚!”

是的，三枚导弹呈三角形潜伏在海底，当航母进入这个三角区时，它们从三个角度同时射向航空母舰。图像清楚地显示，这三枚导弹就是在水底射出的。

丁香说:“这可能是预置的感应导弹,不管它们来自何方,‘总统’号都是咎由自取。”

2012年12月21日的冬日,好像比往常升起得晚。一艘艘万人飞船集结在罗布泊、南极和北极,然后迅速离开地球,飞向遥远的星球。这是在运送最后一批人员,其中多为各国政要及军事官员,他们将守卫国土的责任坚持到最后一刻。

地球上的人类,最终完成了一次有史以来的最大规模的迁徙。

4. 重返家园

米拉和香慧回到玛雅国危地市的时候,一个好消息传遍了玛雅国:地球经历五天的黑暗后,太阳的光辉又普照大地。

丁香和唐汉先行到达玛雅国,他们按照玛雅国的要求,将飞船降落到研究院的核清除池。丁香和唐汉也经过严格的消毒、去辐射程序,并吞服了抗辐射胶囊。经检测,两人受到微量的辐射,没有大碍,只是他们要暂时告别“捷成”号飞船。

联合国秘书长正在危地市的国事厅主持召开特别联大会议,玛雅国大卫长老、楼兰国总统、桃花源国佬应邀列席了会议。

这次联大会议有别于以往任何一次。以往的联大会议,好多事情因为有些国家既是运动员又是裁判员,谁的拳头大,谁就说了算;而这次会议由于有玛雅国、楼兰国和桃花源非利益第三方的制衡,会议就开得公正多了。

会议讨论通过了《禁止采用地下化石资源公约》、《统一货币协议》、《禁止军事装备的研制公约》等多项国际间公约。

就在会议快要结束的时候,一位玛雅国的工作人员将一份书面资料交给了大卫。大卫看后,脸色凝重。他当即示意,要求紧急发言。主持会议的联合国秘书长很客气地请大卫讲话。

“各位女士、先生们,据玛雅国的地球卫星发来的信息,我们探测到在地球南北磁极颠倒的五天里,导致了南极冻土层的细菌开始上移到地面,这是一种目前地球无能为力的细菌，地球人又一次面临生存危机。这件事情关系到地球人去留的大问题，请你们决定。”大卫神色凝重地宣布了这一可怕消息。

刚刚还喜气洋洋的会议，立时像开了锅的粥。关于地球南极下面埋有古老细菌的事情，在地球上早有传言，只是，谁也没想到会来得这么快。

“什么？玛雅国在地球南极发现古老细菌？”曾被非典病毒、口蹄疫困扰过的地球人，听到地球又发现了新细菌，并且比以前发现的任何一种细菌都厉害，无不惊恐万分。

俄罗斯代表托拉季斯基也告诉大家：“地球南极的北部有一个大冰川，在这个深 4 200 米的冰川下面，存在着一个神秘的冰下湖泊。前几年，俄罗斯科学家在那里进行过钻探工作。从钻上来的冰锥中，他们发现了新的细菌；因为不敢解密，只好暂时冰封着……”

“还有这等怪事？”卡罗先生很惊奇。

“请他继续往下说。”中国代表高强说。

托拉季斯基接着道：“当钻头打到距冰下湖泊大约 130 米的时候，科学家和工程师停止了钻探，他们再也不敢往下钻了……”

“为什么？”卡罗先生像一个小孩，充满了好奇。

托拉季斯基说：“一是担心钻探过程中出现漏洞，会人为地把现代微生物带进这个已封存数个世纪之久的冰下之湖，从而对冰湖造成污染，破坏科学研究和生命探索的工作；二是还要极力排除深藏在湖泊中的古老病毒或细菌蹿到地面的可能性，导致给人类带来灾难性的后果。为此，俄科学家曾一度陷入进退两难的境地。”

“那后来怎么样了？”说话的还是卡罗先生。

托拉季斯基说：“在这种情况下，俄罗斯、法国和比利时三国成立了一个国际科学考察组，在俄罗斯科学家研究的基础上继续进行古老冰川的探秘工作，最终取得了南极超深度冰层样品。”

这回轮到高强询问了：“那么对样品研究出了什么结果？”

托拉季斯基答道：“冰层样品在严格消毒和密封的容器中融化，研究人员在融化的冰水中发现了具有生命形式的细菌、病毒、真菌类微生物。”

代表们听了托拉季斯基的介绍，都感觉非常惊奇：原来这些富有生命力的有机体，在近 4 000 米深的冰层内生存至今。

“1999 年，德国的科学考察队在南极大陆的永久冻土带地下，发现了一种前所未知的神秘病毒，无论是人还是动物，对它都没有足够的免疫力，”德国代表汤姆说，“由于该病毒休眠在南极永久冻土带的底层，暂时还不会对居住在地球其他地方的人类形成威胁。”

“南极的地底下真是太可怕了！”卡罗先生惊叫了起来。

“这种病毒只在科学界引起重视，而全世界大多数人对它的潜在危害性一无所知，”汤姆说，“好多人认为，这种病菌要传播到地面，那应该是很遥远的事情了。谁知道，人类怕什么，什么就来。”

“有没有哪国的科学家，研究出对付这种病毒的疫苗？”卡罗先生的这次提问，算是击中了要害。

托拉季斯基说：“听说美国的科学家在研究这种疫苗，你问约翰吧。”

“卡罗，我来告诉你，美国病毒专家组成的特别科考队，特地前往南极，专门对含有这种病毒的冰块进行了研究，希望尽快找出抵抗这种病毒的疫苗。因为这种病毒终会在某一天四处散播，到那时，地球上成千上万的物种将面临灭顶之灾。”美国代表约翰说。

卡罗再问：“约翰，你就直说，美国现在有没有研究出这种疫苗？”

“很遗憾，到目前为止还没有。”约翰耸了耸肩，表示很无奈。

“在只有企鹅才能生存的南极，这种奇怪的病毒到底是从哪里来的？”卡罗发问道。

“可能是一种史前病毒吧，是地球上几万年甚至几十万年前的产物。它曾经肆虐地球，并灭绝过史前的生物。”约翰解释说。

“既然这种病毒这么厉害，是谁这么有本事将它压在了冰层下的？”卡罗像一个记者，不断提出自己的问题。

“多少万年以前，季风将热带、温带的海水吹往南极冰带，无数矿物质、浮游生物及各种动物尸体随海水来到南极，并被深深地冻结在南极的冰川里，”约翰又解释道，“与此同时，依附在这些动物尸体上的各种病毒，也同样被冻在了南极冰层中。由于气温极低，病毒处于休眠状态之中。然而让人惊讶的是，尽管历经数十万年之久，这些病毒仍保持着一种顽强的生命力。”

这万恶的病毒，终于从“潘多拉魔盒”里出来了！

“美国部分科学家则将南极病毒跟天外来客联系起来，他们怀疑南极病毒很可能来自一些外星球陨石或小行星，”美国代表约翰滔滔不绝地发表演说，“美国科学家通过对伽利略号太空望远镜于1997年发回地球的木星16颗卫星之一，欧罗巴卫星照片的研究，美国科学家认为在欧罗巴星球上，存在着一条永久冻土带，在这冻土带的下面4 000米处，有一条地下河。”

俄罗斯代表托拉季斯基则表示：“在欧罗巴的冰层底下，应该有许多地下湖。欧罗巴地下的湖泊与南极地下的状况非常类似，欧罗巴星球上应该存在着一些未知的细菌生命。南极洲神秘的病毒很可能就是来自太空，很有可能来自欧罗巴星球。”

中国代表高强实在憋不住了，他清了清嗓子，大声说道：“各位，听我说几句，现在争论南极病毒的来源没有多大意义，大家关心的是，如何尽快发现和研究出抵抗这种神秘病毒的疫苗。也许，这才是避免人类遭遇可能的灭顶之灾的唯一办法，也是解决我们重返地球的紧迫而现实问题。”

一些代表听了中国代表发言，感觉讲得有道理，会场一下子静了下来。

“还是高强先生说得对，我们应该马上与玛雅国大卫先生商议对策。”巴基斯坦代表立刻发出了倡议。

“难道地球刚刚燃起的生存希望之火，就一下子又湮灭了？”唐汉焦灼地看着丁香，就好像丁香会成为地球的救星似的。

丁香牵着唐汉的手，说：“唐汉，对于南极的细菌，玛雅国已有过研究，这里的生物研究所就有南极的细菌标本，听说疫苗也在研究之中。”唐汉听了丁香的话，又惊又喜，半天说不出话来，他默默为自己的祖国祈祷。

也许玛雅国能再一次帮助地球。

这时，人们看到玛雅国的长老大卫站了起来，会场一下子鸦雀无声了，大卫先生铿锵有力地说：“各位女士、先生们，关于地球南极的细菌，玛雅国已培育出了一些疫苗，只是数量有限，可以让香慧小姐带回地球。现在，愿意回地球的，玛雅国的飞船负责运送回地球；愿意留下来的，我们玛雅国、楼兰国和桃花源负责接纳！”

全场顿时响起了雷鸣般的掌声。

5. 曙　光

数字很快统计出来了，刚刚到达玛雅国、楼兰国和桃花源的65亿地球人中，有19亿人选择留在了玛雅国、楼兰国和桃花源，而有46亿人选择了返回地球。

唐汉、丁香，出现在返回地球的人流中，黑虎紧跟着主人。

一轮冉冉升起的冬日，温暖而美丽地照耀着地球，成群的“拜诺”号飞船抵达地球的上空。

这是2113年1月1日。

地球人在新年的第一缕曙光里，回到了地球的怀抱，迎接他们的是崭新的生活……

后 记

《天堂有多远》的第一稿，用了两个多月，而修改它，我用了10个月的时间。

我是一个率性而浪漫的人，喜欢做梦，喜欢幻想，觉得一件事情条件成熟了，就马上行动。

2010年5月，我参加了玄奘之旅挑战赛，在“瓜洲戈壁”上，三天徒步120多公里。参加这个活动理由很简单，觉得这个活动刺激，就义无反顾地参加了。

2010年7月，我邀了郭东升、薛桦和陆建刚三人，花了十三天的时间，行程10 000多公里，驾车游历西藏，去了青海湖、沱沱河、拉萨布达拉宫、羊卓雍措、日喀则、珠穆朗玛峰大本营、羊八井、纳木措。去西藏的想法有很长时间了，因为种种理由不能成行，去也就去了，否则也会一拖再拖。人啊，做了这样，就不能做那样，哪个先哪个后，还要自己拿主意。

西藏回来后，就谋划着写一本书。

想写，就写。白天没有整块的时间，写作时间大多在晚上，每天晚上都到十一点，两个多月就拿出了初稿。修改稿件，花费了大量的精力，星期六、星期日，飞机上、旅途中，没有一个晚上是十点前休息的，这期间，放弃了其他的业余爱好。

这篇小说的最后一稿的修改是在欧洲的旅途中。2011 年 5 月 25 日至 6 月 10 日，我在欧洲有四件事情：参加德国汉诺威展会、与意大利公司签署合资文件、一个欧洲项目的谈判和参观瑞典第二大的工厂山特维克。在法兰克福机场，在德国汉诺威、意大利博洛尼亚、丹麦哥本哈根机场、瑞士卢塞恩、瑞典山特维克镇和瑞典斯特哥尔摩到芬兰赫尔辛基的"灰姑娘"号游轮上，一切空隙和倒时差的时间，都用在了修改稿件上。

"灰姑娘"号游轮行驶在波罗的海上，周围的海岛郁郁葱葱，夕阳的余晖在晚上十一点才散尽，凌晨三点多，晨曦就出现在海面。在游轮上，我也是"日出而作日落而息"。

科幻小说、科幻大片是美国人的拿手好戏，欧洲也有许多名作诞生。中国人写梦想，不乏力作，《西游记》、《聊斋志异》、《镜花缘》等不胜枚举，进入当代，鲜有力作问世，倒是"灵异题材"大行其道。《天堂有多远》曾屡异书名，从《楼兰传奇》、《地球大逃亡》、《2012 的冬日》、《梦幻家园》，最后定名为《天堂有多远》。这篇小说的选题，是不容易写好的，特别是要将一篇经济学的论文，深入浅出，写成有血有肉，具备可读性的小说，需要一点功力。小说的修改经历了有少到多，再有繁至简的过程，字数变动超过两万。

我在第二稿的写作过程中，文汇出版社的编辑乐渭琦先生，给予了很好的指导。

我在写作和修改的过程中，认真地阅读了《绿色乌托邦》、《小王子》、《一九八四》、《鲁滨孙飘流记》、《酥油》、《相见何如不见时》、《纳兰词》等书，从网上收集了大量的资料作为参考。好朋友不断给我推荐参考书，在这个过程中，我受益匪浅，在此一并表示感谢。

这本书中的一些立意，大都经过与同事的争论，同事从不同角度提出的问题，帮助我有更全面的思考，在这里对他们表示感谢。

这本书能与读者见面，感谢上海文汇报业集团的厚爱，感谢乐渭琦先生的辛勤付出。

在这里，我要感谢为这本书做出有益贡献的朋友，他们是：薛桦、孟凡华、苏关键、李朝、陈孙期、汪锦星、王怀明、黄国勤、苏幼成、张大为和孙桂龙等。

借这本书出版之际，我祝愿83岁高龄的父母，健康长寿。

原来一首诗就可以打动的陈梅，现在面对一部长篇小说却无动于衷，倒是她对公婆的孝敬，深深打动了我，俗话说，儿子好不算好，媳妇好才算好，在这里也对她表示感谢。

我愿意将这本书赠给我正在读大学的儿子俞骁桐，希望他们这代人生活得更好。

俞　敏

2011.6.9 于波罗的海“灰姑娘”号游轮

图书在版编目(CIP)数据

天堂有多远 / 俞敏著. —上海：文汇出版社，2011.8

ISBN 978-7-5496-0275-9

Ⅰ. ①天… Ⅱ. ①俞… Ⅲ. ①长篇小说—中国—当代 Ⅳ. ①I247.5

中国版本图书馆 CIP 数据核字(2011)第 151152 号

天堂有多远

作　　者 / 俞　敏
责任编辑 / 乐渭琦
封面装帧 / 山　石

出 版 人 / 桂国强

出版发行 / 文汇出版社
上海市威海路 755 号
(邮政编码 200041)
经　　销 / 全国新华书店
照　　排 / 南京展望文化发展有限公司
印刷装订 / 上海译文印刷厂
版　　次 / 2011 年 8 月第 1 版
印　　次 / 2011 年 8 月第 1 次印刷
开　　本 / 720×960　1/16
字　　数 / 240 千
印　　张 / 16.5

ISBN 978-7-5496-0275-9
定　　价 / 33.00 元